职业院校财务会计类系列教材

JICHU KUAIJI

基础会计

■ 主　编　廖春晓　马志坚
■ 副主编　李　倩　魏小丹　彭苊娴
王春汉　涂　艳

大连理工大学出版社
Dalian University of Technology Press

图书在版编目(CIP)数据

基础会计 / 廖春晓，马志坚主编. -- 大连 : 大连理工大学出版社，2024.7
ISBN 978-7-5685-4900-4

Ⅰ. ①基… Ⅱ. ①廖… ②马… Ⅲ. ①会计学 Ⅳ. ①F230

中国国家版本馆 CIP 数据核字(2024)第 063523 号

大连理工大学出版社出版
地址:大连市软件园路 80 号 邮政编码:116023
发行:0411-84708842 邮购:0411-84708943 传真:0411-84701466
E-mail:dutp@dutp.cn URL:https://www.dutp.cn

大连图腾彩色印刷有限公司印刷 大连理工大学出版社发行

幅面尺寸:185mm×260mm 印张:16.5 字数:381 千字
2024 年 7 月第 1 版 2024 年 7 月第 1 次印刷

责任编辑:刘丹丹 责任校对:初 蕾
封面设计:方 茜

ISBN 978-7-5685-4900-4 定 价:55.00 元

Preface

前言

2020年，教育部印发《高等学校课程思政建设指导纲要》，要求全面推进课程思政建设；2024年7月1日，正式实施新修改《中华人民共和国会计法》，为遏制会计违法行径、维护经济秩序提供了有力的法律支持与保障；大数据、人工智能、云计算和区块链等信息技术日新月异，不断推动企业商业模式的革新与发展。这些新要求和新发展为基础会计的教材建设带来了新挑战。在此背景下，教材编写组顺应高等职业教育发展的需要，凭借多年的会计教学经验，深入剖析当前高职学生的学习能力与特点，依据国家最新颁布的财税会计法规及最新修订的会计准则，融入思政元素，完成了教材的编纂工作。

本教材的特色如下：

1. 项目导向，任务驱动

本教材按照"项目导向，任务驱动"的设计理念，以会计核算工作流程为主线，融入会计工作内容，将教材内容设计为8个项目：认知会计与会计职业、领悟记账原理、填制与审核会计凭证、核算企业主要经济业务、设账与登账、对账与结账、编制会计报表和整理与归档会计档案。教材的每个项目均设置了学习目标(能力目标、知识目标、素质目标)及案例导入，以"任务"为驱动，每个任务都设置了任务情境、任务布置、知识准备、任务实施、德育园地、任务小结和任务考核7个栏目，特别强调了会计职业活动中典型任务的设计与实践，旨在全面提升学生的专业技能与职业素养。

2. 因材施教，思政育人

本教材突出高职教育特色，针对高职学生特点，由富有多年会计教学经验和企业会计实战经验的教材编写组精心编写，将抽象理论与实际问题相结合，注重实践操作，易于学生理解和掌握。同时，本教材注重价值引领，巧妙合理地融入课程思政内容。通过在教材每个项目中设定"素质目标"，并在每个任务中设置"德育园地"栏目等形式，将社会主义核心价值观、优秀的会计行业文化、会计职业道德、工匠精神及职业素养等要素有机融入教材，旨在潜移默化中培养学生的良好职业道德和职业素养，帮助学生树立正确的世界观、人生观和价值观。

3. 理实一体，学做合一

本教材秉持以学习成果为导向，以能力培养为目标的教育理念，遵循"工学结合、教学做一体化"的职业教育教学原则，充分考虑高职学生的认知规律。全书以"新巢家居有限责任公司"这一模拟企业为案例，融合理论知识与实际操作，实现理论与实践的有机结合。学生在学习过程中，通过参与具体的工作任务，实现"做中学、学中做"，在完成任务的过程中进一步巩固所学知识，锤炼专业技能，提升综合职业能力。

4. 资源丰富，辅教利学

本教材充分发挥了“互联网+教材”的优势，在“智慧树”平台建有“基础会计”精品在线开放课程，配备了丰富的线上资源。教材内嵌入二维码学习资源，学生只需扫描二维码，即可轻松获取在线数字课程资源，实现随时随地的自主学习。这种设计不仅拓展了教材的使用场景，实现了线上线下互动教学，还满足了学生个性化学习的需求。同时，本教材也为教师提供了全面的数字化教学资源，包括课程标准、课程计划、课程教案、教学课件和试题资源库等，支持教师开展多种形式的线上线下混合式教学，真正实现了资源与内容的有机融合，辅教利学。

本教材由海南经贸职业技术学院廖春晓和马志坚担任主编，海南经贸职业技术学院李倩、魏小丹、彭苳娴、王春汉和涂艳担任副主编，海南兴业富华会计师事务所毛晓明和厦门网中网软件有限公司林秋明担任参编。具体编写分工如下：廖春晓编写项目四和项目七，马志坚编写项目六，李倩编写项目一，魏小丹编写项目二，彭苳娴编写项目三，王春汉编写项目五，涂艳编写项目八，毛晓明参与本教材结构和体例的设计工作，林秋明提供案例素材资料。廖春晓负责全书的总纂和定稿。

在教材编写过程中，作者参考、引用和改编了国内外出版物中的相关资料及网络资源，在此表示深深的谢意！相关著作权人看到本教材后，请与出版社联系，出版社将按照相关法律规定支付稿酬。

由于编者的水平有限，教材仍可能存在不足之处，敬请广大读者朋友批评指正，以便我们不断修改完善。

编　者

2024 年 7 月

所有意见和建议请发往：dutpgz@163.com
欢迎访问职教数字化服务平台：https://www.dutp.cn/sve/
联系电话：0411-84707492　84706671

Contents

目录

项目一

认知会计与会计职业

学习目标

能力目标

1. 能正确运用会计基本假设。
2. 能正确运用会计核算基础。
3. 能正确理解会计信息质量要求。

知识目标

1. 了解会计概念与会计扩展职能。
2. 熟悉会计基本职能、会计目标和会计基础。
3. 掌握会计基本假设、会计信息质量要求、会计职业道德规范等内容。

素质目标

1. 培养学生学习会计的兴趣，树立诚实守信、不做假账的意识。
2. 培养学生严谨、细致的学习态度和心理素质。
3. 培养学生良好的职业道德素养，激发学生的求知欲和创新精神。

案例导入

经济越发展，会计越重要。人们对“会计”一词有不同的理解，有人认为会计是一种世界通用的“商业语言”，有人认为会计是一门“艺术”，有人认为会计是一种职业……近年来，以大数据、云计算、人工智能等为代表的新一代信息技术加速迭代，为企业提供了更便捷的财务技术支持。数字技术的运用使得收集和处理大量非货币计量数据成为可能。伴随着企业数字化转型，会计工作必须适应新技术新要求，发挥会计在企业发展中的作用。

思考：什么是会计？货币是会计的唯一计量单位吗？会计会消亡吗？如何提高会计信息质量？

任务一 认知会计

任务情境

1. 新巢家居有限责任公司(简称“新巢家居”)属于工业制造企业,2023 年涉及的相关业务事项如下:

(1)新巢家居有限责任公司属于南海新星集团的一家子公司,母、子公司是不同的法律主体,那么南海新星集团是会计主体吗?

(2)2023 年 1 月 1 日,新巢家居有限责任公司向蓝天碧海有限责任公司借款 1 000 万元,存入银行。新巢家居有限责任公司的负债是增加了还是减少了?

(3)2023 年 1 月 1 日,新巢家居有限责任公司购入一台投影仪,价格为 10 000 元,预计使用年限为 10 年,10 年后投影仪报废。假设该投影仪每年损耗相同,则该投影仪每年损耗金额是多少?

(4)2023 年 1 月 1 日,新巢家居有限责任公司向经贸有限责任公司销售一批商品,取得收入为 10 000 元,成本为 8 000 元;2023 年 3 月 1 日,新巢家居有限责任公司向经贸有限责任公司销售一批商品,取得收入为 20 000 元,成本为 16 000 元。新巢家居有限责任公司赚了多少钱?

2. 新巢家居有限责任公司是增值税一般纳税人,2023 年 12 月发生部分经济业务如下:

(1)销售商品一批,价值为 80 000 元,款项尚未收到;

(2)收到上月销售款 20 000 元;

(3)支付本月职工工资 10 000 元;

(4)销售商品一批,价值为 10 000 元,收到款项;

(5)收到上一季度房屋租金 9 000 元;

(6)预收商品货款 5 000 元,下个月发货;

(7)计提本月设备折旧费 3 000 元;

(8)缴纳上月未交税费 4 000 元。

3. 审计人员在对新巢家居有限责任公司报表进行审计时发现以下问题:该企业未将以长期租赁方式租入的资产视同自有资产;企业未按照行业标准计提减值准备;迫于管理层的压力,财务报表可能存在操纵当期利润的问题。

任务布置

1. 根据任务情境,请判断上述业务涉及哪些会计基本假设?

2. 计算新巢家居有限责任公司 2023 年 12 月的经济业务分别在权责发生制与收付实现制下的企业利润额,见表 1-1-1。

表 1-1-1　　　　新巢家居有限公司 2023 年 12 月利润

经济业务类型	权责发生制		收付实现制	
	收入	费用	收入	费用
1. 销售商品一批 80 000 元，款项尚未收到				
2. 收到上月销售款 20 000 元				
3. 支付本月职工工资 10 000 元				
4. 销售商品一批 10 000 元，收到款项				
5. 收到上一季度房屋租金 9 000 元				
6. 预收商品货款 5 000 元，下个月发货				
7. 计提本月设备折旧费 3 000 元				
8. 缴纳上月未交税费 4 000 元				
权责发生制下的利润				
收付实现制下的利润				

3. 判断新巢家居有限责任公司违反了哪些会计信息质量要求。

知识准备

一、会计的概念和特征

（一）会计的概念

会计是以货币为主要计量单位，采用专门方法和程序，对企业和行政、事业单位的经济活动进行准确完整、连续系统的核算和监督，以如实反映受托责任履行情况和提供有用经济信息为主要目的的经济管理活动。

会计的产生与发展

会计的概念与对象

（二）会计的特征

（1）会计以货币为主要计量单位；

（2）会计具有连续性、系统性、全面性；

（3）会计以真实、合法的会计凭证为依据；

（4）会计有一系列特定的核算方法。

二、会计对象

会计对象是指会计核算和监督的内容，具体是指社会再生产过程中能以货币表现的经济活动，即资金运动或价值运动。这里特别强调，必须是能引起资金增减变化的经济活动才是会计对象。比如，编制计划、预算，签订合同等可能会涉及货币计量，但资金没有增加或者减少，经济活动也没有发生或者完成，因此，编制计划、预算，签订合同等都不是会计核算和监督的对象。

会计对象一般可以分为资金投入、资金使用以及资金退出三个环节。以工业企业资金运动为例，其资金运动如图 1-1-1 所示：

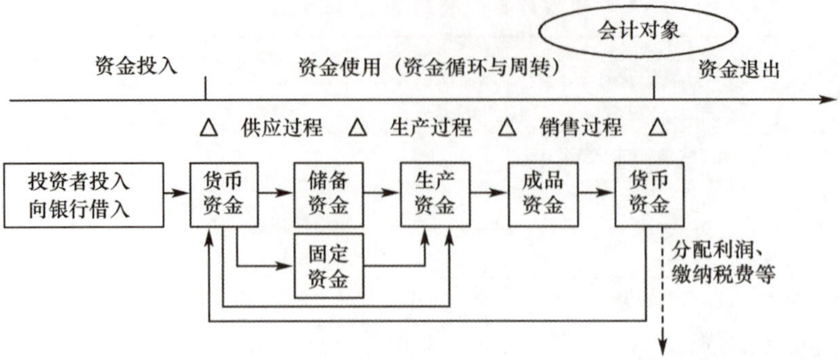

图 1-1-1　资金运动图

（一）资金投入

工业企业进行生产经营活动，前提条件是必须拥有一定数量的资金，这些资金来源于两个渠道：一是接受投资者投入的资本金，二是向银行等金融机构借款。

（二）资金使用

工业企业的生产经营过程分为供应、生产和销售三个阶段。

在供应过程中，使用货币购买厂房、设备、原材料时，货币资金转化为固定资金和储备资金；在生产过程中，车间生产产品时，引起了原材料等的消耗，将固定资金、储备资金转化为生产资金，产品完工后就转化为成品资金；在销售过程中，将产品销售出去取得销售收入，成品资金又转化为货币资金，同时支付销售费用。

在这三个过程中，资金从货币形态开始，依次经过固定资金、储备资金、生产资金、成品资金，最后又回到货币资金，这一运动过程叫作资金循环，周而复始的资金循环叫作资金周转。

（三）资金退出

当企业偿还借款、上缴税金、分配利润、抽减资本金后，部分资金将不再参加周转，而是退出了企业；没有退出企业的部分资金又重新进入生产经营过程，在企业内部循环周转。

三、会计目标

会计的职能与目标

会计目标也称会计目的，是会计工作完成的任务或达到的标准，即向财务会计报告使用者提供与企业财务状况、经营成果和现金流量等有关的会计信息，反映企业管理层受托责任履行情况，有助于财务会计报告使用者作出经济决策。

我国会计的主要目标为：

（1）会计要为满足国家宏观经济管理和调控提供会计信息；

（2）会计要为企业外部利益相关者了解企业财务状况和经营成果提供会计信息；

（3）会计要为满足企业内部管理提供会计信息；

（4）会计信息要反映管理层受托责任的履行情况。

四、会计职能

会计职能是会计在经济管理中固有的、内在的客观功能，即会计在经济管理活动中能发挥什么作用。会计职能包括基本职能和拓展职能。会计基本职能包括核算职能和监督职能；会计拓展职能主要包括预测经济前景、参与经济决策、评价经营业绩，这些职能的实施有助于企业改善经营状况和提高经济效益，而目前新兴科技也可以帮助企业优化其拓展职能，加快分析和决策过程，有效提升管理水平和经营效率。

（一）核算职能

会计的核算职能也称为反映职能，是会计最基本的职能。会计核算职能是指以货币为主要计量单位，通过对特定主体的经营活动进行确认、计量、记录和报告，实现向信息需求者提供会计信息的过程。

(1)会计核算职能的内容包括：①资产的增减和使用；②负债的增减；③净资产（所有者权益）的增减；④收入、支出、费用、成本的增减；⑤财务成果的计算和处理；⑥需要办理会计手续、进行会计核算的其他事项。

(2)会计核算职能的特点：①会计是以货币作为主要计量单位；②运用专门的核算方法；③依据已经发生的经济活动资料进行事后的确认、计量、记录和报告，反映经济活动的现实状况及历史状况；④会计核算具有完整性、连续性和系统性。

（二）监督职能

会计的监督职能是指会计按照一定的目的和要求，在会计核算的同时，对会计主体经济活动的真实性、合法性、合理性进行监察、督促，使之达到预期的目的。其中，真实性指是否根据实际发生经济业务进行；合法性指是否遵守国家有关法律制度、是否执行国家各项方针政策，杜绝违法乱纪；合理性指是否符合客观规律和单位内部管理要求，是否执行了单位财务收支计划，是否有利于经营目标实现。

(1)监督职能的依据：①财经法律、法规、规章；②会计法律、法规和国家统一会计制度；③各省、自治区、直辖市财政厅（局）和国务院业务主管部门根据《中华人民共和国会计法》（以下简称《会计法》）和国家统一会计制度制定的具体实施办法或者补充规定；④各单位根据《会计法》和国家统一会计制度制定的单位内部会计管理制度；⑤各单位内部的预算、财务计划、经济计划、业务计划等。

(2)监督职能的内容包括：①对原始凭证进行审核和监督；②对伪造、变造、故意毁灭会计账簿或者账外设账行为，应当制止和纠正；③对实物、款项进行监督，督促建立并严格执行财产清查制度；④对指使、强令编造、篡改财务报告行为，应当制止和纠正；⑤对企业财务收支状况进行监督；⑥对违反单位内部会计管理制度的经济活动，应当制止和纠正；⑦对单位制定的预算、财务计划、经济计划、业务计划的执行情况进行监督等。

（三）会计核算与会计监督的关系

核算是监督的基础，监督是核算的延续与深化，二者相辅相成、辩证统一。

五、会计基本假设

会计基本假设一

会计基本假设二

会计基本假设是对会计核算时间和空间范围以及所采用的主要计量单位等所作的合理假定，是企业会计确认、计量、记录和报告的前提。

（一）会计主体假设

会计主体，是指会计工作服务的特定对象，是会计确认、计量、记录和报告的空间范围。

（1）判断能否成为会计主体的参考条件：①是否独立核算，自负盈亏；②是否有一定的经济资源；③是否有独立的经营权和决策权。

（2）会计主体与法律主体的区别与联系：①区别：会计主体是从会计信息使用者的需要来看的，法律主体是从诉讼的需要来看的；②联系：法律主体一定是一个会计主体，但会计主体不一定是法律主体。

（二）持续经营

持续经营是指在可以预见的将来，企业将会按当前的规模和状态继续经营下去，不会停业，也不会大规模削减业务。此假设明确了会计核算的时间范围和内容（资金正常运动期间发生的经济活动）。

（三）会计分期假设

会计分期，是指将一个企业持续经营的经营活动划分为一个个连续的、长短相同的期间。

持续经营是会计分期的前提。会计分期的目的，在于通过会计期间的划分，将持续经营的生产经营活动划分成连续、相等的期间，据以结算盈亏，按期编报财务报告，从而及时向财务报告使用者提供有关企业财务状况、经营成果和现金流量的信息。

（四）货币计量假设

货币计量，是指会计主体在会计确认、计量、记录和报告时主要以货币作为计量单位，来反映会计主体的生产经营活动过程及其结果。

货币具有综合性，可以将不同物品进行比较，即货币是商品的一般等价物，是衡量一般商品价值的共同尺度。企业通常应选择人民币作为记账本位币。业务收支以人民币以外的货币为主的企业，也可以选定某种外币作为记账本位币，但编制的财务报表应当折算为人民币。

综上所述，会计的四个基本假设具有相互依存、相互补充的关系。

六、会计基础

会计核算基础与方法一

会计基础，指会计确认、计量、记录和报告的基础，具体包括权责发生制和收付实现制。

（一）权责发生制

权责发生制，是指以取得收取款项的权利或支付款项的义务为标志来确定本期收入和费用的会计核算基础，也称应收应付制，可以形象地比喻为“认事不认钱”。

权责发生制特点具体可以概括为：凡是当期已经实现的收入和已经发生或者应当负担的费用，无论款项是否收付，都应当作为当期的收入和费用，计入利润表；凡是不属于当期的收入和费用，即使款项已在当期收付，也不应当作为当期的收入和费用。

（二）收付实现制

收付实现制，是指以现金的实际收付为标志来确定本期收入和支出的会计核算基础，也称现收现付制。

收付实现制特点具体可以概括为：凡是本期收到的现金，均应作本期收入处理；凡是本期支付的现金，均应作本期支出处理。

（三）使用范围

（1）企业会计一般采用权责发生制。

（2）政府会计中预算会计一般采用收付实现制；财务会计采用权责发生制。

七、会计核算方法

会计核算方法，是指对会计对象进行连续、系统、全面、综合地确认、计量和报告所采用的各种方法。主要包括：

会计核算基础与方法二

（一）设置账户

账户是对会计对象的具体内容分门别类地进行记录、反映的工具。设置账户，是根据国家统一规定的会计科目和经济管理的要求，科学地建立账户体系的过程。

（二）复式记账

复式记账是会计人员记录经济业务的一种方法。复式记账法，就是对任何一笔经济业务，都必须以相等的金额在相互联系的两个或两个以上的有关账户中进行登记的一种专门方法。

（三）填制和审核凭证

填制和审核凭证，是为了审查经济业务是否合理、合法，保证账簿记录正确、完整而采用的一种专门方法。审核会计凭证是会计人员的职责。

（四）登记账簿

账簿是用来全面、连续、系统地记录各项经济业务的簿籍，也是保存会计数据资料的重要工具。登记账簿也称记账，是指把所有的经济业务按其发生的顺序，分门别类地记入有关账簿。

（五）成本计算

成本计算，是指对生产经营过程中所发生的各种费用，按照一定对象和标准进行归集和分配，以计算确定该对象的总成本和单位成本。

（六）财产清查

财产清查，是指通过盘点实物、核对账目来查明各项财产物资、货币资金和债权债务实有数额的一种专门方法。

（七）编制财务报告

财务报告是以一定的表格和文字、数值形式，对企业某一特定日期的财务状况和某一会计期间的经营成果和现金流量等会计信息进行反映的一种综合性报告文件。

八、会计信息质量要求

会计信息质量要求一

会计信息质量要求也称为会计信息质量标准或会计信息质量特征，是对企业财务报告中所提供的会计信息质量的基本要求，旨在使财务会计报告所提供的信息对投资者等信息使用者决策有用。具体包括：

（一）可靠性

会计信息质量要求二

可靠性要求企业应当以实际发生的交易或者事项为依据进行确认、计量、记录和报告，如实反映符合确认和计量要求的各项会计要素及其他相关信息，保证会计信息真实可靠、内容完整。

可靠性是高质量会计信息的重要基础和关键所在。保持会计信息可靠性还要求企业会计信息应当是中立的、无偏的，不得为了达到某种事先设定的结果或效果，通过选择或列示某些会计信息以影响决策和判断。

（二）相关性

相关性要求企业提供的会计信息应当与财务会计报告使用者的经济决策需要相关，有助于财务会计报告使用者对企业过去和现在的情况作出评价，对未来的情况作出预测。

（三）可理解性

可理解性要求企业提供的会计信息应当清晰明了，便于投资者等财务报告使用者理解和使用（表内合并、附注说明）。

（四）可比性

可比性要求企业提供的会计信息应当相互可比，保证同一企业不同时期可比（纵比）、不同企业相同会计期间可比（横比）。

同一企业不同时期，发生的相同或者相似的交易或者事项，应当采用一致的会计政策，不得随意变更。但是，如果按照规定或者在会计政策变更后能够提供更可靠、更相关的会计信息，企业可以变更会计政策。有关会计政策变更的情况，应当在附注中予以说明。不同企业同一会计期间，发生的相同或者相似的交易或者事项，应当采用统一的会计政策，确保会计信息口径一致、相互可比，以使不同企业按照一致的确认、计量、记录和报告要求提供有关会计信息。

（五）实质重于形式

实质重于形式要求企业应当按照交易或者事项的经济实质进行会计确认、计量、记录和报告，不仅仅以交易或者事项的法律形式为依据。

（六）重要性

重要性要求企业提供的会计信息应当反映与企业财务状况、经营成果和现金流量有关的所有重要交易或者事项。

其中：企业发生的某些支出金额较小，从支出的受益期来看，可能需要在若干会计期间进行分摊，但根据重要性要求，可以一次性计入当期损益。

（七）谨慎性

谨慎性要求企业对交易或者事项进行会计确认、计量和报告应当保持应有的谨慎，不应高估资产或者收益、低估负债或者费用。

（八）及时性

及时性要求企业对于已经发生的交易或者事项，应当及时进行确认、计量、记录和报告，不得提前或者延后。

任务实施

1.（1）南海新星集团是会计主体。原因在于，明确了会计核算工作的空间范围，母公司、子公司、母公司和子公司组成的企业集团，都是会计主体。

（2）新巢家居有限责任公司负债增加了 1 000 万，遵循的是会计主体假设。

（3）该投影仪每年损耗金额是 1 000 元，遵循的是持续经营假设。企业在可以预见的未来，将会按照当前的规模和状态继续经营下去，不会停业，也不会大规模削减业务。

（4）新巢家居有限责任公司 1 月赚了 2 000 元；3 月赚了 4 000 元；第一季度赚了 6 000 元，遵循的是会计分期假设。原因在于，会计期间的划分对会计核算有着重要的影响，由于有了会计期间，才产生了本期和非本期的区别。

2. 新巢家居有限责任公司 2023 年 12 月发生的部分经济业务见表 1-1-2：

表 1-1-2　　新巢家居有限责任公司 2023 年 12 月利润（参考）

经济业务类型	权责发生制		收付实现制	
	收入	费用	收入	费用
1. 销售商品一批 80 000 元，款项尚未收到	80 000			
2. 收到上月销售款 20 000 元			20 000	
3. 支付本月职工工资 10 000 元		10 000		10 000
4. 销售商品一批 10 000 元，并且收到款项	10 000		10 000	
5. 收到上一季度房屋租金 9 000 元			9 000	
6. 预收商品货款 5 000 元，下个月发货			5 000	
7. 计提本月设备折旧费 3 000 元		3 000		
8. 缴纳上月未交税费 4 000 元				4 000
权责发生制下的利润	77 000			
收付实现制下的利润	30 000			

3. 新巢家居有限责任公司违反会计信息质量要求的业务如下：

（1）企业未将以长期租赁方式租入的资产视同自有资产，违反了实质重于形式的要求。

(2)企业未按照行业标准计提减值准备,违反了谨慎性的要求。

(3)迫于管理层的压力,财务报表存在操纵当期利润的问题,违反了可靠性的要求。

德育园地

华为集团的精细化财务管理体系

2008年,《商业周刊》杂志评选出了全球十大最具影响力公司中,华为是中国唯一上榜企业。作为一个中国的、非上市的、民营的、高科技的企业,华为领头人明确提出"要加快以财务管理为中心的计划、预算、核算体系的建设,要以产品线、地区部、代表处为基本单元,建立计划、预算、核算体系"。目前华为的年销售、利润增长均超过30%,这样的显著成绩离不开领先于很多企业的管理理念。财务理念一向超前的华为,在15年前就已经做到了"账务集中管理",打破了法人实体概念,重新建构了公司的运行逻辑。为应对未来不确定的危险,把控公司各方面的经营情况,华为财经通过"财经四统一""IFS变革""LTC变革",建立了一整套的多维度财务核算体系,出具多维度的财务报表和指标,为公司多维度的管理、风险防控保驾护航。可以说华为的多维度核算已成为华为稳健运营的基础和定海神针,也是华为管理的核心所在。华为不断引入新的数据分析和数据挖掘工具,"数点梅花天地春——账务小兵手记"中记载:"结账系统自动调度数据,170多个系统无缝衔接,七大共享中心流程化运作,模型化、自动化地多维度校验数据。各共享中心利用时差优势,7×24小时不间歇地协同作业,交替完成结账活动。按三类会计准则(中国会计准则、国际会计准则、子公司本地会计准则)分别出具259家子公司的财务报告,并顺利通过外部审计师的验证。"核算规则既是平台建设的基础,又承载企业的管理导向、利益分配等诉求,需要进行系统的分析和总结,才能输出一套完整的管理核算规则。华为以财务数据和核算报告为牵引,对各项业务策略进行细化,以实现经营的精细化管理。围绕计划和经营的精细化管理是华为实行全面利润考核的关键支撑,只有在精细化经营管理下,全面利润考核才能有扎实可靠的基础,利润数据才真实可信。

同学们,财会工作时刻都处在变化之中,制度法规在变,会计准则在变,税法条文在变,在这一过程中需要会计人员不断学习,不断适应,不断提升。会计人员的学习需要持续终身,不局限于财务知识,是包括业务知识在内的全方位的学习,即要学习业务知识、管理知识、市场知识、产品知识。学习的目的一是为了开阔视野,二是为了融入业务。现代的财务人员一定要持续提升自我价值,努力实现由核算型会计向管理会计转变。会计工作要持续地为经营工作服务,不能满足于藏在大后方,要学会主动出击,到一线部门战斗的地方去,寻找业务在内部管控端的需求与痛点,不断地释放管理价值。

任务小结

会计的核算职能也称为反映职能，是会计最基本的职能。会计核算职能是指以货币为主要计量单位，通过对特定主体的经营活动进行确认、计量、记录和报告，实现向信息需求者提供会计信息的过程。会计的监督职能是指会计按照一定的目的和要求，在会计核算的同时，对会计主体经济活动的真实性、合法性、合理性进行监察、督促，使之达到预期的目的。核算是监督的基础，监督是核算的延续与深化，二者是相辅相成、辩证统一。会计的四个基本假设具有相互依存、相互补充的关系。没有会计主体，就不会有持续经营；没有持续经营，就不会出现会计分期；没有货币计量，就不会有现代会计。总之，四种假设缺一不可。

权责发生制下，凡是当期已经实现的收入和已经发生或者应当负担的费用，无论款项是否收付，都应当作为当期的收入和费用，计入利润表；凡是不属于当期的收入和费用，即使款项已在当期收付，也不应当作为当期的收入和费用。通常，企业会计采用权责发生制。政府会计中预算会计一般采用收付实现制，财务会计采用权责发生制。会计信息质量要求主要包括可靠性、相关性、可理解性、可比性、实质重于形式、重要性、谨慎性和及时性，财务人员应遵循会计信息质量要求，进行会计核算和账务处理。

任务考核

一、单项选择题

❶ 根据财务报告提供的信息，定量或定性地推测经济活动的发展变化规律，属于拓展职能中的（　　）。

A. 预测经济前景　　B. 会计监督

C. 参与经济决策　　D. 评价经营业绩

❷ 关于对会计核算资料的真实性、完整性、合法性和合理性进行审查属于（　　）。

A. 参与经济决策职能　　B. 评价经营业绩职能

C. 监督职能　　D. 核算职能

❸ 下列关于会计的目标中，说法不正确的是（　　）。

A. 会计目标是要求会计工作完成的任务或达到的标准

B. 会计目标是向财务报告使用者提供会计信息

C. 会计目标反映企业管理层受托责任的履行情况

D. 会计目标是为提高企业经济效益

❹ 下列有关会计主体的表述中，不正确的是（　　）。

A. 会计主体是指会计所核算和监督的特定单位和组织

B. 会计主体界定了从事会计工作和提供会计信息的时间范围

C. 由若干具有法人资格的企业组成的企业集团也是会计主体

D. 会计主体界定了从事会计工作和提供会计信息的空间范围

5 下列选项中，属于企业开展正常持续的生产经营活动前提的是（　　）。

A. 持续经营　　B. 会计分期　　C. 货币计量　　D. 会计主体

6 下列关于权责发生制的表述中，不正确的是（　　）。

A. 权责发生制是以收入和费用是否归属本期为标准来确认本期收入和费用的一种方法

B. 权责发生制要求，凡是不属于当期的收入和费用，即使款项已在当期收付，也不作为当期的收入和费用

C. 权责发生制要求，凡是当期已经实现的收入和已经发生或应当负担的费用，无论款项是否收付，都应当作为当期的收入和费用

D. 权责发生制要求，凡是本期收到的收入和付出的费用，不论是否属于本期，都应作为本期的收入和费用

7 企业提供的会计信息应有助于财务会计报告使用者评价企业过去或现在的状况、预测企业未来发展，体现的会计信息质量要求是（　　）。

A. 可靠性　　B. 相关性　　C. 可理解性　　D. 可比性

8 下列选项中，属于会计信息质量要求中谨慎性要求的是（　　）。

A. 同一企业在同一时期的相同或相似事项要采用相同的会计政策，不得随意变更

B. 企业要以实际发生的经济业务或者事项为依据进行会计核算

C. 计提应收账款坏账准备

D. 租入的固定资产作为企业的自有资产处理

9 企业不同时期的固定资产采用相同的方法计提折旧，遵循的会计信息质量要求是（　　）。

A. 谨慎性　　B. 可靠性　　C. 相关性　　D. 可比性

10 某企业 2023 年 8 月购入一台不需安装的设备，因暂时未用而当年未入账，违背了（　　）要求。

A. 重要性　　B. 客观性　　C. 及时性　　D. 明晰性

二、多项选择题

1 财务报告使用者主要包括（　　）。

A. 投资者　　B. 债权人

C. 税务、财政等部门　　D. 社会公众

2 下列选项中，可确认为会计主体的有（　　）。

A. 子公司　　B. 销售部门

C. 集团公司　　D. 母公司

3 下列选项中，属于会计监督的主要内容的有（　　）。

A. 对原始凭证进行审核和监督

B. 对实物、款项进行监督，督促建立并严格执行财产清查制度

C. 对财务收支进行监督

D. 对违反单位内部会计管理制度的经济活动，应当制止和纠正

❹ 下列关于会计核算与会计监督两大基本职能说法正确的有(　　)。

A. 会计核算职能是会计的首要职能　　B. 会计核算职能是会计监督的基础

C. 会计监督职能是会计核算的基础　　D. 会计监督是会计核算的质量保障

❺ 下列关于会计基本假设的说法正确的有(　　)。

A. 会计基本假设包括会计主体、持续经营、会计分期与货币计量

B. 持续经营是指在可以预见的将来，企业将会按当前的规模和状态持续经营下去，不会停业，也不会大规模削减业务

C. 在会计主体假设下，企业应对其发生的交易或事项进行会计确认、计量、记录和报告

D. 会计分期是指将一个企业持续经营的生产经营活动划分为一个个连续的长短相同的期间。

❻ 下列关于会计基础说法正确的有(　　)。

A. 企业应当以权责发生制为基础进行确认、计量、记录和报告

B. 政府会计由预算会计和财务会计构成

C. 政府会计中预算会计实行收付实现制，国务院另有规定的，依照其规定

D. 政府会计中财务会计实行权责发生制

❼ 企业应根据其所处环境和实际情况，从项目的(　　)判断其重要性。

A. 功能　　B. 性质　　C. 金额　　D. 影响

❽ 谨慎性要求会计人员在选择会计处理方法时(　　)。

A. 不高估资产或收益　　B. 不低估负债或费用

C. 高估资产或收益　　D. 低估资产或收益

❾ 下列选项中违背了及时性要求的有(　　)。

A. 某一时段履行的履约义务按履约期限分配确认各期收入

B. 某一时段履行的履约义务在合同到期日一次性确认收入

C. 某一时段履行的履约义务在合同开始日一次性确认收入

D. 对资产计提减值准备

❿ 下列不属于会计信息质量要求的有(　　)。

A. 规范性　　B. 谨慎性　　C. 可比性　　D. 可行性

三、判断题

❶ 如果企业所有者的经济交易或事项是属于企业所有者主体发生的，应纳入企业会计核算的范围。(　　)

❷ 会计中期指短于一个完整的会计年度的报告期间，如月度、季度、半年度等。(　　)

❸ 会计核算贯穿于经济活动的全过程，是会计最基本的职能。(　　)

❹ 会计核算是会计监督的基础，会计监督是会计核算的保障，没有核算所提供的各种信息，监督就失去了依据。(　　)

❺ 会计基本假设是企业会计确认、计量、记录和报告的前提，是对会计核算所处时间、空间环境等所作的合理假定。(　　)

❻ 实质重于形式要求企业应当按照交易或者事项的经济实质进行会计确认、计量、记录和报告，而不仅仅以交易或者事项的法律形式为依据。 （　　）

❼ 企业对零售商品很可能发生的保修义务确认预计负债体现的是重要性要求。 （　　）

❽ 企业以实际发生的经济业务为依据，如实进行会计确认和计量，体现的会计信息质量要求是可靠性。 （　　）

❾ 企业为应对市场经济环境下生产经营活动面临的风险和不确定性，应高估负债和费用，低估资产和收益。 （　　）

❿ 权责发生制要求，凡是本期收到的收入和付出的费用，不论是否属于本期，都应作为本期的收入和费用。 （　　）

任务二　认知会计职业

任务情境

认知会计职业一

认知会计职业二

(1)2023 年 12 月，新巢家居有限责任公司由于研发的新产品销售不畅，公司面临巨额亏损。董事长责令财务部的财务经理林某对会计报表做“技术处理”，实现当年盈利目标，并承诺如果做得好，将推荐她作为公司总会计师人选。林某知道本年度公司亏损已成定局，如果落实董事长的盈利目标，只能在会计报表上做假。于是，林某通过虚拟交易、向子公司转移广告费支出等方法，将公司会计报表从亏损做成盈利。

(2)新巢家居有限责任公司会计人员陈芳芳不仅熟悉会计电算化业务，还对利用现代化信息技术手段加强经营管理颇有研究。陈芳芳曾向公司总经理建议开辟直播销售业务，并实行优惠的折扣政策，公司采纳了陈芳芳的建议，当期销售额保持了快速增长。

(3)“做老实人，说老实话，办老实事”是新巢家居有限责任公司信奉的职业道德规范。

(4)中国现代会计学之父潘序伦先生终身倡导：“信以立志，信以守身，信以处事，信以待人，毋忘‘立信’，当必有成”，新巢家居有限责任公司将其作为公司的文化墙标语。

任务布置

请分析以上四项业务，分别涉及的会计职业道德有哪些？

知识准备

一、会计职业

会计职业，是指利用会计专门的知识和技能，为经济社会提供会计服务，获取合理报酬的职业。

会计职业主要特征表现为：①社会属性，指社会分工，履行会计职能；②规范性，指专业规范操作要求；③经济性，指获得合理报酬；④技术性，指采用专门方法和程序；⑤时代性，指适应新时代要求。

二、会计职业道德

（一）会计职业道德的概念

会计职业道德，指会计人员在会计工作中应当遵循的、体现会计职业特征、调整会计职业关系的职业行为准则和规范。由会计职业理想、会计职业责任、会计职业技能、会计工作态度、会计工作作风和会计职业纪律等构成，会计职业道德的核心是诚信。

（1）会计职业道德与会计法律制度的联系：①在内容上相互渗透、相互吸收；②在作用上相互补充、相互协调；③会计职业道德是对会计法律制度的重要补充，会计法律制度是对会计职业道德的最低要求。

（2）会计职业道德与会计法律制度的区别：①性质不同。会计法律制度通过国家行政权力强制执行，具有很强的他律性；会计职业道德通过行业行政管理部门规范和会计从业人员自觉执行，具有很强的自律性。②作用范围不同。会计法律制度侧重于调整会计人员的外在行为和结果的合法化，具有较强的客观性；会计职业道德不仅要求调整会计人员的外在行为，还要求调整会计人员内在的精神世界，具有较强的主观性。③表现形式不同。会计法律制度具体明确的、正式形成文字的成文条例；会计职业道德既有明确成文的规定，也有不成文的规范。④实施保障机制不同。会计法律制度依靠国家强制力保障实施；会计职业道德依靠行业行政管理部门监管执行、职业道德教育、社会舆论、传统习俗和道德评价来实现。⑤评价标准不同。会计法律制度以法律规定为评价标准；会计职业道德以行业行政管理规范和道德评价为标准。

（二）会计职业道德的内容

为贯彻落实党中央、国务院关于加强社会信用体系建设的决策部署，推进会计诚信体系建设，提高会计人员职业道德水平，根据《中华人民共和国会计法》《会计基础工作规范》，财政部研究制定了《会计人员职业道德规范》。会计人员职业道德规范的具体内容如下：

1. 坚持诚信，守法奉公

牢固树立诚信理念，以诚立身、以信立业，严于律己、心存敬畏。学法知法守法，公私分明、克己奉公，树立良好职业形象，维护会计行业声誉。

2. 坚持准则，守责敬业

严格执行准则制度，保证会计信息真实完整。勤勉尽责、爱岗敬业，忠于职守、敢于斗争，自觉抵制会计造假行为，维护国家财经纪律和经济秩序。

3. 坚持学习，守正创新

始终秉持专业精神，勤于学习、锐意进取，持续提升会计专业能力。不断适应新形势新要求，与时俱进、开拓创新，努力推动会计事业高质量发展。

三条要求逻辑清晰、层层递进："坚持诚信，守法奉公"是对会计人员的自律要求，"坚持准则，守责敬业"是对会计人员的履职要求，"坚持学习，守正创新"是对会计人员的发展要求。加强会计人员职业道德建设，对长期以来会计职业活动实践中形成的职业道德要求进行总结提炼和大力宣传，引导会计人员形成正确的价值追求和行为规范，对于提高会计工作水平和会计信息质量、加强社会信用体系建设、推动经济社会高质量发展具有重要意义。

三、会计职业生涯规划

（一）会计毕业生就业去向

会计毕业生去向，可以选择企业、事业单位、政府机关、社会团体、代理记账公司、财务咨询公司、财税大数据中心、会计师事务所、税务师事务所等。

（二）会计工作岗位

会计工作岗位有：①会计主管；②出纳；③财产物资核算；④工资核算、成本费用核算、财务成果核算；⑤资本、基金核算；⑥收入支出债权债务核算；⑦总账报表；⑧稽核；⑨档案管理。

任务实施

根据上述相关知识，新巢家居有限责任公司涉及的会计职业道德为：

（1）涉及的会计职业道德是坚持诚信，守法奉公；坚持准则，守责敬业。

（2）涉及的会计职业道德是坚持学习，守正创新。

（3）涉及的会计职业道德是坚持诚信，守法奉公。

（4）涉及的会计职业道德是坚持诚信，守法奉公。

德育园地

2019 年 5 月 17 日，某新星公司登陆纳斯达克，是世界范围内从成立到 IPO 最快的公司之一。知名做空机构于 2020 年 1 月 31 日发布针对该新星公司的做空报告，直指其涉嫌财务造假，门店销量、广告费用、其他产品的净收入均被夸大，2019 年第三季度的门店营业利润被夸大 3.97 亿元。2020 年 4 月 2 日，该公司向美国证券交易委员会（SEC）提交公告，承认财务舞弊，涉虚假交易额 22 亿元。2020 年 6 月 27 日，发布声明称：公司将于 6 月 29 日在纳斯达克停牌，并进行退市备案。2020 年 7 月 31 日，中国证监会宣布：该新星公司财务造假调查处置工作取得了重要进展。当天，财政部表示：已经完成对其境内运营主体会计信息质量检查。在检查中发现，自 2019 年 4 月至 2019 年年末，该公司通过虚构商品券业务，增加交易额 22.46 亿元，虚增收入 21.191 亿元（占对外披露收入 51.51 亿元的 41.16%），虚增成本费用 12.111 亿元，虚增利润 9.081 亿元。2020 年 9 月 18 日，国家市场监督管理总局对该公司不正当竞争的违法行为作出行政处罚决定，罚款人民币 200 万元。

同学们，会计造假严重扰乱了社会经济秩序。就整个社会而言，会计资料是一种重要的社会资源，是在会计核算过程中形成的、记录和反映实际发生的经济业务事项的资料，是记录会计核算过程和结果的重要载体，是利益相关者评价财务状况、防范经营风险、作出投资决策的重要依据。会计造假不仅会破坏市场经济秩序，导致宏观调控和微观决策的失误，还会为经济犯罪活动提供方便，滋生腐败，甚至增加社会的不安定因素，最终扰乱社会的经济关系、扰乱社会经济秩序。诚实守信是社会公德的基本要求，是每个公民的最基本道德规范，而作为经常与钱财打交道的会计人员更应诚信第一，真实客观地反映经济活动事项。

任务小结

会计职业道德是指会计人员在会计工作中应当遵循的、体现会计职业特征的、调整会计职业关系的职业行为准则和规范，由会计职业理想、会计职业责任、会计职业技能、会计工作态度、会计工作作风和会计职业纪律等构成，其核心是诚信。《会计人员职业道德规范》提出“三坚三守”，强调会计人员“坚”和“守”的职业特性和价值追求，是对会计人员职业道德要求的集中表达。三条要求逻辑清晰、层层递进：第一条“坚持诚信，守法奉公”是对会计人员的自律要求；第二条“坚持准则，守责敬业”是对会计人员的履职要求；第三条“坚持学习，守正创新”是对会计人员的发展要求。

任务考核

一、单项选择题

1 会计职业道德和会计法律制度的区别主要是（　　）。

A. 违反会计制度可能受到法律制裁，违反会计职业道德只会受到道德谴责

B. 会计法律制度有成文规定，会计职业道德无具体的表现形式

C. 会计法律制度调整会计人员的外在行为，会计职业道德只调整会计人员内在精神世界

D. 会计法律制度具有很强的他律性，会计职业道德具有很强的自律性

2 下列选项中，不属于《会计人员职业道德规范》中“坚持诚信，守法奉公”要求的是（　　）。

A. 树立良好职业形象　　B. 公私分明、克己奉公

C. 努力推动会计事业高质量发展　　D. 牢固树立诚信理念

3 下列表述中，不属于会计职业道德内容的是（　　）。

A. 爱岗敬业　　B. 严于律己

C. 男女平等　　D. 诚实守信

4 下列选项中，反映了《会计人员职业道德规范》对会计人员的自律要求的是（　　）。

A. 坚持诚信，守法奉公　　B. 坚持准则，守责敬业

C. 坚持学习，守正创新　　D. 忠于职守，尽心尽力

⑤ 下列选项中，不属于诚信理念的基本要求的是（　　）。

A. 保守秘密，执业谨慎　　B. 办老实事，不搞虚假

C. 实事求是，如实反映　　D. 公私分明，不贪不占

二、多项选择题

① 下列选项中，属于会计职业特征的有（　　）。

A. 社会属性　　B. 规范性　　C. 经济性　　D. 及时性

② 下列关于会计职业道德表述中，正确的有（　　）。

A. 会计职业道德由国家强制力保障实施

B. 会计职业道德是会计法律制度的重要补充

C. 会计职业道德不要求调整会计人员的外在行为

D. 会计法律制度是会计职业道德的最低要求

③ 会计人员职业道德素质直接影响会计工作和会计信息质量，下列选项关于会计人员职业道德内容的表述中，正确的有（　　）。

A. 会计人员应坚持并严格执行会计准则，在适当牺牲会计信息及时性的前提下保证会计信息真实完整

B. 会计人员应牢固树立诚信理念，学法知法守法，维护会计行业声誉

C. 会计人员应不断适应新形势新要求，与时俱进、锐意进取

D. 会计人员应敢于斗争，自觉抵制会计造假行为，维护国家财经纪律和经济秩序

④ 按照我国《会计人员职业道德规范》，新时代会计人员应当遵守的职业道德有（　　）。

A. 坚持诚信，守法奉公　　B. 坚持准则，守责敬业

C. 坚持惯例，守护传统　　D. 坚持学习，守正创新

⑤ 下列选项关于“三坚三守”的说法中，正确的有（　　）。

A.“三坚三守”中的“坚持准则，守责敬业”是对会计人员的履职要求

B.“三坚三守”强调会计人员“坚”和“守”的职业特性和价值追求

C.“三坚三守”是对会计人员职业道德要求的集中表达

D.“三坚三守”中三条要求的关系是层层递进的

三、判断题

① 会计人员不钻研业务，不加强新知识的学习，造成工作上的差错，缺乏胜任工作的能力。这是一种既违反会计职业道德，又违反会计法律制度的行为。（　　）

② 坚持诚信、守法奉公，是对会计人员的履职要求。（　　）

③ 会计职业道德是对会计法律制度的最低要求，会计法律制度是对会计职业道德的重要补充。（　　）

④ 会计职业道德不仅可以调整会计人员的外在行为，还可以调整会计人员内在的精神世界。（　　）

⑤ 坚持学习，守正创新要求会计人员勤勉尽责、爱岗敬业、忠于职守、敢于斗争。（　　）

项目二 领悟记账原理

学习目标

能力目标

1. 能运用会计六要素特征熟练区别各类会计要素。
2. 能熟练掌握会计各要素具体内容。
3. 会分析不同经济业务类型对会计等式的平衡关系影响。
4. 会归类经济业务四种类型、九种情况。

知识目标

1. 能说出各类会计要素定义、特征和分类。
2. 能解释会计等式。
3. 能说出会计等式的作用。

素质目标

1. 培养学生树立正确世界观、人生观。
2. 培育精益求精的工匠精神。

案例导入

陈铭是高职院校烹饪专业的应届毕业生，毕业后回老家创业，开了一家面包店。创业初期，陈铭决定自己制作面包自己经营。于是，租了一间铺面，购买了一些设备和用具，具体包括电脑、厨师机、发酵箱、分层烤箱、擀面杖、烤盘、各种模具、裱花嘴、秤、量杯、不锈钢盆、锯刀、盛放做好面包的器皿、大小刷子，油纸、食品包装袋、裱花袋。一切准备就绪，陈铭开始着手购买面粉、奶油、黄油等材料，结合自己在大学学的烹饪技术，开始制作面包并营业起来。开业第一个星期，为了提高店面知名度，吸引顾客，店里提供了一些免费试吃品。由于价格实惠，品种多样且味道鲜美，外加亲戚朋友的宣传，面包销路极好。第一个月下来，陈铭开始思考：应该怎么记账？面包店的财务状况和经营成果如何？这些项目之间有没有金额勾稽关系？作为一名财务人员，带着问题，通过本项目内容的学习，我们来帮陈铭解决他的面包店财务问题吧。

任务一 识别会计要素

任务情境

新巢家居 2023 年 6 月，发生的部分经济业务如下：

(1)存放在保险柜的现金为 700 元；

(2)公司银行账户里的存款余额为 369 300 元；

(3)收到的未到期的商业汇票为 800 000 元；

(4)应收的货款为 2 500 000 元；

(5)呼吸革面料金额为 34 200 元，pu 革面料金额为 24 000 元；

(6)功能沙发金额为 650 000 元，固定沙发金额为 420 000 元；

(7)沙发生产设备金额为 901 800 元，厂房及办公楼金额为 4 500 000 元；

(8)6 个月期限的银行借款金额为 100 000 元；

(9)签发并承兑的商业汇票金额为 30 000 元；

(10)尚欠的材料货款金额为 350 000 元；

(11)欠交的税费金额为 20 000 元；

(12)股东投入的资本为 10 000 000 元；

(13)销售功能沙发实现收入 900 000 元，销售固定沙发实现收入 600 000 元；

(14)销售多余面料实现收入 70 000 元；

(15)发生广告费 50 000 元；

(16)银行借款利息为 300 元；

(17)行政部门办公费为 3 000 元；

(18)全部职工薪酬为 300 000 元：其中行政管理人员薪酬 100 000 元，销售人员薪酬 200 000 元。

任务布置

请你根据任务情境，确认新巢家居的各项经济内容属于哪一类会计要素，填到表 2-1-1 对应的方框内。

表 2-1-1　　经济业务内容类型

项目	确认为哪个会计要素	所属会计要素的类别与构成项目
存放在保险柜的现金 700 元		
公司银行账户里的存款余额 369 300 元		
收到的未到期的商业汇票 800 000 元		
应收的货款 2 500 000 元		
呼吸革面料 34 200 元，pu 革面料 24 000 元		

（续表）

项目	确认为哪个会计要素	所属会计要素的类别与构成项目
功能沙发 650 000 元，固定沙发 420 000 元		
沙发生产设备 901 800 元，厂房及办公楼 4 500 000 元		
6 个月期限的银行借款 100 000 元		
签发并承兑的商业汇票 30 000 元		
尚欠的材料货款 350 000 元		
欠交的税费 20 000 元		
股东投入的资本 10 000 000 元		
销售功能沙发实现收入 900 000 元，销售固定沙发实现收入 600 000 元		
销售多余面料实现收入 70 000 元		
发生广告费 50 000 元		
银行借款利息 300 元		
行政部门办公费 3 000 元		
全部职工薪酬 300 000 元：其中行政管理人员薪酬 100 000 元，销售人员薪酬 200 000 元		

知识准备

会计要素，又称财务报表要素，是对会计对象按经济业务特征所做的基本分类，是会计核算对象的具体化。《企业会计准则——基本准则》将会计要素划分为资产、负债、所有者权益、收入、费用和利润六类。其中，前三类属于反映财务状况的会计要素，在资产负债表中列示，反映企业资金运动的静态状况；后三类属于反映经营成果的会计要素，在利润表中列示，反映企业资金运动的动态状况。

一、资产

（一）资产的定义及其特征

会计要素-资产(一)

会计要素-资产(二)

资产是指企业过去的交易或事项形成的、由企业拥有或控制的、预期会给企业带来经济利益的资源。根据资产的定义，资产具有以下几个方面的特征：

(1)资产是由企业过去的交易或事项所形成的。交易是指发生在两个不同主体之间的经济业务，如甲公司销售一批商品给乙公司。事项是指发生在一个会计主体内部各部门之间的经济业务，如企业的生产车间生产产品向仓库领用原材料。这些交易或事项包括购买、生产、建造或者其他交易或事项。只有这些已经发生的交易或事项才能产生资产。与此相反，企业预期在未来发生的交易或事项并不构成资产。例如，即使企业有购买某种材料的意愿或计划，但在购买行为实际发生之前，这一交易属于未来而非过去，不符合资产的定义，因此，这种材料不能被视为企业的资产。

(2)资产是由企业拥有或者控制的资源。资产作为一项资源,应当由企业拥有或者控制,这是指企业享有某项资源的所有权,或者虽然不享有某项资源的所有权,但该资源能被企业所控制。

企业享有资产的所有权,通常表明企业能够排他性地从资产中获取经济利益。在判断资产是否存在时,所有权是考虑的首要因素。例如,企业购入的库存商品,因其所有权归企业所有,故被视为企业的资产。然而,在某些情况下,尽管企业不拥有资产的所有权,但只要对资产具有控制权,仍可视为企业能够从中获取经济利益,符合会计上的资产定义。例如,企业租入的设备,虽然所有权归出租方,但在租赁期内,控制权归承租方,因此该设备在租赁期内被视为承租方的资产。若企业既不拥有也不控制资产所带来的经济利益,则不能将其确认为企业的资产。

(3)资产预期会给企业带来经济利益。该特征是指资产直接或者间接导致现金和现金等价物流入企业的潜力。这种潜力可以来自企业日常的生产经营活动,也可以是非日常活动。资产所带来的经济利益可以是直接的现金或现金等价物,也可以是能够转化为现金或现金等价物的其他形式,或者是减少现金或现金等价物的流出。

资产预期能否为企业带来经济利益是资产的重要特征。以工业企业为例,企业采购的原材料和固定资产等,在商品生产完成后通过销售转化为货款,这些货款即为企业所获得的经济利益。若某项目预期不能为企业带来经济利益,则不应将其确认为企业的资产。同样,对于已确认为资产的项目,若其不再能为企业带来经济利益,亦不应再作为企业的资产进行确认。例如,过了保质期的库存商品。

(二)资产的确认条件

将一项资源确认为资产,需要符合资产的定义,还应同时满足以下两个条件:

(1)与该资源有关的经济利益很可能流入企业。从资产的定义可以看出,能为企业带来经济利益是资产的一个本质特征。然而,在现实的经济环境中,由于市场环境的多变性,与资源相关的经济利益能否以及能够多大程度上流入企业,都具有一定的不确定性。因此,在确认资产时,需要综合考虑这种不确定性的影响程度。

(2)该资源的成本或者价值能够可靠地计量。只有当有关资源的成本或者价值能够可靠地计量时,资产才能予以确认。在实务中,企业取得的许多资产都需要付出成本。例如,企业购买或者生产的商品、企业购置的厂房或者设备等,对于这些资产,只有实际发生的成本或者生产成本能够可靠计量,才符合资产确认的可计量性条件。

(三)资产的分类和内容

资产按流动性(变现能力的强弱)进行分类,可以分为流动资产和非流动资产。

1. 流动资产

流动资产是指预计在一个营业周期中变现、出售或耗用,或者主要为交易目的而持有,或者预计在资产负债表日起 1 年内(含 1 年)变现的资产,以及自资产负债表日起 1 年内交换其他资产或清偿负债的能力不受限制的现金或现金等价物。流动资产主要包括货币资金、交易性金融资产、应收及预付款、存货、合同资产等。

货币资金,是指企业生产经营过程中处于货币形态的资产,包括库存现金、银行存款和其他货币资金。它们是企业流动性最强的资产。

交易性金融资产，是指企业为了近期内出售而持有的金融资产，包括企业以赚取差价为目的而从二级市场购入的股票、债券、基金等。

应收及预付款，是指企业在日常生产经营中发生的各项债权，包括应收款项、预付款项等。应收款项包括应收账款、应收票据、应收股利和其他应收款；预付款项是指企业按照购货合同规定预付给供应单位的款项，如预付账款。

存货，是指企业在日常生产经营过程中持有以备出售的产成品或商品、处在生产过程中的在产品、在生产过程或提供劳务过程中耗用的材料、物料等，包括原材料、库存商品、在产品、半成品、包装物、低值易耗品等。

合同资产，是指企业已向客户转让商品而有权收取对价的权利，且该权利取决于时间流逝之外的其他因素。如企业向客户销售两项可明确区分的商品，企业因已交付其中一项商品而有权收取款项，但收取该款项还取决于企业交付另一项商品的，企业应当将该收款权利作为合同资产。企业拥有的、无条件（仅取决于时间流逝）向客户收取对价的权利应当作为应收款项单独列示。

2. 非流动资产

非流动资产，是指流动资产以外的资产，主要包括长期应收款、长期股权投资、固定资产、无形资产、其他资产等。

长期应收款，是指企业融资租赁产生的应收款项和采用递延方式分期收款、实质上具有融资性质的销售商品和提供劳务等经营活动产生的应收款项。

长期股权投资，是指企业通过投资取得被投资单位的股份，不准备在 1 年内变现的对外股权投资。

固定资产，是指企业为生产商品、提供劳务、出租或经营管理而持有的，使用寿命超过一个会计年度的有形资产，包括房屋建筑物、机器设备、运输设备、电子设备等。

无形资产，是指企业拥有或控制的没有实物形态的可辨认非货币性资产，包括专利权、非专利技术、商标权、著作权、土地使用权等。

其他资产，是指不能被包括在流动资产、长期应收款、长期股权投资、固定资产、无形资产等项目之内的资产，主要包括长期待摊费用和其他长期资产。

二、负债

（一）负债的定义及其特征

会计要素-负债

负债，是指企业过去的交易或者事项形成的，预期会导致经济利益流出企业的现时义务。根据负债的定义，负债具有以下三方面特征：

（1）负债是企业承担的现时义务。负债必须是企业承担的现时义务，这里的现时义务是指企业在现行条件下已承担的义务。未来发生的交易或者事项形成的义务，不属于现时义务，不应当确认为负债。

（2）负债预期会导致经济利益流出企业。预期会导致经济利益流出企业是负债的一个本质特征，只有在履行义务时会导致经济利益流出企业的，才符合负债的定义。在履行现时义务清偿负债时，导致经济利益流出企业的形式多种多样，例如，用现金偿还或以实物资产形式偿还，以提供劳务形式偿还，部分转移资产、部分提供劳务形式偿还，将负债转为资本等。

(3)负债是由企业过去的交易或者事项形成的。负债应当由企业过去的交易或者事项所形成。换句话说，只有过去的交易或者事项才形成负债，企业将在未来发生的承诺、签订的合同等交易或者事项，不形成负债。

(二)负债的确认条件

将一项现时义务确认为负债，需要符合负债的定义，还需要同时满足以下两个条件：

(1)与该义务有关的经济利益很可能流出企业。从负债的定义可以看出，预期会导致经济利益流出企业是负债的一个本质特征。在实务中，企业履行义务所需流出的经济利益带有不确定性，尤其是与推定义务相关的经济利益通常需要依赖大量的估计。因此，负债的确认应当与经济利益流出企业的不确定性程度的判断结合起来。

(2)未来流出的经济利益的金额能够可靠地计量。负债的确认在考虑经济利益流出企业的同时，对于未来流出的经济利益的金额应当能够可靠计量。

(三)负债的分类和内容

负债按其流动性(偿还期限的长短)进行分类，可分为流动负债和非流动负债。

1. 流动负债

流动负债，是指预计在一个正常营业周期内偿还，或者主要为交易目的而持有，或者自资产负债表日起一年内(含一年)到期应予以清偿，或者企业无权自主地将清偿推迟至资产负债表日以后一年以上的负债。流动负债主要包括短期借款、应付票据、应付账款、预收账款，应付职工薪酬、应付利息、应付股利、应交税费、其他应付款和合同负债等。

短期借款，是指企业向银行或其他金融机构等外单位借入的、还款期限 1 年以下(含 1 年)的各项借款。

应付票据，是指企业购买材料、商品和接受劳务等开出并承兑的商业汇票。

应付账款，是指企业购买材料、商品和接受劳务等经营活动应支付给供应单位的款项。

预收账款，是指企业按照合同规定向购货单位预收的款项。

应付职工薪酬，是指企业根据有关规定应付给职工的各种薪酬，包括工资、奖金、津贴和补贴，职工福利费，医疗、养老、失业、工伤、生育等社会保险费，住房公积金，工会经费，职工教育经费，非货币性福利等。

应付利息，是指企业按照合同约定应支付的利息，包括吸收存款、分期付息到期还本的长期借款、企业债券等应支付的利息。

应付股利，是指企业分配的现金股利或利润。

应交税费，是指企业按照税法规定计算应缴纳的各种税费，包括增值税、消费税、所得税、资源税、土地增值税、城市维护建设税、房产税、土地使用税、车船税、教育费附加等。

其他应付款，是指企业除应付票据、应付账款、预收账款、应付职工薪酬、应付股利、应付利息、应交税费等经营活动以外的其他各项应付、暂收的款项。

合同负债，是指企业已收或应收客户对价而应向客户转让商品的义务。

2. 非流动负债

非流动负债，是指偿还期在一年或者超过一年的一个营业周期以上的债务。非流动负债主要包括长期借款、应付债券、长期应付款等。

长期借款，是指企业向银行或其他金融机构等外单位借入的、还款期限在1年以上（不含1年）的各项借款。

应付债券，是指企业为筹集长期资金而发行的债券。

长期应付款，是指企业除长期借款和应付债券以外的其他各种长期应付款项。

三、所有者权益

（一）所有者权益的定义

会计要素-所有者权益

所有者权益，是指企业资产扣除负债后，由所有者享有的剩余权益，即企业的净资产。公司的所有者权益又称为股东权益。所有者权益是所有者对企业资产的剩余索取权，它是企业的资产扣除债权人权益后应由所有者享有的部分，既可反映所有者投入资本的保值增值情况，又体现了保护债权人权益的理念。

所有者权益的来源包括所有者投入的资本、其他综合收益、留存收益等，通常由股本（或实收资本）、资本公积（含股本溢价或资本溢价、其他资本公积）、其他综合收益、盈余公积和未分配利润等构成。

所有者投入的资本，是指所有者投入企业的资本部分，它既包括构成企业注册资本或者股本的金额，也包括投入资本超过注册资本或股本部分的金额，即资本溢价或股本溢价，这部分投入资本作为资本公积（资本溢价）反映。

其他综合收益，是指企业根据会计准则规定未在当期损益中确认的各项利得和损失。

留存收益，是指企业从历年实现的利润中提取或形成的留存于企业的内部积累，包括盈余公积和未分配利润。

（二）所有者权益的确认条件

所有者权益体现的是所有者在企业中的剩余权益，因此，所有者权益的确认和计量主要依赖于资产和负债的确认和计量。例如，企业接受投资者投入的资产，在该资产符合资产确认条件时，就相应地符合所有者权益的确认条件；当该资产的价值能够可靠计量时，所有者权益的金额也就可以确定。

四、收入

（一）收入的定义

会计要素-收入

收入，是指企业在日常活动中形成的、会导致所有者权益增加的、与所有者投入资本无关的经济利益的总流入。根据收入的定义，收入具有以下三方面特征：

（1）收入是企业在日常活动中形成的。日常活动，是指企业为完成其经营目标所从事的经常性活动，以及与之相关的活动。例如，工业企业制造并销售产品，就属于企业的日常活动。

（2）收入是与所有者投入资本无关的经济利益的总流入。收入应当会导致经济利益的流入，从而导致资产的增加。例如，企业销售商品，应当实际收到现金或具备未来收取现金的权利，才表明该交易符合收入的定义。但在实务中，经济利益的流入可能源自所有者权益的增加，这种情况下的资本增加并不构成收入。因此，在会计处理上，不应将其视为收入，而应直接归类为所有者权益。

(3)收入会导致所有者权益的增加。与收入相关的经济利益的流入应当会导致所有者权益的增加，不会导致所有者权益增加的经济利益的流入不符合收入的定义，不应确认为收入。例如，企业向银行借入款项，虽然也导致经济利益流入企业，但该流入并不导致所有者权益的增加，反而使企业承担了一项现时义务。因此，企业对于因借入款项所导致的经济利益的增加，不应将其确认为收入，应当确认为一项负债。

(二)收入的确认条件

企业收入的来源渠道多种多样，不同收入来源的特征虽然有所不同，但其收入确认条件却是相同的。当企业与客户之间的合同同时满足下列条件时，企业应当在客户取得相关商品控制权时确认收入：(1)合同各方已批准该合同并承诺将履行各自义务；(2)该合同明确了合同各方与所转让商品或提供劳务相关的权利和义务；(3)该合同有明确的与所转让商品或提供劳务相关的支付条款；(4)该合同具有商业实质，即履行该合同将改变企业未来现金流量的风险、时间分布或金额；(5)企业因向客户转让商品或提供劳务而有权取得的对价很可能收回。

(三)收入的分类及构成项目

《企业会计准则第 14 号——收入》中的收入是指狭义的收入，包括商品销售收入、提供劳务收入和让渡资产使用权收入。按其性质不同，收入可分为主营业务收入、其他业务收入、投资收益等。

(1)主营业务收入，是指由企业的主营业务所带来的收入，如制造企业销售产品的收入、商品流通企业销售商品的收入等。

(2)其他业务收入，是指除主营业务活动以外的其他经营活动实现的收入，如制造企业对外出售不需用的原材料、进行技术转让、出租包装物等获得的收入。

(3)投资收益，是指企业对外投资而分得的净收益，如从被投资企业分得的利润等。

五、费用

(一)费用的定义

会计要素-费用

费用，是指企业在日常活动中发生的、会导致所有者权益减少的、与向所有者分配利润无关的经济利益的总流出。根据费用的定义，费用具有以下三方面特征：

(1)费用是企业在日常活动中形成的。费用必须是企业在日常活动中形成的，这些日常活动的界定与收入定义中涉及的日常活动的界定相一致。日常活动产生的费用通常包括营业成本(主营业务成本和其他业务成本)、税金及附加、销售费用、管理费用、财务费用等。将费用界定为日常活动形成的，目的是为了将其与损失相区分，企业非日常活动形成的经济利益的流出不能确认为费用，而应当计入损失。

(2)费用是与向所有者分配利润无关的经济利益的总流出。费用的发生应当会导致经济利益的流出，从而导致资产的减少或者负债的增加，其表现形式包括现金或者现金等价物的流出，存货、固定资产和无形资产等的流出或者消耗等。企业向所有者分配利润也会导致经济利益的流出，而该经济利益的流出属于所有者权益的抵减项目，不应确认为费用，应当将其排除在费用的定义之外。

(3)费用会导致所有者权益的减少。与费用相关的经济利益的流出应当会导致所有者权益的减少，不会导致所有者权益减少的经济利益的流出不符合费用的定义，不应确认为费用。

(二)费用的确认条件

费用的确认除了应当符合定义外，还至少应当符合以下三个条件：(1)与费用相关的经济利益应当很可能流出企业；(2)经济利益流出企业的结果会导致资产的减少或者负债的增加；(3)经济利益的流出额能够可靠计量。

(三)费用的构成项目

费用按照其与收入的配比关系，可分为营业成本、税金及附加、期间费用等。

(1)营业成本，是指企业在其营业活动中已销售商品或已提供劳务等的成本，包括主营业务成本和其他业务成本。

(2)税金及附加，是指企业经营活动依法应负担的各种税费，包括消费税、城市维护建设税、教育费附加、资源税、环境保护税、土地增值税、房产税、车房税、城镇土地使用税、印花税、耕地占用税、契税、车辆购置税等。

(3)期间费用，是指企业本期日常活动发生的、不能直接或间接归入营业成本，而应直接计入发生当期损益的各项费用，包括管理费用、销售费用和财务费用。

①管理费用，是指企业为组织和管理生产经营而发生的各种费用，包括企业筹建期间发生的开办费，董事会和行政管理部门在企业的经营管理中发生的以及应由企业统一负担的公司经费(包括行政管理部门职工薪酬、物料消耗、低值易耗品摊销、办公费和差旅费等)、行政管理部门负担的工会经费、董事会费(包括董事会成员津贴、会议费和差旅费等)、咨询费(含顾问费)、诉讼费、排污费、绿化费、矿产资源补偿费、技术转让费、技术开发费、无形资产摊销、业务招待费、聘请中介机构费，存货盘亏、毁损和报废损失以及其他管理费用。企业行政管理部门发生的固定资产修理费用等后续支出也属于管理费用。

②销售费用，是指企业在销售商品和材料、提供服务过程中所发生的各种费用，包括销售过程中发生的保险费、包装费、展览费和广告费、商品维修费、预计产品质量保证损失、运输费、装卸费以及专设销售机构的职工薪酬、业务费、折旧费等经营费用。企业发生的与专设销售机构相关的固定资产修理费用等后续支出也属于销售费用。

③财务费用，是指企业为筹集生产经营所需资金而发生的筹资费用，包括利息支出(减利息收入)、汇兑损失(减汇兑收益)以及相关的手续费等。

六、利润

(一)利润的定义

利润，是指企业在一定会计期间的经营成果。通常情况下，如果企业实现

会计要素-利润

了利润，表明企业的所有者权益将增加；反之，如果企业发生亏损（利润为负数），表明企业的所有者权益将减少。

（二）利润的确认条件

利润反映的是收入减去费用、利得减去损失后的净额。因此，利润的确认主要依赖于收入和费用，以及利得和损失的确认，其金额的确定也主要取决于收入、费用、利得和损失金额的计量。

（三）利润的构成项目

利润包括收入减去费用后的净额、直接计入当期利润的利得和损失等。

收入减去费用后的净额反映的是企业日常活动的业绩。

直接计入当期利润的利得和损失，是指应当计入当期损益、会导致所有者权益发生增减变动的、与所有者投入资本或者向所有者分配利润无关的利得或损失。其中，利得，是指由企业非日常活动所形成的、会导致所有者权益增加的、与所有者投入资本无关的经济利益的流入；损失，是指由企业非日常活动所发生的、会导致所有者权益减少的、与向所有者分配利润无关的经济利益的流出。

七、会计要素计量属性及其应用原则

会计计量是为了将符合确认条件的会计要素登记入账并列报于财务报表而确定其金额的过程。会计计量属性主要包括历史成本、重置成本、可变现净值、现值和公允价值等。

（一）历史成本

历史成本又称实际成本，是指取得或制造某项财产物资时所实际支付的现金或者现金等价物。采用历史成本计量时，资产按照其购置时支付的现金或现金等价物的金额，或者按照购置时所付出对价的公允价值计量。负债按照其因承担现时义务而实际收到的款项或者资产的金额，或者承担现时义务的合同金额，或者按照日常活动中为偿还负债预期需要支付的现金或者现金等价物的金额计量。

（二）重置成本

重置成本又称现行成本，是指按照当前市场条件，重新取得同样一项资产所需支付的现金或现金等价物金额。采用重置成本计量时，资产按照现在购买相同或者相似资产所需支付的现金或者现金等价物的金额计量。负债按照现在偿付该项债务所需支付的现金或者现金等价物的金额计量。

（三）可变现净值

可变现净值，是指在生产经营过程中，以预计售价减去进一步加工成本和销售所必需的预计税金、费用后的净值。采用可变现净值计量时，资产按照其正常对外销售所能收到现金或者现金等价物的金额，扣减该资产至完工时估计将要发生的成本、估计的销售费用以及相关税费后的金额计量。

（四）现值

现值，是指对未来现金流量以恰当的折现率进行折现后的价值，是考虑货币时间价值因素等的一种计量属性。采用现值计量时，资产按照预计从其持续使用和最终处置中所产生的未来净现金流入量的折现金额计量。负债按照预计期限内需要偿还的未来净现金流出量的折现金额计量。

（五）公允价值

公允价值，是指市场参与者在计量日发生的有序交易中，出售一项资产所能收到或者转移一项负债所需支付的价格。

任务实施

新巢家居有限责任公司的各项经济内容类型见表 2-1-2。

表 2-1-2　经济业务内容类型（参考）

项目	确认为哪个会计要素	所属会计要素的类别与构成项目
存放在保险柜的现金 700 元	资产	流动资产——库存现金
公司银行账户里的存款余额 369 300 元	资产	流动资产——银行存款
收到的未到期的商业汇票 800 000 元	资产	流动资产——应收票据
应收的货款 2 500 000 元	资产	流动资产——应收账款
呼吸革面料 34 200 元，pu 革面料 24 000 元	资产	流动资产——原材料
功能沙发 650 000 元，固定沙发 420 000 元	资产	流动资产——库存商品
沙发生产设备 901 800 元，厂房及办公楼 4 500 000 元	资产	非流动资产——固定资产
6 个月期限的银行借款 100 000 元	负债	流动负债——短期借款
签发并承兑的商业汇票 30 000 元	负债	流动负债——应付票据
尚欠的材料货款 350 000 元	负债	流动负债——应付账款
欠交的税费 20 000 元	负债	流动负债——应交税费
股东投入的资本 10 000 000 元	所有者权益	所有者权益——实收资本
销售功能沙发实现收入 900 000 元，销售固定沙发实现收入 600 000 元	收入	收入——主营业务收入
销售多余面料实现收入 70 000 元	收入	收入——其他业务收入
发生广告费 50 000 元	费用	费用——销售费用
银行借款利息 300 元	费用	费用——财务费用
行政部门办公费 3 000 元	费用	费用——管理费用
全部职工薪酬 300 000 元；其中行政管理人员薪酬 100 000 元，销售人员薪酬 200 000 元	费用	费用——管理费用、销售费用

德育园地

高尔夫球入会费可以计入什么科目

某酒店是一家内资企业，为了经营，因酒店自身没有高尔夫球场，故购买若干高尔夫球会员证以供酒店顾客消费使用。企业的会计在进行记账时，无法确定这些高尔夫球入会费是计入费用还是资产，于是向大学时的老师请教。老师说：酒店购买的会员证是为了经营，这种情况下可以将会员费记入“无形资产”科目进行核算，其成本按一定期限摊销，摊销费用记入“其他业务成本”科目，向顾客收取的租赁性质的费用记入“其他业务收入”科目。

高尔夫球会员证的会计处理可以计入“无形资产”“长期待摊费用”等科目。本案例中，高尔夫球会员证是提供给酒店消费使用的，可以作为酒店拥有或者控制的没有实物形态的可辨认非货币性资产处理，计入“无形资产”科目。酒店的会计如果将其计入费用，则购买当期的费用增加，导致利润减少。一个会计账户的错误使用，会计信息就会变的不可靠。因此作为会计岗位上的财务人员，要具备工匠精神就应当具备扎实的专业技能，才能提供可靠的信息。

任务小结

会计要素，又称财务报表要素，是对会计对象按经济业务特征所做的基本分类，是会计核算对象的具体化。根据经济业务的内容不同，会计要素又分为资产、负债、所有者权益、收入、费用和利润六类。其中，前三类属于反映财务状况的会计要素，在资产负债表中列示，反映企业资金运动的静态状况；后三类属于反映经营成果的会计要素，在利润表中列示，反映企业资金运动的动态状况。每一个会计要素都应掌握相应的概念、特征、确认条件及其分类，才能加以区分。

任务考核

一、单项选择题

❶ 下列属于企业资产的是(　　)。

A. 应付账款　　B. 购入的设备

C. 预收账款　　D. 即将购入的原材料

❷ (　　)是指企业收到投资者投入资本超过其所占注册资本份额的金额。

A. 实收资本　　B. 资本公积　　C. 盈余公积　　D. 未分配利润

❸ 下列不属于反映企业经营成果的会计要素是(　　)。

A. 收入　　B. 费用　　C. 利润　　D. 所有者权益

❹ 下列选项中，属于流动负债的是(　　)。

A. 应付债券　　B. 应收账款　　C. 应交税费　　D. 长期应付款

❺ 下列不属于期间费用的是(　　)。

A. 制造费用　　B. 销售费用　　C. 管理费用　　D. 财务费用

二、多项选择题

❶ 下列业务中，可以确认收入的有(　　)。

A. 销售商品　　　　B. 提供劳务
C. 出租固定资产资产　　　　D. 出售固定资产

2 下列关于资产的特征表述中，正确的包括(　　)。
A. 资产是企业过去的交易或事项形成的　B. 资产是由企业拥有或控制的资源
C. 资产是企业现在的交易或事项形成的　D. 资产预期会给企业带来的经济利益

3 下列选项中，属于反映财务状况的会计要素有(　　)。
A. 资产　　B. 收入　　C. 所有者权益　　D. 利润

4 下列选项中，属于非流动负债的有(　　)。
A. 应付债券　　B. 应付账款　　C. 应付利息　　D. 长期借款

5 下列选项中，属于企业所有者权益组成部分的有(　　)。
A. 实收资本　　B. 盈余公积　　C. 应付利润　　D. 未分配利润

三、判断题

1 企业会计要素包括资产、负债、所有者权益、收入、费用和利润六大要素，其中资产、负债和所有者权益是反映企业经营成果的要素；而收入、费用和利润则是反映企业财务状况的要素。(　　)

2 如果某项资源不能再为企业带来经济利益，即使是由企业拥有或控制，也不能作为企业的资产在资产负债表中列示。(　　)

3 无形资产，是指企业拥有或控制的没有实物形态可辨认的非货币性资产，包括专利权、非专利技术、商标权、著作权、商誉等。(　　)

4 负债是企业的一项过去义务。(　　)

5 费用按照其与收入的配比关系，可分为营业成本、税金及附加、期间费用等。(　　)

任务二　理解会计等式

任务情境

新巢家居2023年7月初，资产、负债、所有者权益状况见表2-2-1。

表 2-2-1　资产、负债与所有者权益状况表

2023年7月1日　　　　单位:元

资产	金额	负债与所有者权益	金额
库存现金	700	短期借款	100 000
银行存款	669 300	应付票据	30 000
应收票据	800 000	应付账款	350 000
应收账款	2 500 000	应交税费	20 000
原材料	58 200	实收资本	10 000 000

（续表）

资产	金额	负债与所有者权益	金额
库存商品	1 070 000		
固定资产	5 401 800		
合计	10 500 000	合计	10 500 000

该公司本月发生的部分经济业务如下(不考虑增值税)：

(1)5 日，公司接受国家投入大型设备一台，价值 200 000 元。

(2)10 日，公司以银行存款 100 000 元偿还短期借款。

(3)14 日，公司以银行存款购入原材料 100 000 元。

(4)20 日，公司开出商业承兑汇票一张，金额为 50 000 元，以抵付前欠应付账款。

任务布置

请你结合任务情境，分析经济业务涉及的会计要素变动以及对会计等式的影响。

业务(1)：变动后的结果填入表 2-2-2：

表 2-2-2　　资产、负债与所有者权益状况表(1)

2023 年 7 月 31 日　　单位：元

资产	金额	负债与所有者权益	金额
库存现金		短期借款	
银行存款		应付票据	
应收票据		应付账款	
应收账款		应交税费	
原材料		实收资本	
库存商品			
固定资产			
合计		合计	

业务(2)：变动后的结果填入表 2-2-3：

表 2-2-3　　资产、负债与所有者权益状况表(2)

2023 年 7 月 31 日　　单位：元

资产	金额	负债与所有者权益	金额
库存现金		短期借款	
银行存款		应付票据	
应收票据		应付账款	
应收账款		应交税费	
原材料		实收资本	
库存商品			
固定资产			
合计		合计	

业务(3):变动后的结果填入表2-2-4:

表2-2-4　　资产、负债与所有者权益状况表(3)

2023年7月31日　　单位:元

资产	金额	负债与所有者权益	金额
库存现金		短期借款	
银行存款		应付票据	
应收票据		应付账款	
应收账款		应交税费	
原材料		实收资本	
库存商品			
固定资产			
合计		合计	

业务(4):变动后的结果填入表2-2-5:

表2-2-5　　资产、负债与所有者权益状况表(4)

2023年7月31日　　单位:元

资产	金额	负债与所有者权益	金额
库存现金		短期借款	
银行存款		应付票据	
应收票据		应付账款	
应收账款		应交税费	
原材料		实收资本	
库存商品			
固定资产			
合计		合计	

知识准备

一、会计等式

会计等式是在会计核算中反映各个会计要素之间基本关系的表达式。

(一)静态会计等式

任何企业在从事生产经营活动时,都需要有一定数量的资产作为基础。这些资产是经济资源的表现形式,具体表现为现金、银行存款、原材料、在产品、产成品、房屋建筑物、机器设备、专利技术等。无论是哪种形态的资产,都有它的提供者。企业资产的提供者有投资者和债权人。企业的投资者和债权人将经济资源让渡给企业不是无偿的,也就是说,企业中任何资产都有其相应的权益要求,谁提供了资产谁就对资产拥有索偿权,这种索偿权在会计上称为权益。从数量上看,企业拥有的一定数额的资产,必定有一定数额的负债和所有者权益(权益)。它们之间的关系表现为

理解会计等式一

理解会计等式二

资产＝负债＋所有者权益

或

资产＝权益

这一会计等式表明，经济资源一方面表现为其占用形态：企业拥有或控制的资产；另一方面表现为其来源：负债和所有者权益。经济资源的占用形态与来源的金额必然相等。因此，“资产＝负债＋所有者权益”是会计基本等式，又称会计恒等式或静态会计等式，用以反映企业某一特定日期资产、负债与所有者权益之间关系的会计等式。它是复式记账法的理论基础，也是编制资产负债表的依据。

（二）动态会计等式

企业在生产经营活动中会发生各种费用，如材料费、人工费、水电费、办公费等，这些费用的发生是为了取得一定的收入。收入扣除费用之后的差额就是企业的经营成果即利润。当企业收入大于费用时，当期经营成果是盈余；当企业收入小于费用时，当期经营成果是亏损。它们之间的关系表现为

收入－费用＝利润

由于收入、费用、利润是动态要素，故该会计等式又被称为动态会计等式，能够反映企业一定时期的收入、费用和利润之间的关系。该等式反映了企业利润的实现过程，是编制利润表的依据。

（三）会计扩展等式

随着企业生产经营活动的进行，企业发生的费用会使资产减少或者负债增加，产生的收入会使资产增加或者负债减少，也就是费用的发生最终会导致所有者权益减少，收入的发生最终会导致所有者权益增加。因此，上述静态会计等式和动态会计等式可以扩展为以下动态的会计等式：

资产＝负债＋所有者权益＋（收入－费用）

或

资产＝负债＋所有者权益＋利润

将会计基本等式与会计扩展等式联系起来，有利于揭示资产负债表要素资产、负债、所有者权益和利润表要素收入、费用、利润的内部联系和金额上的勾稽关系。会计等式完整地反映了企业财务状况和经营成果及其形成过程，是设置会计账户、复式记账、编制财务报表等会计核算方法的理论依据。

二、经济业务对会计等式的影响

经济业务对会计等式的影响

经济业务，又称会计事项，是指在经济活动中使会计要素发生增减变动的交易或者事项。一项经济业务的发生，会导致会计要素的有关项目发生增减变动。但是，无论怎么变动，都不会破坏会计等式数量的平衡关系，资产总额总是等于权益总额。

经济业务对会计基本等式的影响有以下九种类型：

（1）一项资产增加，另一项资产等额减少的经济业务；

(2)一项资产增加,一项负债等额增加的经济业务;
(3)一项资产增加,一项所有者权益等额增加的经济业务;
(4)一项资产减少,一项负债等额减少的经济业务;
(5)一项资产减少,一项所有者权益等额减少的经济业务;
(6)一项负债增加,另一项负债等额减少的经济业务;
(7)一项负债增加,一项所有者权益等额减少的经济业务;
(8)一项所有者权益增加,一项负债等额减少的经济业务;
(9)一项所有者权益增加,另一项所有者权益等额减少的经济业务。

上述九类基本经济业务的发生均不影响会计基本等式的平衡关系,具体分为两种情形:

第一种情形,会计要素总额不发生变动。经济业务的发生,如果仅涉及资产与负债和所有者权益中的一方,则既不会影响到双方的恒等关系,也不会使双方的总额发生变动。

第二种情形,会计要素总额发生同增或同减变动。经济业务的发生,如果涉及资产与负债和所有者权益中的双方,则虽然不会影响到双方的恒等关系,但会使双方的总额发生同增或同减变动。

任务实施

业务(1):该项经济业务的发生,会导致企业的固定资产(资产要素)增加 200 000 元,实收资本(所有者权益要素)增加 200 000 元。资产和权益同时增加相等的金额,会计等式保持平衡。其变动后的结果见表 2-2-6:

表 2-2-6　资产、负债与所有者权益状况表(1)(参考)

2023 年 7 月 31 日　单位:元

资产	金额	负债与所有者权益	金额
库存现金	700	短期借款	100 000
银行存款	669 300	应付票据	30 000
应收票据	800 000	应付账款	350 000
应收账款	2 500 000	应交税费	20 000
原材料	58 200	实收资本	10 200 000
库存商品	1 070 000		
固定资产	5 601 800		
合计	10 700 000	合计	10 700 000

业务(2):该项经济业务的发生,会导致企业的银行存款(资产要素)减少 100 000 元,短期借款(负债要素)减少 100 000 元。资产和权益同时减少相等的金额,会计等式保持平衡。其变动后的结果见表 2-2-7:

表 2-2-7　资产、负债与所有者权益状况表(2)(参考)

2023 年 7 月 31 日　单位:元

资产	金额	负债与所有者权益	金额
库存现金	700	短期借款	0

（续表）

资产	金额	负债与所有者权益	金额
银行存款	569 300	应付票据	30 000
应收票据	800 000	应付账款	350 000
应收账款	2 500 000	应交税费	20 000
原材料	58 200	实收资本	10 200 000
库存商品	1 070 000		
固定资产	5 601 800		
合计	10 600 000	合计	10 600 000

业务(3)：该项经济业务的发生，会导致企业的银行存款（资产要素）减少 100 000 元，原材料（资产要素）增加 100 000 元。资产项目内部一增一减，资产总额不变，会计等式保持平衡。其变动后的结果见表 2-2-8：

表 2-2-8　　资产、负债与所有者权益状况表(3)(参考)

2023 年 7 月 31 日　　单位：元

资产	金额	负债与所有者权益	金额
库存现金	700	短期借款	0
银行存款	469 300	应付票据	30 000
应收票据	800 000	应付账款	350 000
应收账款	2 500 000	应交税费	20 000
原材料	158 200	实收资本	10 200 000
库存商品	1 070 000		
固定资产	5 601 800		
合计	10 600 000	合计	10 600 000

业务(4)：该项经济业务的发生，会导致企业的应付票据（负债要素）增加 50 000 元，应付账款（负债要素）减少 50 000 元。权益项目内部一增一减，权益总额不变，会计等式保持平衡。其变动后的结果见表 2-2-9：

表 2-2-9　　资产、负债与所有者权益状况表(4)(参考)

2023 年 7 月 31 日　　单位：元

资产	金额	负债与所有者权益	金额
库存现金	700	短期借款	0
银行存款	469 300	应付票据	80 000
应收票据	800 000	应付账款	300 000
应收账款	2 500 000	应交税费	20 000
原材料	158 200	实收资本	10 200 000
库存商品	1 070 000		
固定资产	5 601 800		
合计	10 600 000	合计	10 600 000

德育园地

生活中的会计等式

大学生生活费的来源有父母和亲戚给的，有向朋友借的，这些生活费分别花到了大学生的吃穿住行各个方面，还有部分同学把生活费存到银行或者用来投资了。有多少生活费（来源），就会有多少支出额，也就是说大学生的生活费来源总额总是等于大学生生活费的支出总额。

现今的大学生需要独立理财的能力，需要懂得如何在竞争激烈的社会中生存，因此需要培养和加强自身的理财能力，加强情商的培养。大学生应正确认识金钱的来源，并认识到金钱的取之不易；同时大学生在实际生活中应合理地分配个人的开支，树立正确的理财观和消费观，培养勤俭节约的好习惯和“钱生钱”的理财思维。

任务小结

会计等式是反映各会计要素之间基本关系的等式，其完整地反映了企业财务状况和经营成果及其形成过程，是设置会计账户、复式记账、编制财务报表等会计核算方法的理论依据。会计等式分为会计基本等式与会计扩展等式，将会计基本等式与会计扩展等式联系起来，有利于揭示资产、负债、所有者权益等资产负债表要素和收入、费用、利润等利润表要素内部及其相互之间的内在联系和数量上的依存关系。

任务考核

一、单项选择题

1 最基本的会计等式是（　　）。

A. 资产＝负债＋所有者权益

B. 收入－费用＝利润

C. 资产＝负债＋所有者权益＋利润

D. 资产＝负债＋所有者权益＋（收入－费用）

2 企业用银行存款偿还到期的短期借款，会导致资产与权益的总额（　　）。

A. 不会变动　　B. 发生同增的变化

C. 发生同减的变化　　D. 发生不等额的变动

3 经济业务发生如果只涉及某一类会计要素的两个项目时，则必然引起该会计要素中的这两个项目发生（　　）。

A. 同增变动　　B. 一增一减变动　　C. 同减变动　　D. 不变动

4 企业7月初的所有者权益总额为200万元，7月发生以下业务：取得收入120万元，发生费用80万元，该企业7月底的所有者权益总额为（　　）。

A. 320 万元　　B. 240 万元　　C. 200 万元　　D. 120 万元

5 企业销售产品,但货款尚未收到。该业务发生后,会引起(　　)。

A. 资产与权益同金额增加　　B. 资产与权益同金额减少

C. 资产项目之间有增有减,金额相等　　D. 权益项目之间有增有减,金额相等

二、多项选择题

1 会计等式揭示了会计主体的(　　)。

A. 产权关系　　B. 财务状况　　C. 经营成果　　D. 经济活动

2 下列关于会计等式的表述中,正确的有(　　)。

A. 会计等式是设置账户、进行复式记账和编制会计报表的理论基础

B. "资产＝负债＋所有者权益"这一会计等式,反映企业一定时期的经营成果

C. "收入－费用＝利润"这一会计等式,是企业资金运动的动态表现

D. 会计等式揭示了会计要素之间的内在联系

3 企业发生的经济业务,可以概括为以下几类(　　)。

A. 权益内部有增有减,总额不变　　B. 资产与权益同时增加,总额增加

C. 资产内部有增有减,总额不变　　D. 资产与权益同时减少,总额不变

4 下列经济业务发生,使资产与权益项目同时减少的有(　　)。

A. 将现金存入银行　　B. 以银行存款偿还银行借款

C. 以银行存款偿还前欠还款　　D. 以银行存款发放职工薪酬

5 下列选项中,会引起会计等式两边同时发生变动的业务有(　　)。

A. 从银行提取现金 5 万元备用

B. 以银行存款偿还应交税费 1 万元

C. 收到投资者投入设备一台,价值 300 万元

D. 用银行存款 8 万元购买原材料

三、判断题

1 经济业务发生后,导致资产和权益同时增加或减少,但不会影响会计等式的恒等关系。(　　)

2 经济业务发生后,都会导致资产和权益产生相应的金额增减变动。然而,无论这些业务如何影响资产和权益的具体数值,它们之间的数量关系始终保持一致,即资产总额始终等于权益总额。(　　)

3 如果某项经济业务只引起资产内部项目或负债类内部项目之间增减变动的,其结果会使资产或负债总额发生等额变动。(　　)

4 以资本公积转增资本,这笔经济业务导致资产总额增加。(　　)

5 "资产＝负债＋所有者权益"这一会计等式,反映企业某一特定时点上的资产分布和权益构成情况。(　　)

四、实训题

某单位投资开办 A 公司,发生以下经济业务:

(1)注册资金 100 000 元已存入银行。

(2)A 公司从银行提取现金 5 000 元备用。

(3)A 公司赊购材料一批 20 000 元。
(4)A 公司向银行借入短期借款 20 000 元直接偿还前欠货款。
(5)A 公司以银行存款 10 000 元偿还短期借款。
要求:分析以上经济业务的发生对会计等式的影响。

任务三　设置会计科目

任务情境

新巢家居 2023 年 6 月初,发生的部分经济业务内容如下:
(1)存放在保险柜的现金为 700 元;
(2)公司银行账户里的存款余额为 369 300 元;
(3)收到的未到期的商业汇票为 800 000 元;
(4)应收的货款为 2 500 000 元;
(5)呼吸革面料金额为 34 200 元,pu 革面料金额为 24 000 元;
(6)功能沙发金额为 650 000 元,固定沙发金额为 420 000 元;
(7)沙发生产设备金额为 901 800 元,厂房及办公楼金额为 4 500 000 元;
(8)6 个月期限的银行借款金额为 100 000 元;
(9)签发并承兑的商业汇票金额为 30 000 元;
(10)尚欠的材料货款金额为 350 000 元;
(11)欠交的税费金额为 20 000 元;
(12)股东投入的资本为 10 000 000 元;
(13)销售功能沙发实现收入 900 000 元,销售固定沙发实现收入 600 000 元;
(14)销售多余面料实现收入 70 000 元;
(15)发生广告费 50 000 元;
(16)银行借款利息为 300 元;
(17)行政部门办公费为 3 000 元;
(18)全部职工薪酬为 300 000 元:其中行政管理人员薪酬 100 000 元,销售人员薪酬 200 000 元。

任务布置

根据任务情境,分析经济业务对应的会计科目,并填入表 2-3-1 对应的框内。

表 2-3-1　经济业务内容

2023 年 6 月 30 日　单位:元

序号	项目	金额	会计科目
1	存放在保险柜的现金	700	

（续表）

序号	项目	金额	会计科目
2	公司银行账户里的存款余额	369 300	
3	收到的未到期的商业汇票	800 000	
4	应收的货款	2 500 000	
5	革面料	58 200	
6	沙发	1 070 000	
7	沙发生产设备、厂房及办公楼	5 401 800	
8	6个月期限的银行借款	100 000	
9	签发并承兑的商业汇票	30 000	
10	尚欠的材料货款	350 000	
11	欠交的税费	20 000	
12	股东投入的资本	10 000 000	
13	销售沙发的收入	1 500 000	
14	销售多余面料的收入	70 000	
15	发生的广告费	50 000	
16	银行借款利息	300	
17	行政部门办公费	3 000	
18	行政管理人员薪酬	100 000	
19	销售人员薪酬	200 000	

知识准备

一、会计科目的概念

设置会计科目

会计对象是能够用货币表现的经济业务活动，会计要素是会计对象所做的基本分类，经济业务的发生会引起会计要素有关项目发生金额增减变动。但是会计要素是大类，反映的信息比较笼统。例如库存现金和固定资产，虽然都属于资产要素，但它们反映的经济内容不同，企业管理需求也不同。为了全面、系统、分类地核算与监督各项经济业务的发生和完成情况，需要对会计要素的具体内容进一步分类为会计科目。

设置会计科目，是正确运用复式记账、编制会计凭证、登记账簿和编制会计报表的基础。

二、设置会计科目的原则

会计科目作为向投资者、债权人、企业经营管理者等提供会计信息的重要手段，在其设置过程中应努力做到科学、合理、适用，应遵循下列原则：

（一）合法性原则

合法性原则，是指企业在设立会计科目时，必须遵循国家统一的会计制度规范。我国现行的统一会计制度对企业会计科目的设置提出了明确要求，以确保不同企业间会计信息的可比性和准确性。因此，企业在设置会计科目时，应参照会计制度中的统一规定，并结合自身实际情况进行具体设置。

（二）相关性原则

相关性原则，是指所设立的会计科目需致力于提供与各方利益相关的会计信息服务，以满足对外报告与对内管理的各项需求。依据企业会计准则的规定，企业财务报告所披露的信息必须全面满足内部管理和外部各方的信息需求。因此，会计科目的设定需紧密配合会计信息的生成与提供，确保与财务报告编制的流程相互协调、相互关联。

（三）实用性原则

实用性原则，是指在设置会计科目时，必须紧密结合单位的实际情况，确保科目能满足单位的实际需要。由于不同企业的组织形式、所属行业、经营内容及业务类型等各有差异，因此在设置会计科目时，应根据各自的特点进行有针对性的调整。在遵守相关法律法规的前提下，企业可以根据自身的经营特点和实际需要，自行决定增设、取消或合并某些会计科目，以实现更加精细、高效的财务管理。

（四）清晰性原则

会计科目作为对会计要素分类核算的项目，要求简单明确，字义相符，通俗易懂。同时，企业对每个会计科目所反映的经济内容也必须做到界限明确，既要避免不同会计科目所反映的内容重叠的现象，也要防止全部会计科目未能涵盖企业某些经济内容的现象。

三、会计科目的分类

为了正确地掌握运用会计科目，了解会计科目的内容、用途和结构，需要根据一定的标准进行合理的分类，通常是按照下列标准对会计科目进行适当的分类。

（一）按经济内容分类

会计科目按其反映的经济内容不同，可分为资产类科目、负债类科目，共同类科目、所有者权益类科目、成本类科目和损益类科目。

1. 资产类科目

它是对资产要素的具体内容进行分类核算的项目。按照资产流动性（变现能力）的不同分为流动资产科目和非流动资产科目。

2. 负债类科目

它是对负债要素的具体内容进行分类核算的项目。按照负债流动性（偿还期限的长短）不同分为流动负债科目和非流动负债科目。

3. 共同类科目

它是既有资产性质又有负债性质的科目。主要有“清算资金往来”“外汇买卖”“衍生工具”“套期工具”“被套期项目”等科目。

4. 所有者权益类科目

它是对所有者权益要素的具体内容进行分类核算的项目。按所有者权益的形成和性质分为反映资本的科目和反映留存收益科目。

5. 成本类科目

它是对可归属于产品生产成本、劳务成本等的具体内容进行分类核算的项目。

6. 损益类项目

它是对收入、费用等要素的具体内容进行分类核算的项目。

(二)按其核算信息详细程度及统驭关系分类

会计科目按其提供信息的详细程度及统驭关系,可分为总分类科目和明细分类科目。

1. 总分类科目

总分类科目,又称总账科目或一级科目(总目),是指对会计内容进行总分类核算和监督,提供总括指标的会计科目。为了便于宏观经济管理,总分类科目由财政部统一规定。会计科目表的简表见表 2-3-2。

表 2-3-2 会计科目表(简表)

科目代码	科目名称	科目代码	科目名称
一、资产类		二、负债类	
1001	库存现金	2001	短期借款
1002	银行存款	2201	应付票据
1012	其他货币资金	2202	应付账款
1101	交易性金融资产	2203	预收账款
1121	应收票据	2204	合同负债
1122	应收账款	2211	应付职工薪酬
1123	预付账款	2221	应交税费
1131	应收股利	2231	应付利息
1132	应收利息	2232	应付股利
1164	合同资产	2241	其他应付款
1165	合同资产减值准备	2501	长期借款
1221	其他应收款	2502	应付债券
1231	坏账准备	2701	长期应付款
1401	材料采购	2801	预计负债
1402	在途物资	2901	递延所得税负债
1403	原材料	三、共同类(略)	
1404	材料成本差异	四、所有者权益	
1405	库存商品	4001	实收资本
1406	发出商品	4002	资本公积
1407	商品进销差价	4101	盈余公积
1408	委托加工物资	4103	本年利润
1411	周转材料	4104	利润分配
1421	消耗性生物资产	4201	库存股

（续表）

科目代码	科目名称	科目代码	科目名称
1461	融资租赁资产	五、成本类	
1471	存货跌价准备	5001	生产成本
1501	债权投资	5101	制造费用
1502	债权投资减值准备	5301	研发支出
1503	其他权益工具投资	5401	合同履约成本
1511	长期股权投资	5402	合同取得成本
1512	长期股权投资减值准备	六、损益类	
1521	投资性房地产	6001	主营业务收入
1531	长期应收款	6051	其他业务收入
1532	未实现融资收益	6101	公允价值变动损益
1601	固定资产	6102	投资收益
1602	累计折旧	6103	资产处置损益
1603	固定资产减值准备	6301	营业外收入
1604	在建工程	6401	主营业务成本
1605	工程物资	6402	其他业务成本
1606	固定资产清理	6403	税金及附加
1621	生产性生物资产	6601	销售费用
1622	生产性生物资产累计折旧	6602	管理费用
1632	公益性生物资产	6603	财务费用
1701	无形资产	6701	资产减值损失
1702	累计摊销	6702	信用减值损失
1703	无形资产减值准备	6711	营业外支出
1711	商誉	6801	所得税费用
1801	长期待摊费用	6901	以前年度损益调整
1811	递延所得税资产		
1901	待处理财产损溢		

2. 明细分类科目

明细分类科目，又称明细科目，是对总分类科目作进一步分类，提供更详细、更具体会计信息的科目。对于明细分类科目较多的总分类科目，可以在总分类科目和明细分类科目之间增设二级明细科目（又称子目），在二级明细科目之下再按所反映的经济内容进一步详细分类的科目是三级明细科目（又称细目）。二级明细科目是对总分类科目作进一步分类的科目，三级明细科目是对二级明细科目作进一步分类的科目，每往下设置一级都是对上一级科目的进一步分类。例如，总分类科目“原材料”按照材料类别设置“原料及主要材料”“辅助材料”等二级明细科目，并按材料的品种、规格开设隶属于“原料及主要材料”的三级明细科目“皮革”“橡胶”等。大部分的明细科目是由企业依据国家统一规定的会计科目和要求，根据经营管理的需要自行设置的。以“原材料”科目为例，“原材料”明细科目见表 2-3-3。

表 2-3-3　　“原材料”明细科目

总分类科目	明细分类科目		总分类科目	明细分类科目	
	二级科目（子目）	三级科目（细目）		二级科目（子目）	三级科目（细目）
原材料	原料及主要材料	皮革	原材料	燃料	汽油
		橡胶			煤油
		EVA 材料			
	辅助材料	鞋带		辅助材料	魔术贴

综上所述，总分类科目和明细分类科目所反映的经济内容相同，只是提供的核算信息详细程度不同。总分类科目是最高层次的会计科目，提供的是总括、综合的核算信息，对其所属的明细分类科目具有统驭和控制作用；明细分类科目提供的是详细、具体的核算信息，对总分类科目起着补充和说明作用。

任务实施

根据任务情境，分析经济业务对应的会计科目，结果见表 2-3-4。

表 2-3-4　　经济业务内容（参考）

2023 年 6 月 30 日　　单位：元

序号	项目	金额	会计科目
1	存放在保险柜的现金	700	库存现金
2	公司银行账户里的存款余额	369 300	银行存款
3	收到的未到期的商业汇票	800 000	应收票据
4	应收的货款	2 500 000	应收账款
5	革面料	58 200	原材料
6	沙发	1 070 000	库存商品
7	沙发生产设备、厂房及办公楼	5 401 800	固定资产
8	6 个月期限的银行借款	100 000	短期借款
9	签发并承兑的商业汇票	30 000	应付票据
10	尚欠的材料货款	350 000	应付账款
11	欠交的税费	20 000	应交税费
12	股东投入的资本	10 000 000	实收资本
13	销售沙发的收入	1 500 000	主营业务收入
14	销售多余面料的收入	70 000	其他业务收入
15	发生的广告费	50 000	销售费用
16	银行借款利息	300	财务费用
17	行政部门办公费	3 000	管理费用
18	行政管理人员薪酬	100 000	管理费用
19	销售人员薪酬	200 000	销售费用

德育园地

财务造假数据

某科技股份有限公司，主要业务为矿用变压器、电线电缆的研发及销售，客户为国有大中型煤矿企业。受宏观经济及下游行业需求放缓、市场竞争更加激烈等因素的影响，2014 年公司净利润较前期大幅下滑。2015 年 9 月以 27 亿元估值借壳上市并承诺：2015 至 2017 年税后净利润不低于 2.55 亿元、3.61 亿元和 4.71 亿元。

为了实现目标盘，该公司于 2015 至 2016 年 9 月通过虚构海外工程项目、虚构国际贸易和国内贸易等手段，累计虚增营业收入 58 312.41 万元，虚增利润 25 650.11 万元。具体异常的财务数据包括但不限于：

(1)2015 年公司海外毛利率 74.78%远高于国内 31.45%；

(2)公司 2015 年和 2016 年存货资产项目明细没有在产品、库存商品和周转材料。2015 年原材料只有 100 多万元，与存货总额相比极不匹配；

(3)2015 至 2016 年的销售商品、提供劳务收到的现金及营业收入分别为 65.69%、77.23%，远低于 1。

2018 年 7 月 5 日，深圳证券交易所(深交所)发布公告，该公司被强制退市。

根据以上案例资料进行分析：案例中的异常财务数据涉及存货资产项目，该项目明细中没有在产品、库存商品和周转材料，只有原材料，且原材料的金额与存货总额不匹配。这一造假行为反映两个问题：一是通过虚假的经济业务反映的会计信息是不可靠的；二是报表项目与会计科目之间存在的内部勾稽关系极其重要，可以用来检验会计信息的真实可靠。该案例要求财务人员应当正确地理解会计科目的内容，以及会计科目与其相关报表项目之间的关系，并能够客观公正地反映会计信息，使会计信息达到信息质量要求。

任务小结

会计科目，简称“科目”，是按经济内容对资产、负债、所有者权益、收入、费用和利润会计要素作进一步分类的名称。每一个会计科目都能准确地反映一定的经济内容，科目和科目之间在内容上不能相互交叉。

任务考核

一、单项选择题

1. 下列会计科目中，属于所有者权益类的科目是(　　)。

A. 应收账款　　B. 预收账款

C. 应付股利　　D. 利润分配

❷ 下列会计科目中，属于负债类的科目是（　　）。

A. 应收账款　　B. 预收账款　　C. 资本公积　　D. 原材料

❸ 下列会计科目属于损益类的科目是（　　）。

A. 主营业务收入　　B. 生产成本　　C. 应付账款　　D. 预付账款

❹ 会计科目是（　　）。

A. 会计要素的名称　　B. 会计报表的项目名称

C. 账簿的名称　　D. 账户的名称

❺ 下列不属于总分类科目的是（　　）。

A. 其他货币资金　　B. 长期股权投资

C. 银行承兑汇票　　D. 固定资产清理

二、多项选择题

❶ 执行《企业会计准则》的企业，会计科目分为资产类、负债类、所有者权益类和（　　）。

A. 收入类　　B. 费用类　　C. 成本类　　D. 损益类

❷ 下列属于明细科目的有（　　）。

A. 存入投资款　　B. 应交所得税

C. 所得税费用　　D. 未分配利润

❸ 下列关于“总分类科目与明细分类科目关系”的表述中，正确的有（　　）。

A. 所反映的经济业务是相同的

B. 所反映的经济业务的详细程度是相同的

C. 总分类科目对所属的明细分类科目起着统驭控制作用

D. 明细分类科目对有关总分类科目起着补充说明作用

❹ 企业在设置会计科目时，应遵循的原则有（　　）。

A. 合法性原则　　B. 相关性原则

C. 一致性原则　　D. 实用性原则

❺ 下列会计科目中，（　　）属于损益类科目。

A. 管理费用　　B. 制造费用

C. 主营业务成本　　D. 待处理财产损益

三、判断题

❶ 所有的总账科目都应该设置明细科目，方便进行明细核算。（　　）

❷ 不违反国家统一会计制度的前提下，明细会计科目可以根据企业内部管理的需要自行制定。（　　）

❸ “坏账准备”“累计折旧”“固定资产减值准备”科目均属于资产类科目。（　　）

❹ 在不影响会计核算要求和会计报表指标汇总，对外提供统一的财务会计报表的前提下，企业可以自行增设、减少或合并某些会计科目。（　　）

❺ 企业所设置的会计科目应符合单位自身特点，满足单位实际需要，这体现了会计科目设置的相关性原则。（　　）

任务四　开设会计账户

任务情境

新巢家居 2023 年 8 月末简要资产负债表见表 2-4-1：

表 2-4-1　　资产负债表（简表）

2023 年 8 月 31 日　　单位：元

资产	金额	负债及所有者权益	金额
银行存款	70 000	应付账款	10 000
原材料	60 000	应付票据	20 000
固定资产	200 000	实收资本	300 000
无形资产	10 000	盈余公积	10 000
合计	340 000	合计	340 000

9 月初，部分经济业务内容如下（不考虑增值税）：

(1)1 日，以银行存款 50 000 元购买管理用设备一台。

(2)6 日，将到期无力偿还的应付票据 10 000 元转为应付账款。

(3)10 日，将盈余公积 4 000 元转增实收资本。

(4)11 日，购进原材料 8 000 元，款项尚未支付。

(5)25 日，投资者投入 800 000 元，款项已存入银行。

任务布置

请根据上述资料确定相应的会计账户，填入对应的框内；运用账户期末余额公式计算各账户的期末余额后填表。

知识准备

一、会计账户的概念

会计科目是对会计要素的具体内容进行分类核算的名称，对会计要素的具体内容划分类别并规定名称是必要的，但要全面、系统地记录和反映各项经济业务所引起的项目金额变动情况，还必须在分类的基础上借助具体的载体，这就是会计账户。会计账户简称账户，是根据会计科目设置的，具有一定格式和结构，用于分类、系统、连续的记录和反映会计要素的增减变动及其结果的一种载体。设置账户是会计核算的重要方法之一。

开设会计账户

会计科目与账户既有联系又有区别。两者的联系在于：会计科目是设置账户的依据，账户则是会计科目的具体运用，它们反映的经济内容是相同的。两者的区别在于：会计科目只是对会计要素的分类，本身没有结构，账户具有一定的结构，能够记录会计要素的增减变动及其结果。

二、会计账户的分类

会计科目的名称就是账户的名称，会计科目规定的核算内容就是账户应记录反映的经济内容，因而账户的分类与会计科目的分类方法一致。

（一）按经济内容分类

会计账户按其反映的经济内容不同，可分为资产类账户、负债类账户，共同类账户、所有者权益类账户、成本类账户和损益类账户六类。

（二）按其核算信息详细程度及统驭关系分类

会计账户按其提供信息的详细程度及统驭关系，可分为总分类账户和明细分类账户。

1. 总分类账户

总分类账户，又称总账账户或总账，是指根据总分类科目设置的、用来对会计要素具体内容进行总括分类核算的账户。总分类账户提供的是总括分类核算指标，一般只用货币计量。总分类账户一般是根据国家的统一会计制度规定设置。

2. 明细分类账户

明细分类账户，又称明细账，是根据明细分类科目设置的，用来对会计要素具体内容进行明细分类核算的账户。明细分类账户提供的是明细分类核算指标，除用货币量度外，还有用实物量度和劳动量度。

三、会计账户的结构

（一）会计账户的基本结构

会计账户的基本结构是指账户的组成部分及其相互关系。会计账户通常由以下内容组成：

（1）账户名称，即会计科目；

（2）日期，即所依据记账凭证中注明的日期；

（3）凭证字号，即所依据记账凭证的种类、号数；

（4）摘要，即经济业务的简要说明；

（5）金额，即增加额、减少额和余额。

（二）会计账户的格式

（1）会计账户的一般格式见表2-4-2。

表2-4-2　　账户名称（会计科目）

会计科目名称或编号　　　　　　　　　　　　　　　　　　　　　　第　页

年		凭证编号	摘要	增加额	减少额	余额
月	日					

（续表）

年		凭证编号	摘要	增加额	减少额	余额
月	日					

(2)会计账户中的金额一般包括四个核算指标:期初余额、本期增加额、本期减少额和期末余额。

①期初余额是指由上期的期末余额转入本期期初的金额。

②本期增加额是指一定时期(如月份、季度或年度)内账户所登记的增加金额的合计,也称本期增加发生额。

③本期减少额是指一定时期(如月份、季度或年度)内账户所登记的减少金额的合计,也称为本期减少发生额。

④期末余额是指期初余额加本期增加发生额减本期减少发生额后的余额,也就是一定时期的期末结存额。

本期增加发生额和本期减少发生额属于动态核算指标,反映有关会计要素的增减变动情况。期初余额和期末余额属于静态核算指标,反映有关会计要素的具体内容增减变动的结果。上述四项金额的关系,可以用下列等式表示:

期末余额＝期初余额＋本期增加额－本期减少额

为了简便起见,在教学实践和教材中账户的格式常用T形账户来代替账户的正规格式。常用的T形账户如图2-4-1所示。

图2-4-1　常用的T形账户

为便于分别计算本期增、减发生额和余额,特将账户的本期增加发生额和本期减少发生额分别记入该账户左、右两方的金额栏。如果在左方记增加额,则在右方记减少额,余额一般在左方;反之,如果在右方记增加额,则在左方记减少额,余额一般在右方。

任务实施

根据资料，新巢家居 2023 年 9 月部分经济业务内容账户内容分析如下：

业务(1)：涉及银行存款和固定资产账户；

业务(2)：涉及应付票据和应付账款账户；

业务(3)：涉及盈余公积和实收资本账户；

业务(4)：涉及原材料和应付账款账户；

业务(5)：涉及实收资本和银行存款账户；

新巢家居 2023 年 9 月末，各账户期末余额计算结果见表 2-4-3：

表 2-4-3　资产负债表(简表)(参考)

2023 年 9 月 30 日　单位：元

资产	金额	负债及所有者权益	金额
银行存款	820 000	应付账款	28 000
原材料	68 000	应付票据	10 000
固定资产	250 000	实收资本	1 104 000
无形资产	10 000	盈余公积	6 000
合计	1 148 000	合计	1 148 000

其中：

银行存款＝70 000－50 000＋800 000＝820 000(元)

原材料＝60 000＋8 000＝68 000(元)

固定资产＝200 000＋50 000＝250 000(元)

应付账款＝10 000＋10 000＋8 000＝28 000(元)

应付票据＝20 000－10 000＝10 000(元)

实收资本＝300 000＋4 000＋800 000＝1 104 000(元)

盈余公积＝10 000－4 000＝6 000(元)

德育园地

某公司老会计做账时，把平时办公室购买的桶装水记入了“应付职工薪酬——福利费”账户(实际应记入“管理费用——办公费”账户)，导致公司历年来的福利费一直远超过企业所得税前扣除标准，但是老会计从来没有在汇算清缴时进行纳税调增处理，留下了非常大的涉税风险！

本案例反映出根据经济业务内容正确设置会计账户的重要性。会计账户的正确设置是企业提供可靠财务信息的开端。作为一名合格的财务人员，应当具备扎实的专业知识，才能进行正确的职业判断，进而提供可靠的会计信息，这也是作为一名“能工巧匠”应当具备的技能。

任务小结

会计账户简称账户，是根据会计科目设置的，具有一定的格式和结构，用于分类、系统、连续地记录和反映会计要素的增减变动及其结果的一种载体或工具。会计账户与会计科目两者之间既有联系又有区别，它们所反映的会计对象的具体内容相同，一个会计科目对应一个会计账户；但会计科目仅仅是会计账户的名称，而会计账户除了名称（会计科目）外，还具有一定的格式、结构，实际工作中表现为若干账页，是记录经济业务的载体。

任务考核

一、单项选择题

1 会计科目和账户之间的联系是（　　）。

A. 互不相关　　B. 内容相同　　C. 结构相同　　D. 格式相同

2 某账户的期初余额为 3 800 元，期末余额为 4 000 元，本期增加发生额为 1 600 元，则本期减少发生额为（　　）元。

A. 3 400　　B. 1 800　　C. 1 400　　D. 6 200

3 各账户之间最本质的差别在于（　　）。

A. 反映的经济内容不同　　B. 结构不同

C. 记账符号不同　　D. 经济用途不同

4 账户的余额按照表示的时间不同可以分为（　　）。

A. 期初余额和本期增加发生额　　B. 期初余额和本期减少发生额

C. 本期增加发生额和本期减少发生额　　D. 期初余额和期末余额

5 下列属于明细账账户的是（　　）。

A. 生产成本　　B. 圆钢　　C. 制造费用　　D. 应付职工薪酬

二、多项选择题

1 下列有关账户的表述中，正确的有（　　）。

A. 会计科目和账户所反映的会计对象的具体内容是完全相同的

B. 会计科目是账户设置的依据

C. 按照会计科目提供核算资料的详细程度，账户可以分为总分类账户和明细分类账户

D. 账户是根据会计科目设置的，它没有格式和结构

2 下列选项中，属于账户基本结构内容的有（　　）。

A. 账户的名称　　B. 日期和摘要

C. 凭证号数　　D. 增加方和减少方的金额及余额

3 会计账户的各项金额的关系可用（　　）表示。

A. 本期期末余额＝本期期初余额＋本期增加发生额－本期减少发生额

B. 本期期末余额－本期期初余额＝本期增加发生额－本期减少发生额
C. 本期期末余额－本期期初余额－本期增加发生额＝本期减少发生额
D. 本期期末余额＋本期减少发生额＝本期期初余额＋本期增加发生额

4 在“取得银行短期借款存入银行”业务中，涉及的会计账户有（　　）。
A. 库存现金　　B. 短期借款　　C. 银行存款　　D. 营业外收入

5 下列账户中，可能属于所有者权益类账户的有（　　）。
A. 资本公积　　B. 实收资本　　C. 利润分配　　D. 生产成本

三、判断题

1 目前企业的总分类账户一般是根据国家有关会计制度制定的。（　　）
2 账户中上期的期末余额转入本期即为本期的期初余额。（　　）
3 会计科目是账户的名称，是账户的载体和具体运用。（　　）
4 账户的本期发生额是动态资料，而期末余额与期初余额是静态资料。（　　）
5 为了满足管理的需要，企业的会计账户设置的越细越好。（　　）

任务五 运用复式记账

任务情境

新巢家居 2023 年 1 月有关账户余额见表 2-5-1。

表 2-5-1 账户余额表

2023 年 1 月 1 日　　单位：元

账户名称	借方余额	账户名称	贷方余额
银行存款	10 000	应付账款	6 000
应收账款	20 000	实收资本	10 000
原材料	6 000	利润分配	20 000
合计	36 000	合计	36 000

1 月份发生下列经济业务（不考虑增值税）：

（1）1 月 5 日，收到投资者投入 100 000 元，款项已收存银行。
（2）1 月 12 日，购买材料转账支付 10 000 元。
（3）1 月 15 日，收回前期货款 20 000 元，款项已收存银行。
（4）1 月 20 日，通过银行转账偿还前欠材料款 6 000 元。

任务布置

根据任务情境，确定经济业务内容对应的会计账户名称及性质；开设并登记 T 形账户，计算各账户的本期发生额合计数和期末余额；编制会计分录和试算平衡表。

步骤一：开设 T 型账户，登记期初余额。

借　　　　贷　　　　借　　　　贷

借　　　　贷　　　　借　　　　贷

借　　　　贷　　　　借　　　　贷

步骤二：确认经济业务涉及的会计账户名称、账户性质、金额增减变动情况。

(1)涉及________账户，该账户属于________类账户，金额________；

涉及________账户，该账户属于________类账户，金额________；

(2)涉及________账户，该账户属于________类账户，金额________；

涉及________账户，该账户属于________类账户，金额________；

(3)涉及________账户，该账户属于________类账户，金额________；

涉及________账户，该账户属于________类账户，金额________；

(4)涉及________账户，该账户属于________类账户，金额________；

涉及________账户，该账户属于________类账户，金额________；

步骤三：编制会计分录。

(1)

(2)

(3)

(4)

步骤四，登记账户，并计算各账户本期发生额合计数与期末余额。

借　　　　贷　　　　借　　　　贷

借	贷

借	贷

借	贷

借	贷

步骤五，编制试算平衡表(表 2-5-2)。

表 2-5-2　　总分类账户发生额及余额试算平衡表

年　　月　　日　　　　单位：元

账户名称	期初余额		本期发生额		期末余额	
	借方	贷方	借方	贷方	借方	贷方
合计						

知识准备

一、记账方法

记账方法，是根据一定的原理、记账符号、记账规则，采用一定的计量单位，利用文字和数字在账簿中登记经济业务的方法。按记录方式的不同，记账方法可分为单式记账法和复式记账法两大类。

(一)单式记账法

单式记账法是经济业务发生后，只在一个账户中进行登记的方法。该方法只能反映经济业务的一个侧面，通常只登记库存现金和银行存款的收付以及应收、应付款的结算，账户之间不形成相互对应的关系。因此，该方法不能全面、系统地反映经济业务的来龙去脉，也不便于检查账簿记录的正确性。例如：用银行存款购买办公用品，单式记账法只登记银行存款的减少而不登记管理费用的增加。

(二)复式记账法

复式记账法是对每项经济业务按相等的金额在两个或两个以上有关账户中同时进行登记的方法。例如:用银行存款购买办公用品,复式记账法下,一方面要登记银行存款的减少,另一方面要以相等的金额登记管理费用的增加。与单式记账法相比,该方法能够全面反映资金的来龙去脉,能够进行试算平衡,便于查账和对账。复式记账法又分为借贷记账法、收付记账法和增减记账法。其中借贷记账法是目前国际上通用的记账方法,也是我国会计法定的记账方法。

复式记账原理

二、借贷记账法

借贷记账法是以“借”“贷”为记账符号,以会计恒等式“资产=负债+所有者权益”为理论依据,对每一笔经济业务以相等的金额在两个或两个以上相互联系的账户中进行登记的一种复式记账方法。

借贷记账法一

(一)记账符号

借贷记账法起源于13～14世纪的意大利。最初“借”“贷”表示的是借贷资本家与债权人、债务人之间的债权债务关系。借贷资本家将款项借出时,计入借主名下的借方,表示债权;计入贷主名下的贷方,表示债务。后来随着经济的发展,借贷记账法也在不断发展和完善,“借”“贷”两字逐渐失去其原本的含义,变成了纯粹的记账符号。

借贷记账法二

记账符号是用以确定发生的经济业务应当记入账户某一方向的标志,反映的是各种经济业务金额的增加和减少。不同的记账方法,记账符号也不相同。记账符号是一种记账方法区别于另一种记账方法的重要特征。借贷记账法是以“借”和“贷”作为记账符号,用以指明记账的增减方向、账户之间的对应关系和账户余额的性质等。“借”和“贷”作为记账符号,都具有增加和减少的双重含义。至于“借”和“贷”哪一方登记增加金额、哪一方登记减少金额,则取决于账户的性质。

(二)账户结构

T形账户结构下,借贷记账法下的账户结构表示为:账户的左方称为借方,右方称为贷方,如图2-5-1所示:

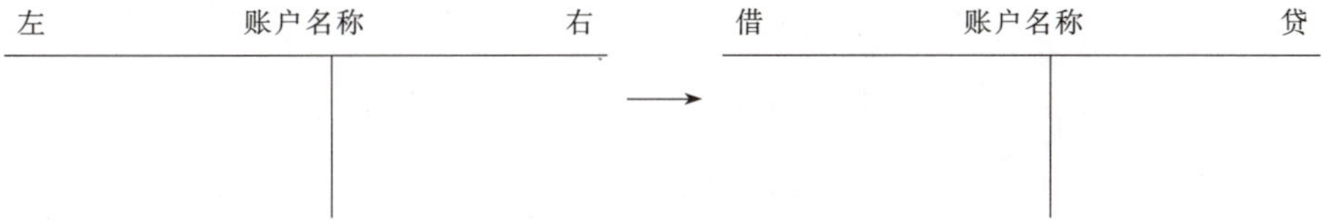

图2-5-1　T形账户结构

1. 资产类账户

资产类账户的增加额记入账户的借方,减少额记入账户的贷方,期末余额一般在借方。每一会计期间借方记录的金额合计称为借方本期发生额,贷方记录的金额合计称为贷方本期发生额。资产类账户的期末余额可用下列公式计算:

借方期末余额=借方期初余额+借方本期发生额-贷方本期发生额

资产类账户结构如图 2-5-2 所示。

借　　　　资产类账户名称　　　　贷

期初余额	×××		
本期增加额	×××	本期减少额	×××
……		……	
本期发生额合计	×××	本期发生额合计	×××
期末余额	×××		

图 2-5-2　资产类账户结构

2. 权益类账户

权益类账户包括负债类账户和所有者权益类账户。该类账户的增加额记入账户的贷方，减少额记入账户的借方，期末余额一般在贷方。权益类账户的期末余额可用下列公式计算：

贷方期末余额＝贷方期初余额＋贷方本期发生额－借方本期发生额

权益类账户结构如图 2-5-3 所示。

借　　　　权益类账户名称　　　　贷

		期初余额	×××
本期减少额	×××	本期增加额	×××
……		……	
本期发生额合计	×××	本期发生额合计	×××
		期末余额	×××

图 2-5-3　权益类账户结构

3. 成本类账户

成本类账户结构与资产类账户结构相同，增加额记入账户的借方，减少额或结转额记入账户的贷方。期末成本类账户可能有余额也可能没有余额，若有余额，则在借方，表示期末在产品的成本。成本类账户的期末余额与资产类账户期末余额相同。成本类账户结构如图 2-5-4 所示。

借　　　　成本类账户名称　　　　贷

期初余额	×××		
本期增加额	×××	本期减少额	×××
……		……	
本期发生额合计	×××	本期发生额合计	×××
期末余额	×××		

图 2-5-4　成本类账户结构

4. 损益类账户

损益类账户包括收入类账户和费用类账户。收入类账户结构与权益类账户结构基本相同，增加额记入账户的贷方，减少额或结转额记入账户的借方，期末无余额。收入类账户结构如图 2-5-5 所示。

借	收入类账户名称		贷
本期减少额	×××	本期增加额	×××
……		……	
本期发生额合计	×××	本期发生额合计	×××

图 2-5-5 收入类账户结构

费用类账户结构与资产类账户结构基本相同，增加额记入账户的借方，减少额或结转额记入账户的贷方，期末无余额。费用类账户结构如图 2-5-6 所示。

借	费用类账户名称		贷
本期增加额	×××	本期减少额	×××
……		……	
本期发生额合计	×××	本期发生额合计	×××

图 2-5-6 费用类账户结构

三、记账规则

记账规则

借贷记账法的记账规则为“有借必有贷，借贷必相等”。经济业务发生后，会导致会计要素的有关账户发生金额增减变动。运用借贷记账法记账时，要求每笔经济业务涉及的有关账户，都应有一个或几个账户登记在借方，另一个或另几个账户同时登记在贷方，这就是“有借必有贷”；同时，每笔经济业务记到借方的账户金额合计必须与记到贷方的账户金额合计相等，即“借贷必相等”。

采用借贷记账法，根据“有借必有贷，借贷必相等”的记账规则，登记每项经济业务时，在有关账户之间就发生了应借、应贷的相互关系。账户之间的这种借贷关系，称为账户的对应关系。发生对应关系的账户，称为对应账户。借方账户的对方账户是贷方账户，贷方账户的对方账户是借方账户。

需要注意的是，账户对应关系是相对于具体的经济业务而言，而非某个账户与另一个账户是固定的对应账户。例如，从银行提取现金 5 000 元，这笔业务用借贷记账法记账为：借记“库存现金”账户 5 000 元，贷记“银行存款”账户 5 000 元。在该笔业务中，发生对应关系的账户是“库存现金”账户与“银行存款”账户。“库存现金”账户与“银行存款”账户叫作对应账户。“库存现金”的对方账户是“银行存款”账户。又如，企业购买材料 15 000 元(不考虑增值税)，其中 10 000 元以银行支付，另外 5 000 元暂欠。这笔业务用借贷记账法记账为：借记“原材料”账户 15 000 元，贷记“银行存款”账户 10 000 元和“应付账款”账户 5 000 元。在该笔业务中，发生对应关系的账户是“原材料”账户与“银行存款”账户，“原材料”账户与“应付账款”账户。这笔业务有两组对应账户，其中一组是“原材料”账户与“银行存款”账户，另一组是“原材料”账户与“应付账款”账户。“银行存款”的对方账户是“原材料”账户，“应付账款”的对方账户是“原材料”账户；“原材料”的对方账户有两个，分别是“银行存款”和“应付账款”。

四、会计分录

会计分录

企业对于发生的每笔经济业务都必须登记入账。在实际工作中，为了保证账户记录的正确性和便于事后检查，在登记账户之前，需要确定每笔经济业务正确的账户名称、借贷方向和金额，这就需要编制会计分录。在我国，会计分录记载于记账凭证中。

（一）会计分录的概念

会计分录，简称“分录”。它根据借贷记账法的原理和记账规则，是对每笔经济业务列出应借应贷的账户名称、记账方向和金额的一种记录。

会计分录的书写格式要求是：先借后贷，借贷分行，上借下贷；借贷错开，金额后不必写“元”。具体格式如下所示：

借：账户名称　　　　　金额
　　贷：账户名称　　　　　金额

（二）会计分录的分类

按照借贷方涉及的账户数量，会计分录分为简单分录和复合分录两种。简单分录即一借一贷的会计分录，是指经济业务只涉及一个借方和一个贷方发生对应关系的会计分录。简单分录的格式如下：

借：账户名称　　　　　金额
　　贷：账户名称　　　　　金额

复合分录即一借多贷、多借一贷或多借多贷的会计分录，是指经济业务涉及两个以上（不含两个）对应账户组成的会计分录。复合分录的格式如下：

借：账户名称　　　　　金额
　　贷：账户名称　　　　　金额
　　　　账户名称　　　　　金额
　　　　账户名称　　　　　金额

或

借：账户名称　　　　　金额
　　账户名称　　　　　金额
　　账户名称　　　　　金额
　　贷：账户名称　　　　　金额

或

借：账户名称　　　　　金额
　　账户名称　　　　　金额
　　账户名称　　　　　金额
　　贷：账户名称　　　　　金额
　　　　账户名称　　　　　金额
　　　　账户名称　　　　　金额

需要指出的是，为了保持账户对应关系的清楚，一般不宜把不同经济业务合并在一起，编制多借多贷的会计分录。但在某些特殊情况下为了反映经济业务的全貌，也可以编制多借多贷的会计分录。

（三）会计分录的编制步骤

一笔经济业务发生后，会计分录的编制步骤如下：

第一步，确定涉及的账户名称及其金额增减变动情况；

第二步，确定相关账户的性质；

第三步，确定相关账户的记账方向；

第四步，编制会计分录。

第五步，检验会计分录的正确性。

五、试算平衡

试算平衡是指在资产负债表日，为了保证本期会计核算的正确性，根据借贷记账法的记账原理和记账规则，对本期账户记录的发生额及余额进行分类汇总，以检验其正确性的一种专门方法。试算平衡的检验，为会计报表的准确编制提供了保障。

试算平衡

在借贷记账法下，试算平衡的方法主要有两种：发生额试算平衡和余额试算平衡。

（一）发生额试算平衡

发生额试算平衡，是指将全部账户的本期借方发生额和本期贷方发生额分别加总后，利用“有借必有贷，借贷必相等”的记账规则来检验本期发生额账户处理正确性的一种试算平衡方法，其试算平衡公式如下：

全部账户本期借方发生额合计＝全部账户本期贷方发生额合计

（二）余额试算平衡

余额试算平衡是指全部账户的借方期末余额和全部账户的贷方期末余额分别加总后，利用“资产＝负债＋所有者权益”的平衡原理来检验会计处理正确性的一种试算平衡方法。其试算平衡公式如下：

全部账户的借方期末余额＝全部账户的贷方期末余额

试算平衡是通过检验借贷金额是否平衡来检查账户记录是否正确的一种有效方法。如果试算不平衡，说明账户的记录肯定有错；如果试算平衡，说明账户记录基本正确，但不一定完全正确。这是因为，有些错误不影响借贷双方的金额平衡，这类错误是无法通过试算平衡来检验的。不影响借贷双方金额平衡的错误主要有：重记或漏记某项经济业务，使本期借贷双方的发生额等额增加或减少，借贷仍然平衡；某项经济业务记录的应借、应贷科目正确，但同时等额多记或少记借贷双方金额时，借贷仍然平衡；某项经济业务记错有关账户，借贷仍然平衡；某项经济业务在账户记录中，颠倒了记账方向，借贷仍然平衡；某借方或贷方发生额中，偶然发生多记和少记并相互抵销，借贷仍然平衡。由于账户记录可能存在这些不能由试算平衡表发现的错误，所以需要对一切会计记录进行日常或定期的复核，以保证账户记录的正确性。

任务实施

步骤一：开设 T 型账户，登记期初余额。

借	银行存款	贷
期初余额 10 000		

借	实收资本	贷
		期初余额 10 000

借	应收账款	贷
期初余额 20 000		

借	应付账款	贷
		期初余额 6 000

借	原材料	贷
期初余额 6 000		

借	利润分配	贷
		期初余额 20 000

步骤二：确认经济业务涉及的会计账户名称、账户性质、金额增减变动情况。

(1)涉及实收资本账户，该账户属于所有者权益类账户，金额增加；

涉及银行存款账户，该账户属于资产类账户，金额增加；

(2)涉及原材料账户，该账户属于资产类账户，金额增加；

涉及银行存款账户，该账户属于资产类账户，金额减少；

(3)涉及银行存款账户，该账户属于资产类账户，金额增加；

涉及应收账款账户，该账户属于资产类账户，金额减少；

(4)涉及银行存款账户，该账户属于资产类账户，金额减少；

涉及应付账款账户，该账户属于负债类账户，金额减少；

步骤三：编制会计分录。

(1)借：银行存款　100 000

　　贷：实收资本　100 000

(2)借：原材料　10 000

　　贷：银行存款　10 000

(3)借：银行存款　20 000

　　贷：应收账款　20 000

(4)借：应付账款　6 000

　　贷：银行存款　6 000

步骤四，登记账户，并计算各账户本期发生额合计数与期末余额。

借	银行存款	贷
期初余额 10 000		
(1) 100 000	(2)10 000	
(3) 20 000	(4) 6 000	
本期发生额 120 000	本期发生额 16 000	
期末余额 114 000		

借	应付账款	贷
	期初余额 6 000	
(4) 6 000		
本期发生额 6 000		
期末余额 0		

应收账款

借	贷
期初余额　20 000	
	(3)　20 000
	本期发生额　20 000
	期末余额　0

实收资本

借	贷
	期初余额　10 000
	(1)　100 000
	本期发生额　100 000
	期末余额　110 000

原材料

借	贷
期初余额　6 000	
(2)　10 000	
本期发生额　10 000	
期末余额　16 000	

利润分配

借	贷
	期初余额　20 000
	期末余额　20 000

步骤五，编制试算平衡表，见表 2-5-3。

表 2-5-3　　总分类账户发生额及余额试算平衡表（参考）

2023 年 1 月 31 日　　单位：元

账户名称	期初余额		本期发生额		期末余额	
	借方	贷方	借方	贷方	借方	贷方
银行存款	10 000		120 000	16 000	114 000	
应收账款	20 000			20 000	0	
原材料	6 000		10 000		16 000	
应付账款		6 000	6 000			0
实收资本		10 000		100 000		110 000
利润分配		20 000				20 000
合　计	36 000	36 000	136 000	136 000	130 000	130 000

德育园地

虚构财务报表案例

某实业股份有限公司，业务以农业类为主，2014 年 6 月上市，2021 年 8 月，被报道虚构财务报表。其造假的七个疑点包括：

（1）该公司 2018 年及之前的财务资料全部神秘“消失”；

（2）根据其出口业务，按照我国税法，应办理几千万元的出口退税，但年报里没有出口退税的项目。

（3）签下总金额达 60 亿元合同的 CX 公司只与该公司单线联系，CX 公司据称是一家百年老店，事实上却是注册资本仅为 10 万马克的一家小型贸易公司；

（4）原材料购买批量很大，整个厂区恐怕都盛不下，而库房、工艺不允许外人察看；

(5)萃取技术高温高压高耗电,但水电费在 2019 年和 2020 年两年都很低;

(6)该公司 2020 年的销售收入与应收款项保持大体同步的增长速度,货币资金和应收款项合计数与短期借款也保持着大体同步的增长速度,但该公司当年的销售及回款状况并不理想,显然公司希望以巨额货币资金的囤积来显示销售及回款情况;

(7)2020 年,该公司的利润率高达 46%,而沪深两市农业类、中草药类和葡萄酿酒类上市公司的利润率鲜有超过 20%。

2021 年 9 月后,该公司股价连续 15 个跌停,从停牌前的 30.79 元跌至 6.59 元,近 68 亿元的流通市值无形蒸发。

本案例中,该实业股份有限公司通过虚构财务数据的行为来美化财务报表,最终导致停牌。从案例中反映的问题给财务人员以下几方面的警示:一是优质的财务报表应该要从国家的利益出发,财务人员要有一定的社会责任感;二是遵纪守法、拥有合规意识是开展各项工作的重要保证。财务人员应当自觉遵守各项财务法律法规,恪守职业道德,切实保护国家、社会公众及投资人等利益;三是会计政策中依赖大量的主观判断与估计,财务人员应坚持公允原则,不夸大或缩小事实,确切反映企业的能力与风险,体现家国情怀。

任务小结

借贷记账法是会计核算中记录经济业务到有关账户的一种复式记账法。该方法以"借""贷"为记账符号,通过分析每笔经济业务资金的来龙去脉来确定有关账户及其金额变动。以会计等式作为记账原理,以借贷记账法的"有借必有贷,借贷必相等"为记账规则,以会计分录的格式确定每笔业务的科目名称、记账方向和记账金额,以 T 形账户登记,实现理论上会计核算的记录环节。最后,账户记录的正确性通过编制试算平衡表来检验。

任务考核

一、单项选择题

1. 借贷记账法下分别以"借""贷"两个记账符号表示各会计要素的增加或减少,至于"借"表示增加还是"贷"表示增加,则取决于(　　)。

A. 账户的格式　　　　B. 账户的名称

C. 账户的用途　　　　D. 账户反映的经济内容的性质

2. 在借贷记账法下,账户的贷方用来登记(　　)。

A. 收入类账户的减少　　　　B. 所有者权益类账户的增加

C. 负债类账户的减少　　　　D. 成本类账户的增加

❸ 下列会计科目中，如月末有余额，一般在贷方的是(　　)。

A. 银行存款　　B. 长期借款　　C. 材料采购　　D. 应收利息

❹ 从开户银行提取现金 20 000 元，以备发工资。正确的会计分录是(　　)。

A. 借：银行存款　20 000
　　贷：库存现金　　20 000

B. 借：银行存款　20 000
　　贷：应付职工薪酬　　20 000

C. 借：库存现金　20 000
　　贷：银行存款　　20 000

D. 借：库存现金　20 000
　　贷：应付职工薪酬　　20 000

❺ 甲公司月末编制的试算平衡表中，全部科目的本月贷方发生额合计为 120 万元，除银行存款外的本月借方发生额合计 104 万元，则银行存款科目(　　)。

A. 本月借方余额为 16 万元　　B. 本月贷方余额为 16 万元

C. 本月贷方发生额为 16 万元　　D. 本月借方发生额为 16 万元

二、多项选择题

❶ 下列错误不会影响借贷双方的平衡关系的有(　　)。

A. 漏记某项经济业务　　B. 重记某项经济业务

C. 记错方向，把借方计入贷方　　D. 借贷错误巧合，正好抵销

❷ 会计分录的内容包括(　　)。

A. 经济业务内容摘要　　B. 账户名称

C. 经济业务发生额　　D. 应借应贷方向

❸ 下列关于复式记账特点的表述中，正确的有(　　)。

A. 相对于单式记账法而言，更具有操作简单的优势

B. 通过账户记录可以了解经济业务的来龙去脉

C. 以相等金额在有关账户中进行记录，因而可以据以进行试算平衡，以检查账户记录是否正确

D. 对于每项经济业务，都在两个或两个以上相互关联的账户中进行记录

❹ 某企业月末编制试算平衡表时，因“原材料”账户的余额计算不正确，导致试算平衡中月末借方余额合计为 65 000 元，而全部账户月末贷方余额合计为 60 000 元，则“原材料”账户(　　)。

A. 余额多记 5 000 元　　B. 余额少记 5 000 元

C. 为贷方余额　　D. 为借方余额

❺ 在借贷记账法中，“借”字表示(　　)。

A. 费用的增加　　B. 负债的增加

C. 资产的增加　　D. 所有者权益的减少

三、判断题

❶ 借贷记账法的记账规则为“有借必有贷，借贷必相等”，即对于每一笔经济业务只能在两个账户中以借方和贷方相等的金额进行登记。(　　)

❷ 在会计处理中，企业可以将不同类型的交易或事项合并编制多借多贷的会计分录。(　　)

❸ 编制试算平衡表时，也应该包括只有期初余额而没有本期发生额的账户。(　　)

❹ 发生额试算平衡是根据记账规则“有借必有贷，借贷必相等”，是一种可以检验本期发生额记录是否正确的方法。（　　）

❺ 在借贷记账法下，成本类账户的借方登记增加数，贷方登记减少数，期末无余额。（　　）

四、实训题

蓝天公司 2023 年 3 月初总分类账户的期初余额见表 2-5-4。

表 2-5-4 总分类账户余额表

2023 年 3 月 1 日　　单位：元

账户名称	借方余额	账户名称	贷方余额
银行存款	360 000	短期借款	100 000
应收票据	38 000	应付票据	38 000
应收账款	40 000	应付账款	30 000
原材料	370 000	实收资本	2 500 000
固定资产	2 200 000	盈余公积	340 000
合　计	3 008 000	合　计	3 008 000

当月发生的业务如下（假定不考虑相关税费）：

（1）某投资人以存款 500 000 元向企业投资，款项已存入银行。

（2）向供应商甲公司购入材料一批，货款为 300 000 元，材料已验收入库。货款 200 000 元通过网银转账支付，余款暂欠。

（3）网银转账偿还前欠供应商乙公司货款 10 000 元。

（4）购入设备一台，价款 60 000 元通过银行存款结算，设备验收合格并交付使用。

（5）签发商业汇票一张，抵付前欠海兰公司货款 10 000 元。

（6）收到债务人开出并承兑的商业汇票 20 000 元，转账支票到账 10 000 元，清偿前欠本企业货款。

要求：根据任务分析，编制会计分录；开设并登记 T 形账户，计算各账户的本期发生额合计数和期末余额；编制试算平衡表。

项目三 填制与审核会计凭证

学习目标

能力目标

1. 能区分原始凭证和记账凭证。
2. 能正确填制与审核原始凭证。
3. 能正确填制与审核记账凭证。

知识目标

1. 了解会计凭证的概念与种类。
2. 掌握原始凭证的种类、基本内容、填制要求及审核内容。
3. 掌握记账凭证的种类、基本内容、填制要求及审核内容。

素质目标

1. 培养学生遵守准则，按照要求填制与审核原始凭证和记账凭证。
2. 培养学生发现问题、分析问题、解决问题的能力。
3. 培养学生严谨认真、诚实守信的工作态度。

案例导入

李华是新巢家居有限责任公司行政管理部门的职员。3月份，李华对公司各部门申报的第二季度办公用品使用计划进行汇总后，交给行政管理部经理审批。行政管理部经理在与相关部门确认后，签字同意实施。李华将签字确定的购置明细单，寄给供应商德利公司，以便订货。第二天，德利公司将货物送到，并将销售发票及销售清单一并交给了李华，李华与本公司办公用品保管员共同清点无误后，在德利公司送货清单上签字。然后，由保管员完成入库单据的填制工作，并将第二联(财务记账联)交给李华。最后，李华将相关单据一并交给出纳王兰新办理付款手续。

思考：在办理付款手续时，如果你是出纳王兰新，你需要向李华索要哪些资料？为什么要索取这些资料？取得这些资料后，你会如何进行审核？需要审核哪些内容？审核无误并办理完付款手续后，你又该怎么处理？

任务一 填制与审核原始凭证

任务情境

新巢家居有限责任公司2023年5月18日向海南新华有限责任公司销售功能沙发30套，每套功能沙发的成本为650元，开出的增值税专用发票上注明价格为27 000元，增值税税额为3 510元，商品已发出，收到转账支票一张（票据号码：00510488），连同进账单一起送存银行办理转账手续。

（购买方：海南新华有限责任公司；纳税人识别号：914601000558880043；地址：海南省海口市龙华区白龙路3号；电话：0898-66554533；开户银行：中国银行城西支行；账号：6235733800000214576）

（销售方：新巢家居有限责任公司；纳税人识别号：823500022660508836；地址：海南省海口市美兰区林海路6号；电话：0898-65622530；开户银行：中国工商银行海南省分行；账号：2222887033301155666；开票人：刘雨玲；复核：陈芳芳；收款人：王兰新）

任务布置

根据相关资料，填制新巢家居有限责任公司现销业务涉及的原始凭证（图3-1-1至图3-1-3），填制完毕后由相关人员审核。购销合同（略）。

海南省增值税专用发票　　NO：00234562

此联不作报销、扣税凭证使用　　开票日期：

<table>
<tr><td>购买方</td><td colspan="5">名　　称：
纳税人识别号：
地 址 、电 话：
开户行及账号：</td><td>密码区</td><td colspan="2"></td></tr>
<tr><td colspan="2">货物或应税劳务、服务名称</td><td>规格型号</td><td>单位</td><td>数量</td><td>单价</td><td>金额</td><td>税率</td><td>税额</td></tr>
<tr><td colspan="2">

合　计</td><td></td><td></td><td></td><td></td><td></td><td></td><td></td></tr>
<tr><td colspan="2">价税合计（大写）</td><td colspan="7">（小写）</td></tr>
<tr><td>销售方</td><td colspan="5">名　　称：
纳税人识别号：
地 址 、电 话：
开户行及账号：</td><td>备注</td><td colspan="2"></td></tr>
</table>

收款人：　　复核：　　开票人：　　销货单位：（章）

第一联：记账联　销货方记账凭证

图3-1-1　增值税专用发票

出库单（记账联）

出货单位：　　　　日期：　　　　出库编号：

提货单位(部门)：　　　　销售单号：　　　　发货仓库：

编码	产品名称	产品规格	计量单位	数量	单价	金额
合　计						

部门经理：　　　　会计：　　　　仓库：　　　　经办人：

图 3-1-2　出库单

中国工商银行进账单（收账通知）　　3

年　月　日

<table>
<tr><td rowspan="3">出票人</td><td>全　称</td><td colspan="3"></td><td rowspan="3">收款人</td><td>全　称</td><td colspan="11"></td></tr>
<tr><td>账　号</td><td colspan="3"></td><td>账　号</td><td colspan="11"></td></tr>
<tr><td>开户银行</td><td colspan="3"></td><td>开户银行</td><td colspan="11"></td></tr>
<tr><td rowspan="2">金额</td><td colspan="6" rowspan="2">人民币
（大写）</td><td>亿</td><td>千</td><td>百</td><td>十</td><td>万</td><td>千</td><td>百</td><td>十</td><td>元</td><td>角</td><td>分</td></tr>
<tr><td></td><td></td><td></td><td></td><td></td><td></td><td></td><td></td><td></td><td></td><td></td></tr>
<tr><td colspan="2">票据种类</td><td></td><td>票据张数</td><td></td><td colspan="13" rowspan="3">收款人开户银行签章</td></tr>
<tr><td colspan="2">票据号码</td><td colspan="3"></td></tr>
<tr><td colspan="5">复核　　记账</td></tr>
</table>

此联是银行交给收款人的收账通知

图 3-1-3　进账单

知识准备

一、会计凭证概述

会计凭证是指用以记录经济业务发生或完成情况，并据以登记账簿的书面证明。

会计凭证概述

企业处理任何一项经济业务，都要办理凭证手续，经办人员会从外单位取得或自行填制有关凭证，即以书面的形式反映和证明经济业务的发生与完成情况。会计凭证上必须载明经济业务的日期、内容、数量和金额，并由有关人员在凭证上签名盖章，同时对会计凭证的真实性、完整性和正确性负责。所有会计凭证都需要经由会计部门审核，只有经过审核无误的会计凭证才能作为登记账簿的依据，才能如实反映企业的经济业务。

会计凭证作为经济业务的载体，按其填制程序和用途不同，可分为原始凭证和记账凭证。

二、原始凭证概述

（一）原始凭证的概念

原始凭证又称单据，是在经济业务发生或完成时取得或填制的，用以记录或证明经济业务发生或完成情况，明确经济责任，是具有法律效力的最初书面证明。

原始凭证必须能够表明经济业务已经发生或其完成情况，凡是不能证明经济业务发生或完成情况的各种单证，如购货申请单、购销合同、计划、银行对账单、银行存款余额调节表、盘存单等，不能作为原始凭证。

（二）原始凭证的种类

原始凭证的种类

原始凭证可按其取得的来源、格式、填制手续及内容进行分类。

1. 按取得的来源不同分类

原始凭证按其取得的来源不同，可分为自制原始凭证和外来原始凭证。

（1）自制原始凭证

自制原始凭证是指由本单位有关部门和人员，在执行或完成某项经济业务时填制的，仅供本单位内部使用的原始凭证，如领料单、产品入库单、产品出库单、借款单、工资结算单、差旅费报销单等。以领料单为例，其样式如图 3-1-4 所示。

领　料　单

领料部门：

用途：　　　　　　　　年　　月　　日　　　　　　　　第　　号

材料			单位	数量		成本	
编号	名称	规格		请领	实发	单价	总价
合计							

部门经理：　　　　会计：　　　　仓库：　　　　经办人：

图 3-1-4　领料单

（2）外来原始凭证

外来原始凭证是指在经济业务发生或完成时，从其他单位或个人直接取得的原始凭证。如购货时收到的普通发票、增值税专用发票、提货单；企业送交款时收到的收款收据；银行开出的收款、付款的结算凭证；各种车、船、机票等。以收款收据为例，其样式如图 3-1-5 所示。

收　款　收　据

年　月　日

NO. 76768321

今收到＿＿＿＿＿＿＿＿＿＿＿＿＿＿＿＿＿		第二联 客户联
交来：＿＿＿＿＿＿＿＿＿＿＿＿＿＿＿＿＿		
金额(大写)＿＿佰＿＿拾＿＿万＿＿仟＿＿佰＿＿拾＿＿元＿＿角＿＿分		
¥＿＿＿＿＿　□现金　□转账支票　□其他	收款单位(盖章)	

图 3-1-5　收款收据

2. 按照格式不同分类

(1)通用凭证

通用凭证是指由有关部门统一印制、在一定范围内使用的具有统一格式和使用方法的原始凭证。如增值税发票、银行承兑汇票、支票、银行结算凭证等。以银行结算业务申请书为例,其样式如图 3-1-6 所示。

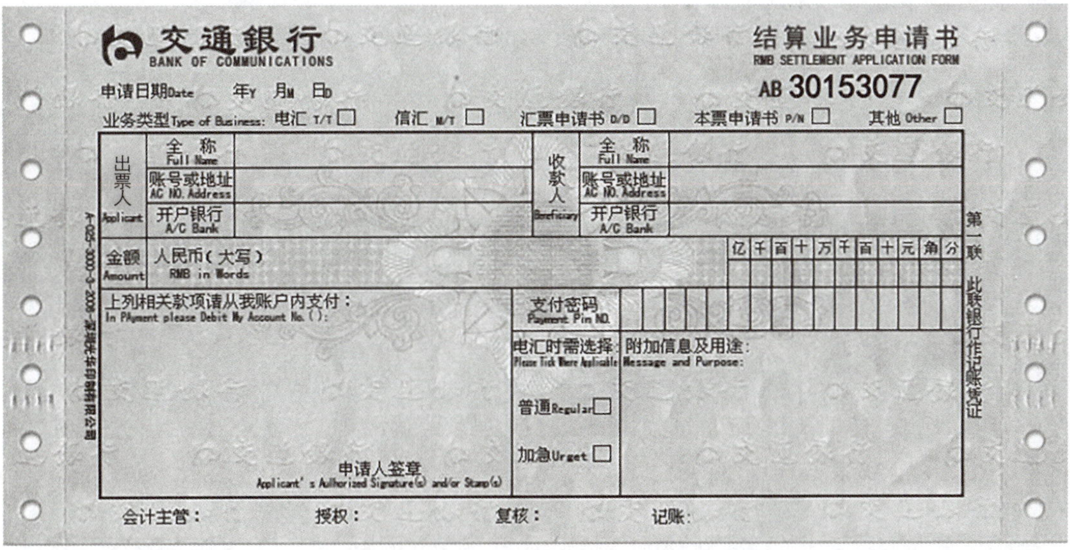

交通银行 BANK OF COMMUNICATIONS

结算业务申请书 RMB SETTLEMENT APPLICATION FORM

AB 30153077

申请日期Date　年Y　月M　日D

业务类型Type of Business: 电汇 T/T □　信汇 M/T □　汇票申请书 D/D □　本票申请书 P/N □　其他 Other □

出票人 Applicant	全称 Full Name		收款人 Beneficiary	全称 Full Name	
	账号或地址 AC NO. Address			账号或地址 AC NO. Address	
	开户银行 A/C Bank			开户银行 A/C Bank	
金额 Amount	人民币(大写) RMB in Words				亿 千 百 十 万 千 百 十 元 角 分
上列相关款项请从我账户内支付: In Payment please Debit My Account No.():			支付密码 Payment Pin NO.		
			电汇时需选择: Please Tick Where Applicable 普通Regular □ 加急Urget □	附加信息及用途: Message and Purpose:	
申请人签章 Applicant's Authorized Signature(s) and/or Stamp(s)					

第一联 此联银行作记账凭证

A-025-3000-3-2008-深圳光华印制有限公司

会计主管:　授权:　复核:　记账:

图 3-1-6　银行结算业务申请书

(2)专用凭证

专用凭证是指由单位自行印制、仅在本单位内部使用的原始凭证。如:领料单、差旅费报销单、折旧计算表、工资费用分配表等。以固定资产折旧计算表为例,其样式如图 3-1-7 所示。

固定资产折旧计算表

年　月　日　　　　　　　　单位：元

使用单位和固定资产类别		原值	固定资产月折旧率%	本月应提折旧额
生产车间	厂房			
	生产设备			
	小计			
管理部门	房屋			
	运输设备			
	管理设备			
	小计			
销售部门	管理设备			
	小计			
合计				

制表：　　　　　　　　　　审核：

图 3-1-7　固定资产折旧计算表

3. 按照填制手续及内容的不同分类

(1)一次凭证

一次凭证是指一次性填制完成，只记载一项经济业务或同时记载若干项同类性质经济业务的原始凭证。如增值税专用发票、增值税普通发票、收料单、领料单、产品入库单、产品出库单、支票、收款收据等。以现金支票为例，其样式如图 3-1-8 所示。

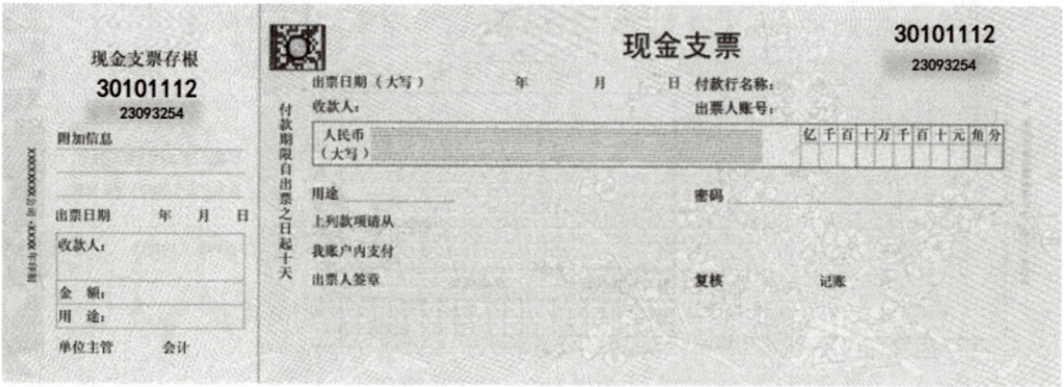
现金支票存根
30101112
23093254
附加信息
出票日期　年　月　日
收款人：
金　额：
用　途：
单位主管　会计
现金支票
30101112
23093254
付款期限自出票之日起十天
出票日期（大写）　年　月　日　付款行名称：
收款人：　出票人账号：
人民币（大写）
亿 千 百 十 万 千 百 十 元 角 分
用途　密码
上列款项请从
我账户内支付
出票人签章　复核　记账

图 3-1-8　现金支票

(2)累计凭证

累计凭证是指在一定时期内多次记录发生的同类型经济业务，且多次有效的原始凭证。如限额领料单、费用登记表等。以限额领料单为例，其样式如图 3-1-9 所示。

限额领料单

领料部门：　　　　　　　　　　　　　　　　　　　　　　　　凭证编号：

用途：　　　　　　　　　　年　　月　　日　　　　　　　　　发料仓库：

材料类别	材料编号	材料名称及规格	计量单位	领用限额	实际领用	单价	金额	备注
供应部门负责人：				生产计划部门负责人：				

日期	数量		领料人签章	发料人签章	扣除代用数量	退料			限额结余
	请领	实发				数量	收料人	发料人	

第一联　会计联

图 3-1-9　限额领料单

(3)汇总凭证

汇总凭证是指对一定时期内反映若干同类经济业务的原始凭证，按照一定标准综合填制的原始凭证。如领料凭证汇总表、工资结算汇总表、差旅费报销单等。以领料凭证汇总表为例，其样式如图 3-1-10 所示。

领料凭证汇总表

年　　月　　日　　　　　　　　　　金额单位：元

序号	材料名称	基本生产车间			辅助生产车间		合计
		生产 A 产品	生产 B 产品	共耗原材料	修理车间	运输车间	
1							
2							
3							
4							
5							
6	合计						

审核：　　　　　　　　　　　　　　　制单：

图 3-1-10　领料凭证汇总表

三、填制原始凭证

(一)原始凭证的基本内容

原始凭证应当具备以下基本内容，也称为原始凭证要素：

(1)原始凭证名称；

(2)填制凭证的日期；

原始凭证的内容和填制要求

(3)凭证的编号；
(4)填制单位名称或者填制人姓名、凭证附件；
(5)有关人员(部门负责人、经办人员)签名或者盖章；
(6)接受凭证单位名称(抬头人)；
(7)经济业务内容(含数量、单价和金额等)；
(8)填制单位签章。

原始凭证(以增值税电子普通发票为例)的基本内容如图 3-1-11 所示。

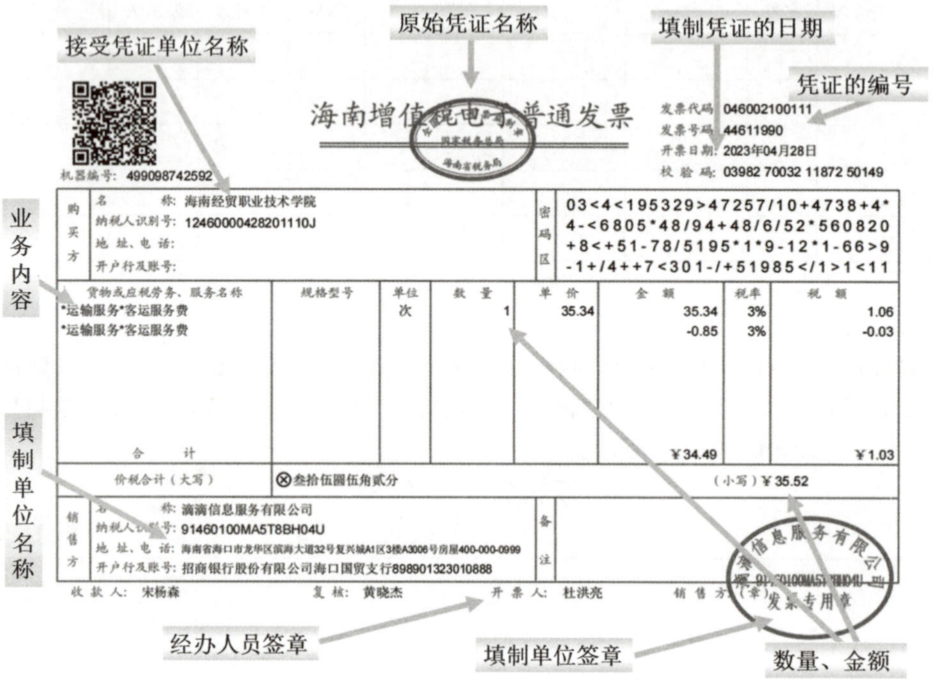

图 3-1-11　增值税电子普通发票

(二)原始凭证的填制要求

原始凭证的书写

常见原始凭证的填制

一项经济业务的发生或完成，从填制原始凭证开始，原始凭证填制正确与否，直接影响会计核算的质量。为了正确、完整、清晰、及时地记录经济业务，原始凭证的填制必须符合下列要求：

1. 记录真实

原始凭证上填制的经济业务内容、数字等必须真实可靠、符合实际情况。

2. 内容完整

原始凭证填列的项目必须逐项填列齐全，不得遗漏和省略，有关人员的签字或盖章必须齐全。

3. 手续完备

单位自制的原始凭证必须有经办单位领导人或指定的人员签名或盖章；对外开出的原始凭证必须加盖本单位公章；从外部取得的原始凭证，必须盖有填制单位的公章；从个人取得的原始凭证，必须有填制人员的签名或盖章。

4. 书写规范、清楚

原始凭证要按规定书写，文字要简要清楚、易于辨认，不得使用未经国务院批准的简化汉字。此外，大小写金额必须相符且填写规范，具体包括以下几个方面：

(1)阿拉伯数字的书写

①数字应当一个一个地写，不得连笔。

②在书写时应有一定的斜度，数字上端向右倾斜，以 60°左右的水平倾斜角为宜。

③有圆的数字，如 6、8、9、0 等，圆圈必须封口。

④有竖划的数字的写法应有明显区别。

⑤书写时紧靠横格底线，高度约为横格高度的 1/2。

(2)货币符号的书写

①阿拉伯金额数字前应书写货币币种符号，如"¥""£""$"。

②阿拉伯数字前有货币符号的，数字后面不再写货币单位。

③货币符号与小写金额之间不得留有空白。例如：¥2 000.00，而不是¥　2 000.00。

④以元为单位的阿拉伯数字，除表示单价等情况外，一律填写到角分；无角分的，写"00"或符号"—"；有角无分的，分位应写 0，不得用符号"—"代替。例如：¥3 000.56，¥3 000.00 或¥3 000.—，¥3 000.30。

(3)中文大写金额的书写

①中文大写金额数字应用正楷或行书填写，不得自造简化字。

②中文大写金额数字前要冠以"人民币"字样，其与大写金额首位数字之间不留空位，数字之间也不能留空位。

③大写数字：零、壹、贰、叁、肆、伍、陆、柒、捌、玖、拾、佰、仟、万、亿、元、角、分。

④大写金额到元为止的，应在"元"之后加写"整"或"正"字；大写金额到角为止的，可以在"角"之后写"整"或"正"字，也可以不写；分字后面不写"整"或"正"字。

⑤表示数位的文字(拾、佰、仟、万、亿)前必须有数字。如"拾元整"应该写成"壹拾元整"，因为这里的"拾"应看作数位文字。

⑥小写金额中间有"0"时，大写金额应写"零"字；小写金额中间连续有几个"0"时，大写金额中间只写一个"零"字；小写金额元位是"0"，或数字中间连续几个"0"，元位也是"0"，但角位不是"0"时，大写金额可以只写一个"零"字，也可以不写"零"字；小写金额角位是"0"而分位不是"0"的，中文大写金额在元位后面应写"零"字。

(4)支票的填写

①票据的出票日期必须使用中文大写。为防止变造日期，在填写月、日时，月为壹、贰和壹拾，日为壹至玖和壹拾、贰拾、叁拾的，应在其前加"零"字，日为拾壹至拾玖的，应在其前加"壹"字。例：1 月 15 日，应写成"零壹月壹拾伍日"；10 月 20 日，应写成"零壹拾月零贰拾日"。

②注意金额的大小写。支票正联金额需中文大写和阿拉伯数字小写，支票存根联金额只需小写。

③企业在银行开户时，需要预留印鉴(通常为财务专用章和法人章)，以便银行后续兑

付支票时核对。

④填写支票时需在用途处写明该笔款项用于什么目的，如备用金、差旅费等。

⑤存根联是企业留存的原始凭证。

5. 连续编号

如果原始凭证已预先印定编号，写坏作废时应加盖“作废”戳记，不得撕毁。一式几联的原始凭证，必须注明各联的用途，并且只能以一联用作报销凭证。

6. 不得涂改、刮擦、挖补

原始凭证如有错误，应当由出具单位重开或更正，更正处应当加盖出具单位印章。原始凭证金额有错误的，应当由出具单位重开，不得在原始凭证上更正。

7. 填制及时

各种原始凭证必须在经济业务发生时及时填写、及时送交财务部门、及时审核。

常见原始凭证的填制范例，如图 3-1-12 至图 3-1-18 所示。

领　料　单

领料部门：生产部门

用途：生产功能沙发　　　　2023 年 5 月 6 日　　　　第 153 号

材料			单位	数量		成本	
编号	名称	规格		请领	实发	单价	总价
01	面料（呼吸革）		米	360	360	19.00	6 480.00
合计							

部门经理：钱理　　　　会计：　　　　仓库：李安　　　　经办人：于俊

图 3-1-12　领料单的填制

收　款　收　据

2023 年 01 月 26 日　　　　NO. 76768321

今收到李明

交来：收回预借差旅费余款

金额（大写）零佰　零拾　零万　零仟　壹佰　玖拾　伍元　零角　零分

¥195.00　☑现金　☐转账支票　☐其他

收款单位（盖章）　新城家居有限责任公司 财务专用章

第二联 客户联

核准　　会计 刘雨玲　　记账　　出纳 王兰新　　经手人

图 3-1-13　收款收据的填制

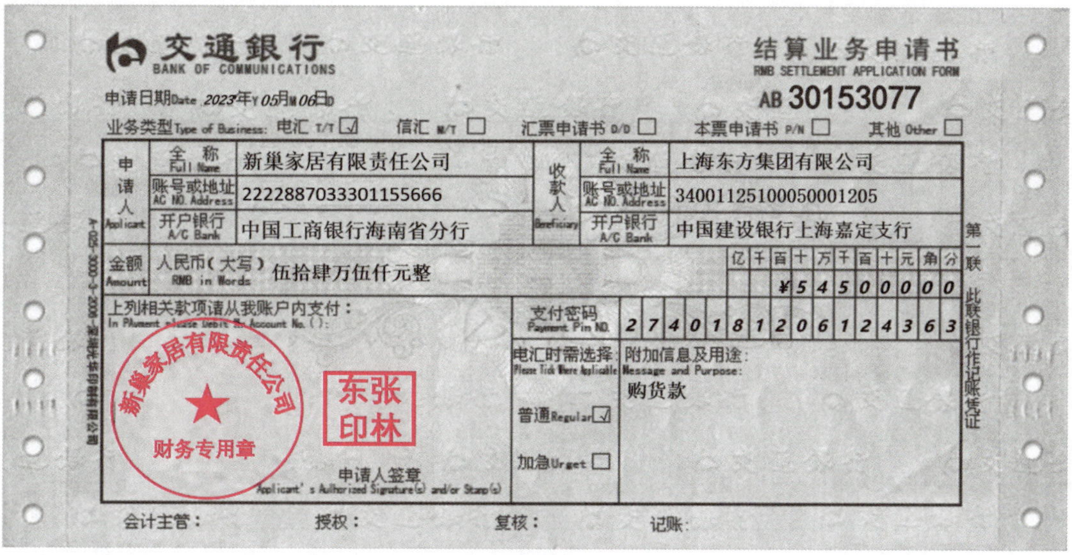

交通银行 BANK OF COMMUNICATIONS

结算业务申请书 RMB SETTLEMENT APPLICATION FORM

AB 30153077

申请日期 Date 2023年Y 05月M 06日D

业务类型 Type of Business: 电汇 T/T ☑ 信汇 M/T ☐ 汇票申请书 D/D ☐ 本票申请书 P/N ☐ 其他 Other ☐

申请人 Applicant	全称 Full Name	新巢家居有限责任公司	收款人 Beneficiary	全称 Full Name	上海东方集团有限公司
	账号或地址 AC NO. Address	2222887033301155666		账号或地址 AC NO. Address	34001125100050001205
	开户银行 A/C Bank	中国工商银行海南省分行		开户银行 A/C Bank	中国建设银行上海嘉定支行
金额 Amount	人民币（大写）RMB in Words	伍拾肆万伍仟元整		亿千百十万千百十元角分	¥54500000

上列相关款项请从我账户内支付：In Payment please Debit my Account No.( ):

支付密码 Payment Pin NO. 2740181206124363

电汇时需选择：Please Tick Where Applicable 普通 Regular ☑ 加急 Urgent ☐

附加信息及用途：Message and Purpose: 购货款

新巢家居有限责任公司 财务专用章

东张印林

申请人签章 Applicant's Authorized Signature(s) and/or Stamp(s)

会计主管： 授权： 复核： 记账：

第一联 此联银行作记账凭证

图 3-1-14 银行结算业务申请书的填制

固定资产折旧计算表

新巢家居有限责任公司　　2023 年 01 月 31 日　　单位：元

使用单位和固定资产类别		原值	固定资产月折旧率%	本月应提折旧额
生产车间	厂房	2 000 000.00	0.40%	8 000.00
	生产设备	3 000 000.00	0.80%	24 000.00
	小计	5 000 000.00		32 000.00
管理部门	房屋	2 300 000.00	0.40%	9 200.00
	运输设备	219 800.00	2.00%	4 396.00
	管理设备	76 000.00	1.60%	1 216.00
	小计	2 595 800.00		14 812.00
销售部门	管理设备	35 000.00	1.60%	560.00
	小计	35 000.00		560.00
合计		7 630 800.00		47 372.00

制表：刘雨玲　　审核：林文雅

图 3-1-15 固定资产折旧计算表的填制

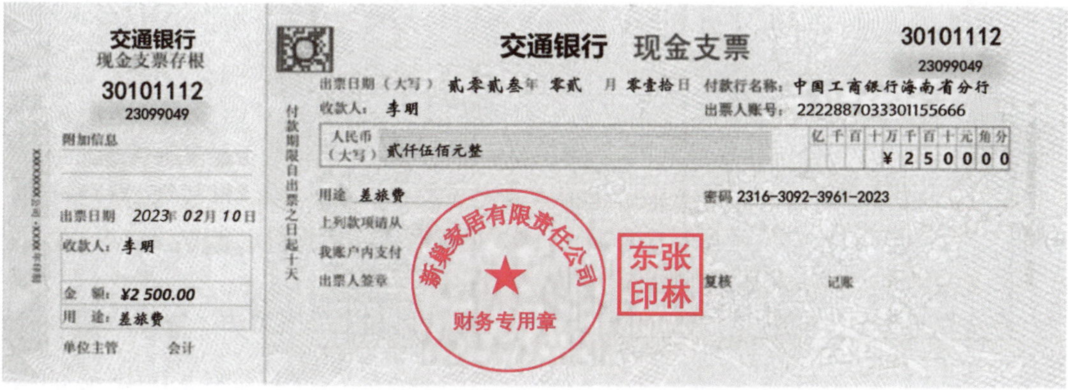

交通银行 现金支票存根

30101112 23099049

附加信息

出票日期 2023年 02月 10日

收款人：李明

金额：¥2 500.00

用途：差旅费

单位主管 会计

交通银行 现金支票 30101112 23099049

出票日期（大写）贰零贰叁年 零贰 月 零壹拾日 付款行名称：中国工商银行海南省分行

收款人：李明 出票人账号：2222887033301155666

人民币（大写）贰仟伍佰元整 亿千百十万千百十元角分 ¥250000

用途 差旅费 密码 2316-3092-3961-2023

上列款项请从我账户内支付

出票人签章 复核 记账

付款期限自出票之日起十天

新巢家居有限责任公司 财务专用章

东张印林

图 3-1-16 现金支票的填制

限额领料单

领料部门：生产车间　　　　凭证编号：00000812

用途：生产功能沙发　　　　2023年5月1日　　　　发料仓库：第一仓库

材料类别	材料编号	材料名称及规格	计量单位	领用限额	实际领用	单价	金额	备注
原材料	001	面料（呼吸革）	米	1 800	540	19.00	10 260.00	

供应部门负责人：刘丽娟　　　　生产计划部门负责人：李建平

日期	数量		领料人签章	发料人签章	扣除代用数量	退料			限额结余
	请领	实发				数量	收料人	发料人	
20230506	360	360	李红	孙平					1 440
20230508	180	180	李红	孙平					1 260
合计	540	540							1 260

第一联 会计联

图 3-1-17　限额领料单的填制

领料凭证汇总表

2023年5月31日　　　　金额单位：元

序号	材料名称	基本生产车间			辅助生产车间		合计
		生产A产品	生产B产品	共耗原材料	修理车间	运输车间	
1	面料（呼吸革）	6 840.00					6 840.00
2	面料（pu革）		2 400.00				2 400.00
3	铁件	1 800.00					1 800.00
4	木材		300.00				300.00
5	棉	1 000.00	300.00				1 300.00
6	合计	9 640.00	3 000.00				12 640.00

审核：孙平　　　　制单：李红

图 3-1-18　领料凭证汇总表的填制

四、原始凭证的审核

（一）审核的内容

原始凭证的审核

1. 真实性

真实性审核是指审核原始凭证所记载的经济业务是否与实际发生的经济业务情况相符合，以及原始凭证本身是否真实。真实性的审核内容包括凭证日期是否真实、业务内容是否真实，数据是否真实等内容的审查。

2. 合法性

合法性审核是指审核原始凭证所记录经济业务是否有违反国家法律法规问题，是否履行了规定的凭证传递和审核程序，是否符合规定的审核权限，有无违反财经纪律等违法乱纪行为。

3. 合理性

合理性审核是指审核原始凭证所记录经济业务是否符合企业生产经营活动的需要，是否符合有关的计划和预算等。

4. 完整性

完整性审核是指对原始凭证的内容和填制手续的完整性进行审核，包括必须具备的基本内容，填写有无缺陷，有关人员签章是否齐全，凭证联次是否正确等。

5. 正确性

正确性审核是指审核金额计算及填写是否正确，改错是否符合规定。

6. 及时性

及时性审核是指审核原始凭证是否在经济业务发生或完成时及时填制和传递。审核原始凭证时，应注意审核凭证的填制日期，例如支票、银行汇票、银行本票的签发日期等。

（二）审核结果的处理

（1）对于符合要求的原始凭证应及时填制记账凭证入账。

（2）对于不够完整、填写有错的原始凭证应退回给有关人员，由其负责补充完整、更正错误或重开后，再办理正式会计手续。

（3）对于不真实、不合法的原始凭证不予接受，并向单位负责人报告。

任务实施

根据相关资料，新巢家居有限责任公司现销业务涉及的原始凭证填制结果如图 3-1-19 至图 3-1-21 所示，填制完毕后由相关人员审核。购销合同（略）。

海南省增值税专用发票　　NO:00234562

此联不作报销　扣税凭证使用　　开票日期：2023 年 5 月 18 日

购买方	名　　称：海南新华有限责任公司 纳税人识别号：914601000558880043 地 址 、电 话：海南省海口市龙华区白龙路 3 号 0898-66554533 开户行及账号：中国银行城西支行 6235733800000214576				密码区		
货物或应税劳务、服务名称	规格型号	单位	数量	单价	金额	税率	税额
功能沙发		套	30	900.00	27 000.00	13%	3 510.00
合　　计					￥27 000.00		￥3 510.00
价税合计（大写）	⊗叁万零伍佰壹拾元整				（小写）￥30 510.00		
销售方	名　　称：新巢家居有限责任公司 纳税人识别号：823500022660508836 地 址 、电 话：海南省海口市美兰区林海路 6 号 0898-65622530 开户行及账号：中国工商银行海南省分行 222288703330115566				备注	新巢家居有限责任公司 120567078900011 发票专用章	

第一联：记账联　销货方记账凭证

收款人：王兰新　　复核：陈芳芳　　开票人：刘雨玲　　销货单位：（章）

图 3-1-19　增值税专用发票（参考）

出库单(记账联)

出货单位:新巢家居有限责任公司　　日期:2023 年 5 月 18 日　　出库编号:××

提货单位(部门):海南新华有限责任公司　　销售单号:××　　发货仓库:××

编码	产品名称	产品规格	计量单位	数量	单价	金额
	功能沙发		套	30	650.00	19 500.00
合　计				30		19 500.00

部门经理:××　　会计:××　　仓库:××　　经办人:××

图 3-1-20　出库单(参考)

中国工商银行进账单(收账通知)

3

2023 年 5 月 18 日

出票人	全　称	海南新华有限责任公司	收款人	全　称	新巢家居有限责任公司
	账　号	623573800000214576		账　号	2222887033301155666
	开户银行	中国银行城西支行		开户银行	中国工商银行海南省分行

金额	人民币(大写) 叁万零伍佰壹拾元整	亿	千	百	十	万	千	百	十	元	角	分
					¥	3	0	5	1	0	0	0

票据种类	转账支票	票据张数	1
票据号码	00510488		

复核　　记账

中国工商银行海南省分行营业部 2023年5月18日 转讫

收款人开户银行签章

此联是银行交给收款人的收账通知

图 3-1-21　进账单(参考)

德育园地

2021 年 3 月 31 日财政部、国家档案局联合发布《关于规范电子会计凭证报销入账归档的通知》,明确单位从外部接收的电子形式的各类会计凭证(电子会计凭证),在满足一定条件下能够直接报销入账归档。该通知中界定的电子会计凭证是指单位从外部接收的电子形式的各类会计凭证,即电子原始凭证,主要包括电子发票、财政电子票据、电子客票、电子行程单、电子海关专用缴款书、银行电子回单等。

由于电子和纸质会计凭证形式不同,安全保护措施也不同。纸质会计凭证的安全保护来自纸张防伪和盖章的法律效力,电子会计凭证的安全保护来自电子形式的签名、签章和加密等技术。但实际工作中经常存在纸质会计凭证和电子会计凭证概念混淆的误区,企业开具的电子发票打印成纸质形式应作为电子发票的打印件,而纸质发票扫描成图片应作为纸质发票的电子影像。

电子会计凭证反映经济资源在社会的流通情况，电子会计凭证入账数据的准确性和安全性关乎国家经济数据安全，也与财政税收安全紧密相关，必须予以关注和重视。因此，作为会计从业人员，我们应该时刻保持一丝不苟的职业精神及公正、严谨、客观的工作态度，谨慎小心、认真审核，能够正确区分及界定电子会计凭证和纸质会计凭证，保护会计凭证数据的安全，保证原始数据的真实合法。

（资料来源：《财务与会计》（京）2021 年第 202120 期）

任务小结

会计凭证是指用以记录经济业务发生或完成情况，并据以登记账簿的书面证明。会计凭证包括原始凭证和记账凭证。原始凭证又称单据，是在经济业务发生或完成时取得或填制的，用以记录或证明经济业务发生或完成情况，明确经济责任，具有法律效力的最初书面证明。原始凭证按其取得的来源不同，可分为自制原始凭证和外来原始凭证。按照格式不同，可分为通用凭证和专用凭证。按照填制手续及内容的不同，可分为一次凭证、累计凭证和汇总凭证。

原始凭证的基本内容主要包括：原始凭证的名称；填制凭证的日期；凭证的编号；填制凭证单位名称或者填制人姓名、凭证附件；有关人员（部门负责人、经办人员）签名或者盖章；接受凭证单位名称（抬头人）；经济业务内容（含数量、单价和金额等）；填制单位签章。

原始凭证的填制要求：记录真实；内容完整；手续完备；书写规范、清楚；连续编号；不得涂改、刮擦、挖补；填制及时。

原始凭证的审核需要从真实性、合法性、合理性、完整性、正确性、及时性这六个方面进行审核。对于符合要求的原始凭证应及时填制入账。对于不够完整、填写有错的原始凭证应退回给有关人员，由其负责补充完整、更正错误或重开后，再办理正式会计手续。对于不真实、不合法的原始凭证不予接受，并向单位负责人报告。

任务考核

一、单项选择题

1. 下列选项中，不属于原始凭证的是（　　）。

A. 借款单　　B. 领料单

C. 火车票　　D. 银行存款余额调节表

2. 下列选项中，不属于外来原始凭证的是（　　）。

A. 领料单　　B. 火车票

C. 购货发票　　D. 收款收据

❸ 对于以下原始凭证填制的说法中，错误的是（　　）。

A. 原始凭证填写的手续必须完整

B. 对外开出的原始凭证不需要加盖本单位公章

C. 阿拉伯数字金额前面应当填写货币币种符号

D. 在填写原始凭证的时候，不可以将错误凭证撕毁并重新编制一张

❹ 下列选项中，属于原始凭证基本内容的是（　　）。

A. 会计人员记账标记　　B. 填制原始凭证的日期

C. 所附原始凭证张数　　D. 会计科目名称

❺ 若发现原始凭证的金额有错误，下列做法中正确的是（　　）。

A. 由出具单位在原始凭证上更正，并加盖出具单位印章

B. 本单位代替出具单位进行更正

C. 由出具单位重开

D. 由出具单位在原始凭证上更正

二、多项选择题

❶ 下列选项中，不属于一次性原始凭证的有（　　）。

A. 收料单　　B. 工资结算汇总表

C. 差旅费报销单　　D. 领料单

❷ 下列属于原始凭证审核内容的有（　　）。

A. 凭证日期、业务内容、数据等是否真实

B. 所记录经济业务是否有违反国家法律法规

C. 会计科目是否规范正确

D. 应借应贷方向是否正确

❸ 在原始凭证上书写阿拉伯数字，正确的有（　　）。

A. 所有以元为单位的，一律填写到角分

B. 有角无分的，分位应当写“0”

C. 无角分的，角位和分位可写“00”，或者符号“—”

D. 有角无分的，分位可写“0”，或者符号“—”

❹ 下列选项中，属于填制原始凭证时应当注意的事项有（　　）。

A. 记录真实　　B. 不得涂改、刮擦和挖补

C. 不得使用未经国务院批准的简化汉字　　D. 连续编号

❺ 原始凭证按填制手续及内容不同，可分为（　　）。

A. 一次凭证　　B. 累计凭证

C. 汇总凭证　　D. 通用凭证

三、判断题

❶ 原始凭证又称单据，是出纳人员在经济业务发生或完成时取得或填制的。（　　）

❷ 原始凭证开具单位应当依法开具准确无误的原始凭证，对填制有误的原始凭证负

有更正义务，但是不能重开。（　　）

❸ 原始凭证金额有错误的，须开具单位重新开具。（　　）

❹ 收款凭证属于原始凭证。（　　）

❺ 发料凭证汇总表属于原始凭证。（　　）

四、实训题

新巢家居有限责任公司 2023 年 8 月发生下列经济业务：

(1)5 日，上月从海南木业有限责任公司购进的木材运到（发票编号：No：00759116），验收入材料库。应收木材 100 平方米，实收 100 平方米，单价为 15 元/平方米，共计 1 500 元。

(2)15 日，向海南新华有限责任公司销售固定沙发 20 套，每套固定沙发的成本为 420 元，开出的增值税专用发票上注明价格 12 000 元，增值税税额 1 560 元，商品已发出，收到转账支票一张（票据号码：00316645），连同进账单一起送存银行办理转账手续。

（新巢家居有限责任公司纳税人识别号：823500022660508836；地址：海南省海口市美兰区林海路 6 号；电话：0898-65622530；开户银行：中国工商银行海南省分行；账号：2222887033301155666；开票人：刘雨玲；复核：陈芳芳；收款人：王兰新）

（海南新华有限责任公司纳税人识别号：914601000558880043；地址：海南省海口市龙华区白龙路 3 号；电话：0898-66554533；开户银行：中国银行城西支行；账号：6235733800000214576）

要求：根据相关资料，填制新巢家居有限责任公司有关业务所涉及的原始凭证（购销合同略），如图 3-1-22 至图 3-1-25 所示。

收料单（记账联）

NO：433220

供货单位：

发票号码：　　　　年　　月　　日　　　　收货仓库：

材料名称	材料规格	计量单位	数量		单价	金额
			应收	实收		
合计						

采购：　　质量检验：　　收料：　　制单：

图 3-1-22　收料单

海南省增值税专用发票

NO:00234562

此联不作报销　扣税凭证使用　　　　开票日期：

<table>
<tr><td rowspan="4">购买方</td><td colspan="5">名　　称：</td><td rowspan="4">密码区</td><td colspan="3" rowspan="4"></td></tr>
<tr><td colspan="5">纳税人识别号：</td></tr>
<tr><td colspan="5">地 址 、电 话：</td></tr>
<tr><td colspan="5">开户行及账号：</td></tr>
<tr><td colspan="2">货物或应税劳务、服务名称</td><td>规格型号</td><td>单位</td><td>数量</td><td colspan="2">单价</td><td>金额</td><td>税率</td><td>税额</td></tr>
<tr><td colspan="2">合　　计</td><td></td><td></td><td></td><td colspan="2"></td><td></td><td></td><td></td></tr>
<tr><td colspan="3">价税合计(大写)</td><td colspan="7">（小写）</td></tr>
<tr><td rowspan="4">销售方</td><td colspan="5">名　　称：</td><td rowspan="4">备注</td><td colspan="3" rowspan="4"></td></tr>
<tr><td colspan="5">纳税人识别号：</td></tr>
<tr><td colspan="5">地 址 、电 话：</td></tr>
<tr><td colspan="5">开户行及账号：</td></tr>
</table>

第一联：记账联　销货方记账凭证

收款人：　　　　复核：　　　　开票人：　　　　销货单位：(章)

图 3-1-23　增值税专用发票(实训)

出库单(记账联)

出货单位：　　　　日期：　　　　出库编号：

提货单位(部门)：　　　　销售单号：　　　　发货仓库：

编码	产品名称	产品规格	计量单位	数量	单价	金额
合　　计						

部门经理：　　　　会计：　　　　仓库：　　　　经办人：

图 3-1-24　出库单(实训)

中国工商银行进账单（收账通知）　3

年　月　日

<table>
<tr><td rowspan="3">出票人</td><td>全　称</td><td colspan="3"></td><td rowspan="3">收款人</td><td>全　称</td><td colspan="11"></td></tr>
<tr><td>账　号</td><td colspan="3"></td><td>账　号</td><td colspan="11"></td></tr>
<tr><td>开户银行</td><td colspan="3"></td><td>开户银行</td><td colspan="11"></td></tr>
<tr><td rowspan="2">金额</td><td colspan="6" rowspan="2">人民币
（大写）</td><td>亿</td><td>千</td><td>百</td><td>十</td><td>万</td><td>千</td><td>百</td><td>十</td><td>元</td><td>角</td><td>分</td></tr>
<tr><td></td><td></td><td></td><td></td><td></td><td></td><td></td><td></td><td></td><td></td><td></td></tr>
<tr><td colspan="2">票据种类</td><td></td><td>票据张数</td><td></td><td colspan="13" rowspan="3">收款人开户银行签章</td></tr>
<tr><td colspan="2">票据号码</td><td colspan="3"></td></tr>
<tr><td colspan="5">复核　　记账</td></tr>
</table>

此联是银行交给收款人的收账通知

图 3-1-25　进账单（实训）

任务二　填制与审核记账凭证

任务情境

新巢家居有限责任公司 2023 年 5 月发生部分经济业务如下：

(1)1 日，向海南钢铁有限责任公司购入原材料铁件一批，增值税专用发票上注明价款 9 000 元，增值税税额 1 170 元，货款已通过银行存款支付，铁件已验收入库。（银付字第 02 号，附件 4 张，制单：陈芳芳）

(2)5 日，生产产品功能沙发，领用原材料铁件，金额 2 700 元。（转字第 10 号，附件 1 张，制单：陈芳芳）

(3)18 日，向海南新华有限责任公司销售功能沙发 30 套，增值税专用发票上注明价格 27 000 元，增值税税额 3 510 元，商品已发出，收到转账支票一张，连同进账单一起送存银行办理转账手续。（银收字第 12 号，附件 4 张，制单：刘雨玲）

任务布置

根据任务情境，将上述经济业务填制收付转凭证（图 3-2-1 至图 3-2-3）。

付款凭证

贷方科目：________　　　　年　　月　　日　　　　　　　　字第　　号

摘要	借方总账科目	明细科目	记账符号	金额									
				千	百	十	万	千	百	十	元	角	分
合计													

附单据　　张

财务主管　　　　记账　　　　出纳　　　　审核　　　　制单

图 3-2-1　付款凭证

转账凭证

年　　月　　日　　　　　　　　转字第　　号

摘要	总账科目	明细科目	记账符号	借方金额										记账符号	贷方金额									
				千	百	十	万	千	百	十	元	角	分		千	百	十	万	千	百	十	元	角	分
合计																								

附单据　　张

财务主管　　　　记账　　　　出纳　　　　审核　　　　制单

图 3-2-2　转账凭证

收款凭证

借方科目：________　　　　年　　月　　日　　　　　　　　字第　　号

摘要	贷方总账科目	明细科目	记账符号	金额									
				千	百	十	万	千	百	十	元	角	分
合计													

附单据　　张

财务主管　　　　记账　　　　出纳　　　　审核　　　　制单

图 3-2-3　收款凭证

知识准备

一、记账凭证概述

记账凭证又称记账凭单，是会计人员根据审核无误的原始凭证整理填制，反映记账要素，并据以确定会计分录后所填制的会计凭证。它是登记会计账簿的直接依据。

(一)记账凭证的种类

1. 按用途分类

(1)专用记账凭证

专用记账凭证是指分类反映经济业务的记账凭证，按其反映的经济业务内容不同，可分为收款凭证、付款凭证和转账凭证。

记账凭证的种类

①收款凭证

收款凭证是指用来记录现金和银行存款收入业务的记账凭证，是根据有关现金和银行存款收款业务的原始凭证填制的。

②付款凭证

付款凭证是指用来记录现金和银行存款付出业务的记账凭证，是根据有关现金和银行存款付款业务的原始凭证填制的。

③转账凭证

转账凭证是指用来记录与现金、银行存款无关的转账业务的记账凭证，是根据有关转账业务的原始凭证填制的。

(2)通用记账凭证

通用记账凭证是指可用以反映所有经济业务的记账凭证，与专用记账凭证中的转账凭证格式基本相同，通用记账凭证如图 3-2-4 所示。

记账凭证

年 月 日 字第 号

摘要	总账科目	明细科目	借方金额											贷方金额											√
			亿	千	百	十	万	千	百	十	元	角	分	亿	千	百	十	万	千	百	十	元	角	分	
合计																									

附件 张

会计主管： 记账： 出纳： 审核： 制单：

图 3-2-4 通用记账凭证

2. 按填列方式分类

(1)单式记账凭证

单式记账凭证是指只填列经济业务所涉及的一个会计科目及其金额的记账凭证。单式记账凭证内容单一,有利于汇总计算每个会计科目的数额,便于分工记账,可以减少登记总账的工作量;但制证工作量较大,不能在一张凭证上反映经济业务的全貌,内容分散,不利于查找记录差错。

(2)复式记账凭证

复式记账凭证是将每一笔经济业务所涉及的全部科目及其发生额均在同一张记账凭证中反映的一种凭证。采用复式记账凭证,可以集中反映一项经济业务的科目对应关系,有利于了解经济业务的全貌,便于记账凭证的分析和审核,同时还能大量减少凭证的数量。其缺点是不便于分工记账、归类整理。在实际工作中,一般都采用复式记账凭证。前述的收款凭证、付款凭证和转账凭证,以及通用记账凭证均为复式记账凭证。

(二)记账凭证的基本内容

记账凭证的内容和填制要求

记账凭证是登记账簿的依据,应当具备以下基本内容:

(1)记账凭证名称;

(2)记账凭证的填制日期;

(3)记账凭证的编号;

(4)经济业务内容摘要;

(5)会计科目及其记账方向;

(6)经济业务的金额;

(7)记账标记;

(8)所附原始凭证张数;

(9)会计主管、记账、审核、出纳、制单等有关人员的签章。

记账凭证(以通用记账凭证为例)的基本内容如图 3-2-5 所示。

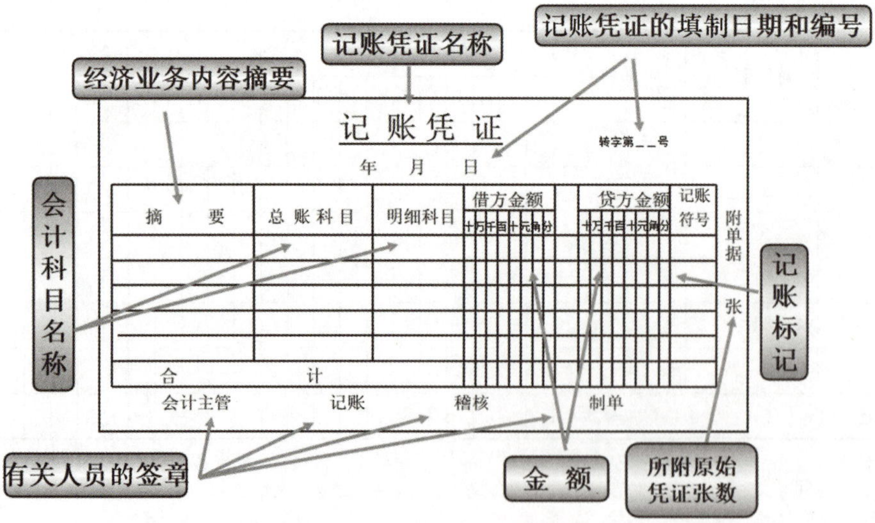

图 3-2-5 记账凭证的基本内容

二、填制记账凭证

(一)记账凭证填制的基本要求

1. 记账凭证内容必须填写完整

记账凭证应包括的内容都要具备,如编制日期、编号、经济业务摘要、金额等内容应填制齐全。

2. 记账凭证应连续编号

记账凭证必须按月连续编号,以便于记账、查账,防止散落、丢失。当月记账凭证的编号,可以在填写记账凭证的当日填写,也可以在装订记账凭证时或月末填写。

3. 记账凭证应书写规范

(1)正确填写所涉及的会计科目。

(2)账户的对应关系要填写清楚。

(3)记账凭证可以根据每一张原始凭证填制,或根据若干张同类原始凭证汇总填制,也可以根据原始凭证汇总表填制,但不能把不同的内容、不同类型的经济业务合并,编制一组会计分录,填制在一张凭证上。

(4)填写日期一般是会计人员填制记账凭证的当天日期,也可以根据管理需要,填写经济业务发生的日期或月末日期。

(5)记账凭证的摘要栏是用来填写经济业务简要内容的。摘要一般应确切、简练。

(6)记账凭证的金额必须与原始凭证的金额相符。

(7)每一项经济业务填入金额数字后,要在记账凭证的合计行上填写合计金额,并在合计金额前标明人民币符号"¥"。

4. 记账凭证中空行需注销

记账凭证填制经济业务事项后,如有空行,应当自金额栏最后一笔金额数字下的空行处至合计数上的空行处画斜线注销。

5. 注明所附原始凭证的件(张)数

在记账凭证上,必须注明所附原始凭证的件(张)数,并将有关原始凭证整理后,附在该记账凭证后面。除了结账和更正错误的记账凭证可以不附原始凭证外,其他记账凭证必须附有原始凭证。

6. 记账凭证的签章要齐全

记账凭证填制完毕后,凡是与记账有关的人员,包括会计主管、记账、审核、制单等都要有相关人员的签章,明确经济责任。有关收款、付款凭证,还要有出纳人员签章。

(二)收款凭证的填制要求

收款凭证是根据审核无误的有关库存现金和银行存款的收款业务的原始凭证填制的,其填制方法为:

收款凭证的填制

(1)收款凭证左上角的"借方科目"按收款的性质填写"库存现金"或"银行存款";

(2)日期填写的是填制本凭证当天的日期;

(3)右上角填写凭证的顺序号;

(4)“摘要”填写对所记录的经济业务的简要说明；

(5)“贷方科目”填写与收到“库存现金”或“银行存款”相对应的会计科目；

(6)“金额”是指该项经济业务的发生额；

(7)“记账符号”是指该凭证已登记账簿的标记，防止经济业务重记或漏记；

(8)凭证右边“附件×张”是指本记账凭证所附原始凭证的张数；

(9)最下边分别为有关人员签章，以明确经济责任。

(三)付款凭证的填制要求

付款凭证的填制

付款凭证是根据审核无误的库存现金和银行存款的付款业务的原始凭证填制的。付款凭证的填制方法与收款凭证基本相同，不同的是在付款凭证的左上角应填列贷方科目，即“库存现金”或“银行存款”科目，“借方科目”栏应填写“库存现金”或“银行存款”相对应的总账科目和明细科目。

对于涉及“库存现金”和“银行存款”之间的经济业务，一般只编制付款凭证，不编制收款凭证。例如：去银行办理取现业务，应该编制银行存款付款凭证，不需要编制库存现金收款凭证；去银行办理存钱业务，则应该编制库存现金付款凭证，不需要编制银行存款收款凭证。

(四)转账凭证的填制要求

转账凭证的填制

转账凭证是根据与库存现金和银行存款的收付无关的经济业务的原始凭证填制的。填制转账凭证时，借方科目在先，金额填列在“借方金额”栏，贷方科目在后，金额填列在“贷方金额”栏，“借方金额”栏合计数与“贷方金额”栏合计数应相等。一笔经济业务涉及两张及以上凭证，应采取分数编号法，且只在最末一张凭证的“合计”行填写合计金额。如一笔经济业务须编制两张记账凭证，该记账凭证的顺序号为 9 号，则这笔业务可分别编制转字第 $9\frac{1}{2}$ 号，转字第 $9\frac{2}{2}$ 号。

三、记账凭证的审核

记账凭证的审核

记账凭证的审核是保证会计账簿记录真实、准确的前提和基础，其正确性对会计信息质量有着重大的影响。因此，需要建立严格的审核制度，只有经过审核无误的记账凭证才能作为登记账簿的依据。记账凭证的审核内容主要包括以下六点：

(一)内容是否真实

审核记账凭证是否附有原始凭证，内容是否与原始凭证一致。

(二)项目是否齐全

审核记账凭证上的日期、编号、摘要、科目、金额、附件等填写是否齐全。

(三)科目是否正确

审核记账凭证上的科目是否规范、对应关系是否正确，所使用的会计科目是否符合国家统一的会计制度的规定。

(四)金额是否准确

审核记账凭证记录的金额与原始凭证的有关金额是否一致；借贷双方的金额合计是否相等；明细科目金额之和是否与相应的总账科目的金额相等。

（五）书写是否正确

审核记账凭证中的中文、数字是否工整、清晰，若有更正，是否按规定进行的更正。

（六）手续是否完备

审核记账凭证填列是否完整，相关人员是否已签名或盖章。

在审核过程中，如果发现差错，应及时查明原因。如果是已登记入账的记账凭证，在当年内发现填写错误时，可以用红字填写一张与原内容相同的记账凭证，在摘要栏注明“注销×月×日×号凭证”字样，同时再用蓝字重新填制一张正确的记账凭证，注明“订正×月×日×号凭证”字样。如果会计科目没有错误，只是金额错误，也可以将正确数字与错误数字之间的差额，另编制一张调整的记账凭证，调增金额用蓝字，调减金额用红字。如果发现的是尚未入账的错误记账凭证，应当重新填制。只有经过审核无误的记账凭证，才能作为登记账簿的依据。

任务实施

根据相关资料，将任务情境的经济业务填制收付转凭证，如图 3-2-6 至图 3-2-8 所示。

（1）

付款凭证

贷方科目：银行存款　　　　2023 年 5 月 1 日　　　　银付字第 02 号

摘要	借方总账科目	明细科目	记账符号	金额 千	百	十	万	千	百	十	元	角	分
采购铁件	原材料	铁件						9	0	0	0	0	0
	应交税费	应交增值税（进项税额）						1	1	7	0	0	0
合计						¥	1	0	1	7	0	0	0

附单据 4 张

财务主管　　　记账　　　出纳　　　审核　　　制单 陈芳芳

图 3-2-6　付款凭证（参考）

（2）

转账凭证

2023 年 5 月 5 日　　　　转字第 10 号

摘要	总账科目	明细科目	记账符号	借方金额 千	百	十	万	千	百	十	元	角	分	记账符号	贷方金额 千	百	十	万	千	百	十	元	角	分
领用铁件	生产成本	功能沙发						2	7	0	0	0	0											
	原材料	铁件																	2	7	0	0	0	0
合计							¥	2	7	0	0	0	0					¥	2	7	0	0	0	0

附单据 1 张

财务主管　　　记账　　　出纳　　　审核　　　制单 陈芳芳

图 3-2-7　转账凭证（参考）

(3)

收款凭证

借方科目：银行存款　　　　2023 年 5 月 18 日　　　　银收字第 12 号

摘要	贷方总账科目	明细科目	记账符号	金额 千	百	十	万	千	百	十	元	角	分
销售商品(功能沙发)	主营业务收入	功能沙发					2	7	0	0	0	0	0
	应交税费	应交增值税(销项税额)						3	5	1	0	0	0
合计						¥	3	0	5	1	0	0	0

附单据 4 张

财务主管　　记账　　出纳　　审核　　制单 刘雨玲

图 3-2-8　收款凭证(参考)

德育园地

A 公司是一家大型建筑施工企业。在建设某项目的过程中，向施工单位收取的投标资料费、定期存款利息、代征税金手续费等大量收入，均未纳入单位财务核算。作为公司财务负责人及上述资金直接管理人的李某，在国家审计机关审查时，将会计资料隐匿，并拒绝向审计人员提供。经过审计人员大量艰苦细致的查证，查出该公司将上述近千万元收入设置 20 多个“小金库”。在此情况下，李某又多次编造虚假会计资料，隐匿“小金库”资金，严重阻碍了审计工作的正常进行。

李某的上述行为，严重违反了国家的法律规定。人民法院在审理中认为，李某身为 A 公司财务负责人，直接管理本单位的“小金库”，在国家审计机关的审计过程中，故意隐匿本单位的“小金库”账务资料，情节严重，已经触犯了国家刑律，构成了隐匿会计凭证罪。

从 A 公司的案件不难看出，隐匿、销毁会计凭证，编造虚假会计凭证是违反国家法律规定的。身为财务人员，应具备良好的职业操守和道德规范，时刻秉持诚信的价值观，遵守国家和公司的法律法规，诚实地制作会计凭证等相关会计资料，坚守道德底线、不踩法律红线。

任务小结

记账凭证又称记账凭单，是会计人员根据审核无误的原始凭证整理填制，反映记账要素，并据以确定会计分录后所填制的会计凭证。它是登记会计账簿的直接依据。记账凭证有两种分类方式。第一种按用途分类，可分为专用记账凭证(收、付、转记账凭证)和通用记账凭证；第二种按照填列方式分类，可分为单式记账凭证和复式记账凭证。

记账凭证的基本内容主要包括：记账凭证的名称；记账凭证的填制日期；记账凭证的编号；经济业务内容摘要；会计科目及其记账方向；经济业务的金额；记账标记；所附原始凭证的张数；会计主管、记账、审核、出纳、制单等有关人员的签章。

记账凭证填制的基本要求主要有：记账凭证内容必须填写完整；记账凭证应连续编号；记账凭证应书写规范；记账凭证中空行需注销；注明所附原始凭证的件（张）数；记账凭证的签章要齐全。

记账凭证的审核内容主要包括六点：内容是否真实、项目是否齐全、科目是否正确、金额是否准确、书写是否正确、手续是否完备。

任务考核

一、单项选择题

1 下列属于记账凭证特有的内容是（　　）。

A. 金额　　B. 凭证名称

C. 记账标记　　D. 凭证日期

2 下列对于转账凭证的表述中，正确的是（　　）。

A. 用来记录现金和银行存款付出业务的记账凭证

B. 用来记录现金和银行存款收入业务的记账凭证

C. 用来记录与现金、银行存款无关的经济业务的记账凭证

D. 转账凭证是原始凭证

3 下列选项中，不属于填制记账凭证时应当注意的事项是（　　）。

A. 不能把不同内容和类别的经济业务合并，编制一组会计分录，填制在一张凭证上

B. 不得使用未经国务院批准的简化汉字

C. 最后一笔金额数字下的空行处至合计数上的空行处要画斜线注销

D. 合计金额前需标明人民币符号“¥”

4 下列经济业务，应填制现金付款凭证的是（　　）。

A. 销售商品收到现金

B. 报废一台电脑，出售残料收到现金

C. 领用原材料进行生产

D. 以现金缴纳罚款

5 在填制记账凭证时，下列做法错误的是（　　）。

A. 不能将不同类型业务的原始凭证合并编制一张记账凭证

B. 一个月内的记账凭证需要连续编号

C. 记账凭证日期可以不填写

D. 从银行提取现金时只填制银行存款付款凭证

二、多项选择题

1 下列选项中，可作为记账凭证编制依据的有（　　）。

A. 收料单　　B. 耗用材料汇总表

C. 付款凭证　　D. 领料单

❷ 记账凭证按其反映经济业务的内容不同，可以分为(　　)。

A. 收款凭证　　B. 付款凭证

C. 转账凭证　　D. 通用记账凭证

❸ 公司购买一批原材料共 50 000 元，购买时支付了一半的价款，剩下的等到材料运达后再支付。这笔业务应该编制的记账凭证有(　　)。

A. 收款凭证　　B. 付款凭证

C. 转账凭证　　D. 原始凭证

❹ 收款凭证左上方的“借方科目”中可以填写的会计科目有(　　)。

A. 原材料　　B. 主营业务收入

C. 银行存款　　D. 库存现金

❺ 对于以下记账凭证填制的说法中，正确的包括(　　)。

A. 根据若干张同类原始凭证汇总填制

B. 根据每一张原始凭证填制

C. 根据原始凭证汇总表填制

D. 可以将若干张不同内容和类别的原始凭证汇总填制在一张记账凭证上

三、判断题

❶ 记账凭证和原始凭证同属于会计凭证，两者没什么差别。(　　)

❷ 专用记账凭证，是指各类会计经济业务共同使用的、统一格式的记账凭证。(　　)

❸ 将现金存入银行的经济业务，既要填制银行存款收款凭证，又要填制现金付款凭证。(　　)

❹ 记账凭证可以不连续编号，当月记账凭证的编号，可以在填写记账凭证的当日填写，也可以在装订记账凭证时或月末填写。(　　)

❺ 转账凭证属于记账凭证。(　　)

四、实训题

新巢家居有限责任公司 2023 年 8 月发生下列经济业务，请填制相关收付转凭证(图 3-2-9 至图 3-2-11)：

(1)5 日，上月从海南木业有限责任公司购进的木材运到，验收入材料库。应收木材 100 平方米，实收 100 平方米，单价为 15 元/平方米，共计 1 500 元。(转字第 4 号，附件 1 张，制单：陈芳芳)

(2)15 日，向海南新华有限责任公司销售固定沙发 20 套，增值税专用发票上注明价格 12 000 元，增值税税额 1 560 元，商品已发出，收到转账支票一张，连同进账单一起送存银行办理转账手续。(银收字第 15 号，附件 4 张，制单：刘雨玲)

(3)25 日，从海南红城有限公司购买面料(pu 革)800 米，增值税专用发票上注明价款 12 000 元，增值税税额 1 560 元，货款已通过银行存款支付，面料已验收入库。(银付字第 10 号，附件 4 张，制单：陈芳芳)

转账凭证

年 月 日 转字第 号

摘要	总账科目	明细科目	记账符号	借方金额										记账符号	贷方金额									
				千	百	十	万	千	百	十	元	角	分		千	百	十	万	千	百	十	元	角	分
合计																								

附单据 张

财务主管 记账 出纳 审核 制单

图 3-2-9 转账凭证(实训)

收款凭证

借方科目：________ 年 月 日 字第 号

摘要	贷方总账科目	明细科目	记账符号	金额									
				千	百	十	万	千	百	十	元	角	分
合计													

附单据 张

财务主管 记账 出纳 审核 制单

图 3-2-10 收款凭证(实训)

付款凭证

贷方科目：________ 年 月 日 字第 号

摘要	借方总账科目	明细科目	记账符号	金额									
				千	百	十	万	千	百	十	元	角	分
合计													

附单据 张

财务主管 记账 出纳 审核 制单

图 3-2-11 付款凭证(实训)

项目四

核算企业主要经济业务

学习目标

能力目标

1. 能正确核算企业筹集资金经济业务。
2. 能正确核算企业供应过程经济业务。
3. 能正确核算企业生产过程经济业务。
4. 能正确核算企业销售过程经济业务。
5. 能正确核算企业利润形成与分配经济业务。

知识目标

1. 熟悉企业主要经济业务核算的账户设置。
2. 掌握企业主要经济业务的账务处理方法。
3. 掌握材料采购成本的内容和计算。
4. 掌握产品生产成本的构成和计算。
5. 熟悉利润的构成和利润分配的顺序。

素质目标

1. 培养学生自主学习、团队沟通及合作的职业精神。
2. 培养学生专业、严谨、精细、诚信、守法的会计职业素养。

案例导入

新巢家居有限责任公司(公司简称:新巢家居)是一家专注于沙发生产,在沙发领域拥有丰富经验和卓越实力的公司。公司的主打产品是功能沙发和固定沙发,主要销往国外。公司设有行政部、财务部、采购部、生产部、销售部、仓管部等部门。公司财务部门设置有财务经理、总账会计、成本会计、出纳四个工作岗位。公司主要经济业务包括:通过投资者投入资本和借入资金方式筹集资金业务;采购企业生产所需要的各项材料物资的供应过程业务;生产功能沙发和固定沙发两种产品的生产过程业务;销售功能沙发和固定沙发产品的销售过程业务；计算并分配利润的利润形成与分配业务。如果你是新巢家居有限责任公司的会计人员，你会怎么对公司发生的主要经济业务进行核算呢？

任务一　资金筹集业务的核算

任务情境

新巢家居（增值税一般纳税人）2023 年 12 月发生如下资金筹集业务：

（1）12 月 1 日，收到长江投资有限公司投入资金 2 000 000 元，款项已经存入公司银行账户，其中作为注册资本金的份额为 1 200 000 元，并办理了增资手续。

（2）12 月 1 日，收到富江公司投入的机器设备 1 台，机器设备估计价值为 800 000 元。假定不考虑增值税。

（3）12 月 1 日，因公司运营需求，须紧急筹措流动资金，故向银行申请了为期 3 个月的短期借款，金额为 240 000 元。根据借款协议，该笔借款的年利率为 5%，利息按月计提，借款到期时，公司需要一次性偿还本金及所有应计利息。假定不考虑其他因素。

（4）12 月 1 日，从银行获得了一笔为期 3 年的长期借款，金额为 900 000 元。该笔款项已全额存入公司的银行账户。

任务布置

根据任务情境，完成新巢家居 2023 年 12 月资金筹集业务的账务处理。

知识准备

一、资金筹集业务核算的主要内容

企业在筹集资金时，主要依赖于两大渠道，一是接受投资者投入的资本；二是企业从银行或非银行金融机构、其他单位等债权人借入的资金。因此，资金筹集业务核算的主要内容包括：企业接受投资者投入资本的核算、企业向债权人借入资金的核算。

二、投入资本业务的核算

（一）投入资本的分类

投资者投入的资本是指企业实际收到的投资者的出资额，它是企业开展生产经营活动的基石，同时也是企业所有者权益的重要组成部分。

投入资本业务的核算

投入资本按投资主体的不同，可分为国家资本、法人资本、个人资本和外商资本。按投入资本的物质形态不同，可分为货币资产投资、非货币资产投资，其中非货币资产投资是采用原材料、库存商品、机器设备、房屋等实物资产出资或者用专利权、商标权、土地使用权等方式出资。对于以货币资金形式投入的资本，按照实际收到的货币资金的金额入账；而对于以非货币性资产形式投入的资本，则依据合同或协议中约定的价值入账。

(二)投入资本核算的账户设置

为了核算收到投资者投入的资本，企业需要设置“实收资本(或股本)”“资本公积”“银行存款”“固定资产”账户。

1.“实收资本(或股本)”账户

为核算企业投资者投入资本的增减变动及其结果，一般企业应设置“实收资本”账户，股份有限公司设置“股本”账户。

“实收资本(或股本)”账户，属于所有者权益类账户，用来核算企业的投资者按照企业章程、合同或协议的约定，实际投入企业的资本金，以及按照有关规定由资本公积、盈余公积等转增资本的资金。该账户的贷方登记实收资本或股本的增加数，核算收到投资者投入的实收资本(或股本)，借方登记实收资本或股本的减少数，核算按法定程序减少的注册资本数或减少的股本数额。期末余额表示企业实有的资本数额。该账户应按投资者设置明细账进行明细分类核算。

“实收资本(或股本)”账户的账户结构如图 4-1-1 所示。

借方　　　　实收资本/股本	贷方
按法定程序减少的注册资本数 或减少的股本数额	收到投资者投入的实收资本(或股本) (注册资本或股本中所占份额)
	期末余额：企业实有的资本数额

图 4-1-1　“实收资本(或股本)”账户结构

2.“资本公积”账户

“资本公积”账户是所有者权益类账户，用来核算企业收到投资者出资超过其在注册资本或股本中所占份额的部分，以及直接计入所有者权益的利得或损失。该账户的贷方登记资本公积的增加数，核算内容包括超过注册资本或股本中所占份额的部分和直接计入所有者权益的利得。借方登记资本公积的减少数，核算内容包括资本公积转增资本和直接计入所有者权益的损失。期末余额表示资本公积实际结存数。该账户应分别按“资本溢价”或“股本溢价”“其他资本公积”进行明细核算。

“资本公积”账户的账户结构如图 4-1-2 所示。

借方　　　　资本公积	贷方
①资本公积转增资本 ②直接计入所有者权益的损失	①超过注册资本或股本中所占份额部分 ②直接计入所有者权益的利得
	期末余额：资本公积实际结存数

图 4-1-2　“资本公积”账户结构

3.“银行存款”账户

“银行存款”账户属于资产类账户，用来核算企业存入银行或其他金融机构的各种款项。该账户的借方登记银行存款的增加，贷方登记银行存款的减少。期末余额在借方，反映企业存在银行或其他金融机构的各种款项的结存数。该账户应按开户银行及账号设置明细账进行明细分类核算。

“银行存款”账户的账户结构如图 4-1-3 所示。

借方　　银行存款	贷方
银行存款的增加	银行存款的减少
期末余额：企业存在银行或其他金融机构的各种款项的结存数	

图 4-1-3　“银行存款”账户结构

4.“固定资产”账户

“固定资产”账户属于资产类账户，用来核算企业持有的固定资产原价。该账户的借方登记企业增加的固定资产原始价值，贷方登记企业减少的固定资产原始价值。期末余额在借方，表示企业期末固定资产的原始价值。该账户应按固定资产的类别、使用部门和每项固定资产设置明细账，进行明细分类核算。

“固定资产”账户的账户结构如图 4-1-4 所示。

借方　　固定资产	贷方
企业增加的固定资产原始价值	企业减少的固定资产原始价值
期末余额：企业期末固定资产的原始价值	

图 4-1-4　“固定资产”账户结构

（三）投入资本业务的账务处理

企业接受投资者以货币资金投入的资本，应当以实际收到或者存入企业开户银行的金额，借记“银行存款”账户；企业接受的投入资本是非货币性资产投资的，比如固定资产、原材料、无形资产等非货币性资产，应按照双方合同、协议约定的价值或评估的价值（不公允的除外）确定非货币性资产的价值，借记“固定资产”“原材料”“无形资产”等账户；按投资合同或协议约定的投资者在企业注册资本或股本中所占份额的部分，贷记“实收资本”或“股本”账户，企业收到投资者投入的资本超过其在注册资本或股本中所占份额部分，作为资本溢价或股本溢价，贷记“资本公积——资本溢价（或股本溢价）”账户。

具体会计分录编制如下：

1.取得货币资金投资

借：银行存款

　　贷：实收资本/股本

　　　　资本公积——资本溢价（或股本溢价）

2.取得非货币性资产投资

借：固定资产/原材料/无形资产等

　　贷：实收资本/股本

　　　　资本公积——资本溢价（或股本溢价）

三、借入资金的核算

（一）借入资金的种类

借入资金业务的核算

企业在生产经营过程中，经常需要向银行等金融机构借款以弥补经营资金的不足。企业借入的资金按照借款偿还期限的长短，可以分为短期借款和长期借款。短期借款是指借款期限在 1 年以内（含 1 年）的各种借款，其用途是为了满足企业生产经营临时周转需要，如购买材料、偿付债务等。长期借款是指借款期限大于 1 年的借款，其用途是为了满足企业进行固定资产购建的需要或者为了保持企业的长期经营能力，如购买设备、建造厂房等。

（二）借入资金的账户设置

为了反映和核算企业借入资金业务，企业应设置“短期借款”“长期借款”“应付利息”“财务费用”等账户。

1.“短期借款”账户

“短期借款”账户属于负债类账户，用来核算企业向银行或其他金融机构借入的偿还期限在一年以内（含一年）的各种借款。该账户的贷方登记取得短期借款本金的金额，借方登记偿还短期借款的本金金额。期末余额在贷方，表示企业尚未归还的短期借款的本金。本账户可按借款种类、贷款人和币种设置明细账户，进行明细分类核算。

“短期借款”账户的账户结构如图 4-1-5 所示。

借方　　　　　　　　短期借款	贷方
偿还短期借款的本金金额	取得短期借款本金的金额
	期末余额： 企业尚未偿还的短期借款的本金

图 4-1-5　“短期借款”账户结构

2.“长期借款”账户

“长期借款”账户属于负债类账户，用来核算企业借入的期限在一年以上（不含一年）的各项借款，反映各项长期借款本金和利息的增减变动和余额。该账户的贷方登记企业借入的各种长期借款的本金和利息，借方登记归还的长期借款本金和利息。期末余额在贷方，表示企业尚未归还的长期借款的本金和利息。该账户应按贷款单位、贷款种类设置明细账户，进行明细分类核算。

“长期借款”账户的账户结构如图 4-1-6 所示。

借方　　　　　　　　长期借款	贷方
归还的长期借款本金和利息	企业借入的各种长期借款的本金和利息
	期末余额： 企业尚未归还的长期借款的本金和利息

图 4-1-6　“长期借款”账户结构

3.“应付利息”账户

“应付利息”属于负债类账户，用来核算企业按照合同约定应支付的利息。该账户贷方登记按合同利率计算确定的应付未付利息，借方登记实际支付的利息。期末余额在贷方，反映企业应付未付的利息。该账户一般应按照债权人设置明细账户，进行明细分类核算。

“应付利息”账户的账户结构如图 4-1-7 所示。

借方	应付利息　　　　贷方
实际支付的利息	按合同利率计算确定的应付未付利息
	期末余额： 企业应付未付的利息

图 4-1-7　“应付利息”账户结构

4.“财务费用”账户

“财务费用”账户属于损益类账户，用来核算企业为筹集生产经营所需资金等而发生的各种筹资费用，包括利息支出（减利息收入）、汇兑损失（减汇兑收益）以及相关的手续费等。该账户的借方登记企业发生的各项财务费用，贷方登记期末转入“本年利润”账户的结转数。期末结转后，该账户无余额。该账户应按费用项目进行明细分类核算。

“财务费用”账户的账户结构如图 4-1-8 所示。

借方	财务费用　　　　贷方
企业发生的各项财务费用	期末转入“本年利润”账户的结转数
期末结转后该账户无余额	

图 4-1-8　“财务费用”账户结构

（三）借入资金的账务处理

1. 短期借款的账务处理

（1）取得短期借款

企业取得各种短期借款时，应将实际收到的金额借记“银行存款”账户，贷记“短期借款”账户。具体会计分录编制如下：

借：银行存款

　　贷：短期借款

（2）计提短期借款利息

企业借入的短期借款产生的利息支出，属于企业为了筹集资金而发生的一项筹资费用，在利息支出发生的时候一般作为期间费用（财务费用）进行确认。例如短期借款利息按月计提，季度支付或到期一次偿还本金和利息情况下，企业应当在每个月的资产负债表日按照计算确定的短期借款利息费用，借记“财务费用”账户，贷记“应付利息”账户。具体会计分录编制如下：

借：财务费用

　　贷：应付利息

（3）支付利息

企业支付之前计提的利息时，按已计提的利息金额，借记“应付利息”账户，贷记“银行存款”账户。具体会计分录编制如下：

借：应付利息

　　贷：银行存款

企业支付当期利息（尚未计提的利息）或利息数额不大，借款到期随同本金一起偿还时，按实际支付的利息金额，借记“财务费用”账户，贷记“银行存款”账户。具体会计分录编制如下：

借：财务费用

　贷：银行存款

(4)归还短期借款本金

企业取得的各种短期借款到期时，应及时归还。到期归还短期借款本金，应借记“短期借款”账户，贷记“银行存款”账户。具体会计分录编制如下：

借：短期借款

　贷：银行存款

2. 长期借款的账务处理

(1)取得长期借款

企业取得各种长期借款时，应将实际收到的金额借记“银行存款”账户，按借款本金贷记“长期借款——本金”账户。若存在差额，还应借记“长期借款——利息调整”账户。当长期借款本金等于实际收到的金额，会计分录编制如下：

借：银行存款

　贷：长期借款

(2)计提长期借款利息

企业借入的长期借款，在资产负债表日应当确定长期借款的利息费用。根据长期借款的不同用途做出相应的会计处理。若长期借款是用于构建固定资产等项目，在所构建固定资产达到预定可使用状态之前，应将发生的利息费用计入固定资产的价值中，也称为借款费用的资本化，借记“在建工程”等账户；若借款费用的发生是在所构建固定资产达到预定可使用状态之后或用于企业生产经营活动需要，借记“财务费用”账户，若属于分期付息，到期还本方式的，应按确定的应付未付利息，贷记“应付利息”账户。

因此，计提利息(分期付息，到期还本)时，应编制的会计分录如下：

借：在建工程、财务费用等

　贷：应付利息

(3)支付利息

企业支付之前计提利息(分期付息，到期还本)时，按已计提的利息金额，借记“应付利息”账户，贷记“银行存款”账户。具体会计分录编制如下：

借：应付利息

　贷：银行存款

(4)归还长期借款本金

企业归还长期借款时，借记“长期借款”账户，贷记“银行存款”账户。具体会计分录编制如下：

借：长期借款

　贷：银行存款

任务实施

投入资本的核算：

(1)12 月 1 日，收到长江投资有限公司投入资金 2 000 000 元，分析如下：

这是一笔增加资本的业务。这项经济业务的发生，将引起资产要素和所有者权益要素发生变化，涉及“银行存款”“实收资本”和“资本公积”这三个账户。这项经济业务一方面使新巢家居的银行存款增加了 2 000 000 元，银行存款属于资产类账户，银行存款增加应记入“银行存款”账户的借方；另一方面导致新巢家居的所有者权益增加 2 000 000 元，应记入“实收资本”账户的贷方 1 200 000 元，“资本公积”账户的贷方 800 000 元。

根据以上分析，编制的会计分录如下：

借：银行存款　　2 000 000

　　贷：实收资本——长江投资有限公司　　1 200 000

　　　　资本公积——资本溢价　　800 000

(2)12 月 1 日，收到富江公司投入的机器设备 1 台，分析如下：

这是一笔接受投资的业务。这项经济业务的发生，将引起资产要素和所有者权益要素发生变化。这项经济业务涉及“固定资产”和“实收资本”这两个账户。一方面新巢家居的固定资产增加了 800 000 元，固定资产属于资产类账户，固定资产的增加应记入“固定资产”账户的借方；另一方面新巢家居的实收资本增加了 800 000 元，实收资本属于所有者权益类的账户，实收资本增加应记在“实收资本”账户的贷方。

根据前面的分析，编制的会计分录如下：

借：固定资产——机器设备　　800 000

　　贷：实收资本——富江公司　　800 000

借入资金的核算：

(3)2023 年 12 月 1 日，向银行申请了为期 3 个月的短期借款，金额为 240 000 元。该笔借款的年利率为 5%，利息按月计提，到期一次偿还本金和利息。

①2023 年 12 月 1 日取得短期借款时：

这是一笔从银行借入短期借款的业务。这笔经济业务的发生会引起资产和负债两个会计要素发生变化，涉及“银行存款”和“短期借款”这两个账户。新巢家居取得短期借款时，一方面公司的银行存款增加 240 000 元，银行存款属于资产类账户，增加应记在“银行存款”账户的借方；另一方面，公司的短期借款增加 240 000 元，短期借款属于负债类账户，增加应记在“短期借款”账户的贷方。

因此，取得短期借款时，应编制的会计分录如下：

借：银行存款　　240 000

　　贷：短期借款　　240 000

②12 月末，计提 12 月份应付利息时：

这是一笔计提利息的业务。这笔经济业务的发生会引起费用和负债两个会计要素发生变化，涉及“财务费用”和“应付利息”这两个账户。一方面公司的财务费用增加了 1 000 元(240 000×5%÷12)，应记入“财务费用”账户的借方；另一方面公司的应付利息增加了

1 000 元，应记入“应付利息”账户的贷方。

因此，编制的会计分录如下：

借：财务费用　　1 000

　　贷：应付利息　　1 000

2024 年 1 月末和 2 月末计提该月利息费用的会计处理与 2023 年 12 月相同。

③2024 年 3 月 1 日偿还银行短期借款本金和利息时：

这笔业务一方面会使公司的短期借款减少了 240 000 元，短期借款属于负债类账户，减少应记入“短期借款”账户的借方，会使公司的应付利息减少了 3 000 元，应付利息属于负债类账户，减少应记入“应付利息”账户的借方；另一方面使公司的银行存款减少了 243 000 元，银行存款属于资产类账户，减少应记入“银行存款”账户的贷方。

因此，应编制的会计分录如下：

借：短期借款　　240 000

　　应付利息　　3 000

　　贷：银行存款　　243 000

(4)2023 年 12 月 1 日取得长期借款。

公司取得长期借款时，将引起资产和负债两个会计要素发生变化，涉及“银行存款”和“长期借款”这两个账户。一方面公司的银行存款总额增加了 900 000 元，银行存款属于资产类账户，增加应记入“银行存款”账户的借方；另一方面公司的长期借款增加了 900 000 元，长期借款属于负债类账户，增加应记入“长期借款”账户的贷方。

因此，应编制的会计分录如下：

借：银行存款　　900 000

　　贷：长期借款　　900 000

德育园地

绿色债券发行与社会责任

某公司计划发行绿色债券，以筹集资金用于可再生能源项目的投资。绿色债券是一种特殊的债务工具，其募集资金主要用于支持环境保护和可持续发展的项目。该公司希望通过发行绿色债券，既实现资金筹集目标，又展示其社会责任和环保承诺。

企业发行绿色债券有助于推动环保和可持续发展事业的发展，有助于企业提升自身形象，提高竞争力。因此，企业可以积极地探索绿色债券的发行和应用，为绿色产业的发展贡献更多的力量。

任务小结

资金筹集业务核算的主要内容包括企业接受投资者投入资本的核算和企业向债权人借入资金的核算。企业接受投资者投入资本形成了企业的所有者权益；企业向债权人借入资金形成了企业的负债。

投入资本业务的核算主要阐述了投入资本的分类、账户设置和账务处理。投资者投入的资本是指企业实际收到的投资者的出资额。按投入资本的物质形态不同，可分为货币资产投资、非货币资产投资。企业为核算收到投资者投入的资本，需要设置"实收资本(或股本)""资本公积""银行存款""固定资产"等账户。

借入资金的核算主要阐述了借入资金的种类、账户设置和账务处理。企业借入的资金按照借款偿还期限的长短，可以分为短期借款和长期借款。短期借款是指借款期限在1年以内(含1年)的各种借款。长期借款是指借款期限大于1年的借款。为了反映和核算企业借入资金业务，企业应设置"短期借款""长期借款""应付利息""财务费用"等账户。借入资金的账务处理介绍了短期借款的账务处理和长期借款的账务处理，具体内容包括取得借款、计提利息、支付利息和归还本金的账务处理。

任务考核

一、单项选择题

❶ "实收资本(或股本)"账户，属于企业的(　　)账户。

A. 资产类　　B. 负债类　　C. 所有者权益类　　D. 损益类

❷ 鸿海公司接受宏图公司投入的货币资金80 000元，款项已存入银行(假定不产生资本溢价)，则鸿海公司应编制的会计分录是(　　)。

A. 借：银行存款　80 000
　　贷：短期借款　　80 000

B. 借：银行存款　80 000
　　贷：长期借款　　80 000

C. 借：银行存款　80 000
　　贷：实收资本　　80 000

D. 借：实收资本　80 000
　　贷：银行存款　　80 000

❸ 短期借款的期限通常在(　　)。

A. 一年以上　　B. 一年以下(含一年)

C. 一个经营周期以内　　D. 一个经营周期以上

❹ 2023年8月1日，东方公司向工商银行借入资金500 000元，借款期限为2年，年利率为6%，借款已存入公司银行账户。东方公司借入款项时应编制的会计分录为(　　)。

A. 借：银行存款　500 000
　　贷：长期借款　　500 000

B. 借：长期借款　500 000
　　贷：银行存款　　500 000

C. 借：短期借款　500 000
　　贷：银行存款　　500 000

D. 借：银行存款　500 000
　　贷：短期借款　　500 000

❺ 企业到期偿还长期借款时，应该借记(　　)账户。

A. 银行存款　　B. 长期借款　　C. 短期借款　　D. 应付账款

二、多项选择题

❶ 下列选项经济业务中，属于资金筹集业务的有(　　)。

A. 领用原材料　　B. 接受投资者投资

C. 向金融机构借款　　D. 购买办公用品

❷ 按照投资主体不同，投入资本一般可分为(　　)。

A. 国家投入资本　　B. 法人投入资本

C. 个人投入资本　　D. 外商投入资本

❸ 东盛有限责任公司，由甲、乙两位投资者各投入资金 2 000 000 元共同创立。为扩大经营规模及满足业务发展需求，该公司决定将注册资本由 4 000 000 元增加到 5 000 000 元。丙公司以现金形式投入 2 000 000 元，并因此持有该公司 20%的注册资本。在不考虑其他潜在影响因素的前提下，东盛公司接受丙公司出资相关科目的会计处理结果正确的有(　　)。

A. 贷记“实收资本”科目 2 000 000 元　　B. 贷记“盈余公积”科目 200 000 元

C. 贷记“资本公积”科目 1 000 000 元　　D. 借记“银行存款”科目 2 000 000 元

❹ 月末，某企业计提短期借款利息的会计处理正确的有(　　)。

A. 借记“财务费用”科目　　B. 借记“制造费用”科目

C. 贷记“应付账款”科目　　D. 贷记“应付利息”科目

❺ 2023 年 7 月 1 日，宏升公司从农业银行借入期限为 6 个月，年利率为 6%的借款 2 000 000 元，借款利息按月计提，到期还本付息。2024 年 1 月 1 日借款到期，宏升公司按时归还本金和支付借款利息。下面编制的相关会计分录中，正确的有(　　)。

A. 借：短期借款　　2 000 000
　　贷：银行存款　　2 000 000

B. 借：应付利息　　60 000
　　贷：银行存款　　60 000

C. 借：财务费用　　10 000
　　贷：应付利息　　10 000

D. 借：银行存款　　2 000 000
　　贷：短期借款　　2 000 000

三、判断题

❶ 为核算企业投资者投入资本的增减变动及其结果，一般企业应设置“实收资本”账户，股份有限公司设置“股本”账户。(　　)

❷ 企业收到投资者超过其在注册资本或股本中所占份额的部分，其差额应作为资本溢价或股本溢价，记入“盈余公积”账户。(　　)

❸ 投资者投入固定资产的成本，应当按照投资合同或协议约定的价值确定，但合同或协议约定价值不公允的除外。(　　)

❹ “短期借款”账户借方登记短期借款本金的增加额，贷方登记短期借款本金的减少额。期末余额在借方，反映企业期末尚未归还的短期借款。(　　)

❺ 短期借款的利息可以预提，也可以在实际支付时直接记入当期损益。(　　)

四、实训题

蓝天公司 2023 年 1 月发生如下经济业务：

(1)1 日，收到甲公司投入的货币资金 500 000 元，所得投资款已存入银行。

(2)5 日，收到乙公司作为资本投入的 A 材料一批，投资协议约定价值为 220 000 元。

(3)8 日，收到丙公司作为资本投入的机器设备一台，双方协商价为 800 000 元。

(4)10 日，收到丁公司投入的土地使用权，双方协商以 300 000 元作为投入资本入账。

(5)12 日，从中国银行借入一笔期限为 6 个月的借款 600 000 元，借款已收存银行。

借款年利率为5%。

(6)20日，以银行存款偿还以前月份借入的短期借款200 000元。

(7)22日，收到戊公司投入货币资金100 000元，存入银行。投资合同规定，戊公司享有的权益为90 000元，其余作为资本公积处理。

(8)25日，向工商银行借入一笔期限为3年的借款，借款金额为500 000元。该笔借款的年利率为6%，所得款项已收存银行。

(9)30日，经批准将企业的资本公积100 000元转增注册资本。

(10)31日，计提本月银行借款利息2 500元。

要求：根据上述资料编制相关会计分录。

任务二　供应过程业务的核算

任务情境

新巢家居(增值税一般纳税人)2023年12月发生如下采购业务：

(1)12月3日，从东华公司购入原料pu革面料16 000米，每米15元，取得的增值税专用发票上注明买价为240 000元，增值税税额为31 200元。pu革面料已运到企业并验收入库，款项尚未支付。

(2)12月8日，从凤翔公司购入棉原料5 000千克，单价为10元/千克，取得的增值税专用发票上注明买价为50 000元，增值税税额为6 500元。棉原料已运到企业并验收入库，新巢家居开出、承兑商业汇票，面值为56 500元，用于支付这笔货款。

(3)12月10日，从南海公司购入原料呼吸革面料9 000米，每米18元，买价为162 000元，增值税进项税额为21 060元，运费为9 000元，增值税税额为810元，款项已通过银行存款支付，呼吸革面料尚未验收入库。

(4)12月18日，向南海公司采购的呼吸革面料9 000米验收入库。

(5)12月20日，为购入铁件材料向宏光公司预付货款40 000元，款项以银行存款支付。

(6)12月25日，收到向宏光公司购买的铁件材料300件，单价为150元/件，共计45 000元，增值税进项税额5 850元。

(7)12月26日，用银行存款补付余款和增值税10 850元。

(8)12月27日，向东华公司购入原料呼吸革面料2 000米，每米18元，取得的增值税专用发票上注明买价为36 000元，增值税税额为4 680元，购入原料pu革面料1 000米，每米14元，取得的增值税专用发票上注明买价为14 000元，增值税税额为1 820元。购入呼吸革面料、pu革面料两种原料的运费为3 000元，增值税税额为270元。所有款项已通过银行存款支付，呼吸革面料、pu革面料两种原料已验收入库。(假设运费以所购材料的数量为标准进行分摊)

任务布置

根据任务情境，完成新巢家居 2023 年 12 月材料采购成本的计算和采购业务的账务处理。

知识准备

一、供应过程业务核算的主要内容

供应过程是企业生产经营过程的第一阶段，其主要任务是采购企业生产所需要的各项材料物资。企业在材料采购过程中，一方面要从购货单位购进各种材料物资，形成生产储备；另一方面要向材料供应商支付材料的买价、采购费用和增值税，与供应单位发生结算关系。

因此，供应过程业务核算的主要内容包括材料物资采购成本的确定、与供货单位办理价款结算、将材料物资验收入库形成物资储备。

二、供应过程业务核算的账户设置

材料采购的账户设置

为了核算供应过程中材料采购的发生、与供应单位的货款结算以及库存材料储备的形成情况，企业应设置“在途物资”“原材料”“应交税费”“应交税费——应交增值税”“应付账款”“应付票据”“预付账款”等账户。

1.“在途物资”账户

“在途物资”账户属于资产类账户，用来核算企业采用实际成本进行材料日常核算时，材料已采购但尚未到达或验收入库的材料的采购成本。该账户的借方登记在途材料的采购成本（包括买价和采购费用等），贷方登记入库材料的实际成本。期末余额在借方，反映在途未入库的材料成本。该账户可按供应单位和物资品种设置明细分类账。

“在途物资”账户的账户结构如图 4-2-1 所示。

借方　　　在途物资	贷方
在途材料的采购成本 （买价、采购费用等）	入库材料的实际成本
期末余额：在途未入库的材料成本	

图 4-2-1　“在途物资”账户结构

2.“原材料”账户

“原材料”账户属于资产类账户，用来核算企业库存的各种材料的收入、发出、结存的实际成本或计划成本。该账户的借方登记的是入库材料的成本，贷方登记的是发出材料的成本。期末余额在借方，反映库存材料成本。该账户可按材料的类别、品种、规格设置明细账户，进行明细核算。

“原材料”账户的账户结构如图 4-2-2 所示。

借方	原材料　　　　　　　　　　　　　　贷方
入库材料的成本	发出材料的成本
期末余额：库存材料成本	

图 4-2-2　“原材料”账户结构

3.“应交税费”账户

为了核算各种税费的应交、交纳等情况，企业应设置“应交税费”账户。“应交税费”账户属于负债类账户，用来核算企业应当依法缴纳的各项税费。该账户贷方登记应交纳的各种税费，如增值税、消费税、所得税、城市维护建设税及教育费附加等，借方登记实际交纳的税费。期末余额一般在贷方，反映企业尚未交纳的税费，期末余额如在借方，反映企业多交或尚未抵扣的税费。本账户按应交税费项目设置明细账户进行明细核算。

“应交税费”账户的账户结构如图 4-2-3 所示。

借方	应交税费　　　　　　　　　　　　　　贷方
实际交纳的税费	交纳的各种税费，如增值税、消费税、所得税、城市维护建设税及教育费附加等
期末余额：企业多交或尚未抵扣的税费	期末余额：企业尚未交纳的税费

图 4-2-3　“应交税费”账户结构

4.“应交税费——应交增值税”账户

“应交税费——应交增值税”账户属于负债类账户，用来核算企业应交和实交增值税等结算情况。该账户的贷方登记企业销售货物或提供应税劳务应交纳的增值税的销项税额，借方登记企业购进货物或接受应税劳务支付的增值税的进项税额和实际已交纳的增值税。期末余额若在贷方，表示企业尚未交纳的增值税，若在借方，表示企业多上交或尚未抵扣的增值税。该账户按照进项税额、销项税额等设置明细账。

“应交税费——应交增值税”账户的账户结构如图 4-2-4 所示。

借方	应交税费——应交增值税　　　　　　　　贷方
①增值税的进项税额； ②实际已交纳的增值税	增值税的销项税额
期末余额：多上交或尚未抵扣的增值税	期末余额：企业尚未交纳的增值税

图 4-2-4　“应交税费——应交增值税”账户结构

5.“应付账款”账户

“应付账款”账户属于负债类账户，用来核算企业因购买材料、商品或接受劳务供应等应付给供应单位的款项。该账户的贷方登记因购买材料、商品和接受劳务等应付账款的增加额，借方登记已偿付的应付账款的减少额。期末余额在贷方，反映企业尚未支付的应付账款余额。该账户可按债权人设置明细账户，进行明细核算。

“应付账款”账户的账户结构如图 4-2-5 所示。

借方	应付账款　　　　　　　　　　　　　　贷方
已偿付的应付账款的减少额	因购买材料、商品和接受劳务等应付账款的增加额
	期末余额：企业尚未支付的应付账款余额

图 4-2-5　“应付账款”账户结构

6.“应付票据”账户

“应付票据”账户属于负债类账户，用来核算企业购买材料、商品和接受劳务供应等开出、承兑的商业汇票，包括商业承兑汇票和银行承兑汇票。该账户贷方登记开出、承兑汇票的面值，借方登记支付票据的金额。期末余额一般在贷方，反映企业尚未到期的商业汇票的票面金额。该账户可按债权人进行明细核算。

“应付票据”账户的账户结构如图 4-2-6 所示。

借方	应付票据　　　　贷方
支付票据的金额	开出、承兑汇票的面值
	期末余额：企业尚未到期的商业汇票的票面金额

图 4-2-6　“应付票据”账户结构

7.“预付账款”账户

“预付账款”账户属于资产类账户，用来核算企业按照合同规定预付的款项，如预付的材料，可以反映和监督预付账款的增减变动及其结存情况。该账户的借方登记预付的款项及补付的款项，贷方登记收到所购物资时根据有关发票账单记入“原材料”等账户的金额及收回多付款项的金额。期末余额在借方，反映企业实际预付的款项；如果期末余额在贷方，则反映企业应付或应补付的款项。本账户可按供货单位设置明细账户，进行明细分类核算。另外，预付款项情况不多的企业，可以不设置“预付账款”账户，而将预付的款项通过“应付账款”账户核算。

“预付账款”账户的账户结构如图 4-2-7 所示。

借方	预付账款　　　　贷方
预付的款项及补付的款项	收到所购物资时根据有关发票账单记入“原材料”等账户的金额及收回多付款项的金额
期末余额：企业实际预付的款项	期末余额：企业应付或应补付的款项

图 4-2-7　“预付账款”账户结构

三、采购成本的计算

（一）采购成本的内容

材料采购成本的计算与核算

材料的采购成本是指企业从材料采购到入库前所发生的全部合理的、必要的支出。具体内容由购买价款、相关税费、采购费用构成。

购买价款，是指企业购入材料的发票账单上列明的价款，但不包括按照规定可以抵扣的增值税进项税额。

相关税费是指企业购买材料发生的进口关税、消费税、资源税和不能抵扣的增值税进项税额及相应的教育费附加等应计入材料采购成本的税费。

采购费用，主要包括运输费、保险费、装卸费、仓储费、包装费、运输途中的合理损耗、入库前的挑选整理费用和其他费用。其中，运输途中的合理损耗，是指材料在运输过程中所发生的自然的或不可避免的损耗。

(二)材料采购成本的计算

企业采购材料,可能是一次性采购一种材料,或者是一次性采购多种材料。材料采购成本的计算就是要计算出每种材料的采购总成本和单位成本。下面对这两种情况的材料采购成本的计算进行说明。

1. 一次采购一种材料

对于企业一次采购一种材料,采购材料所发生的采购费用是专门为采购该种材料而发生的,是可以直接计入该种材料的采购成本。具体公式如下:

某种材料采购成本=材料买价+相关税费+采购费用

2. 一次采购多种材料

对于企业一次采购多种材料的,若所发生的采购费用能分清具体负担对象的,则直接计入各种材料的采购成本;若所发生的采购费用是不能分清具体负担对象的,需要多种材料共同负担的,企业应当选择合理的分配方法,将其分配计入各种材料的采购成本。材料采购费用的分配标准可以是材料的重量、买价、体积等。具体计算公式如下:

采购费用分配率=采购费用总额÷各种材料的重量(或买价、体积)之和

某种材料应负担的采购费用=该种材料的重量(或买价、体积)×采购费用分配率

某种材料的实际采购成本=该种材料的买价+相关税费+应负担的采购费用

在计算某种材料的实际采购总成本后,就可以计算出该种材料的单位成本,具体计算公式如下:

材料单位成本=材料采购总成本÷采购材料的数量或者重量

四、供应过程业务的账务处理

1. 材料已验收入库,单货同到

材料采购业务的核算

对于单货同到(发票账单与原材料同时到达)业务,企业在材料验收入库后,应根据结算凭证、发票账单和收料单等确定的材料成本,借记"原材料"账户;根据取得的增值税专用发票上注明的可抵扣增值税进项税额,借记"应交税费——应交增值税(进项税额)"账户;按照款项结算方式贷记相关账户,若款项已付,则贷记"银行存款"账户;若款项尚未支付,则贷记"应付账款"账户;若开出商业汇票支付,则贷记"应付票据"账户。具体会计分录编制如下:

借:原材料
　　应交税费——应交增值税(进项税额)
　　贷:银行存款(款项已付)
　　　　应付账款(款项未付)
　　　　应付票据(开出商业汇票)等

2. 材料尚未验收入库,单到货未到

对于单到货未到(发票账单已经到达,原材料还没有到)业务,企业应根据结算凭证、发票账单等单据,借记"在途物资"账户;按可以抵扣的增值税进项税额,借记"应交税费——应交增值税(进项税额)"账户;按照实际支付或应支付的货款,贷记"银行存款""应

付账款”“应付票据”“预付账款”等账户；待材料到达并验收入库后，再根据收料单，借记“原材料”账户，贷记“在途物资”账户。具体会计分录编制如下：

(1)货未到，已办理结算手续：

借：在途物资

　　应交税费——应交增值税(进项税额)

　　贷：银行存款(款项已付)

　　　　应付账款(款项未付)

　　　　应付票据(开出商业汇票)

　　　　预付账款(款项预付)等

(2)材料验收入库：

借：原材料

　　贷：在途物资

3. 预付货款方式购买材料

企业采用预付货款方式购买材料的，按照企业实际预付货款的金额，借记“预付账款”账户，贷记“银行存款”账户。当之前预付货款的材料到达，企业将材料验收入库后，应根据发票账单上列明的价款借记“原材料”账户；根据取得的增值税专用发票上注明的可抵扣增值税进项税额，借记“应交税费——应交增值税(进项税额)”账户；按发票账单上注明的应付金额，贷记“预付账款”账户。当之前预付货款的金额不足时，企业应补付货款，按实际补付的金额，借记“预付账款”账户，贷记“银行存款”账户。当企业之前预付货款的金额超过应支付的金额时，对方单位应退回多付货款，企业收到退回的多付货款时，借记“银行存款”账户，贷记“预付账款”账户。

具体会计分录编制如下：

(1)预付、补付货款：

借：预付账款

　　贷：银行存款

(2)购买材料，验收入库：

借：原材料

　　应交税费——应交增值税(进项税额)

　　贷：预付账款

(3)退回多付货款：

借：银行存款

　　贷：预付账款

任务实施

(1)12 月 3 日，购入原料 pu 革面料，材料已运到企业并验收入库，货款尚未支付。

这是一笔材料已验收入库，单货同到业务。这笔经济业务涉及“原材料”“应交税费——应交增值税(进项税额)”“应付账款”这三个账户。这笔经济业务的发生，一方面会使原材料(pu 革面料)增加 240 000 元，应记入“原材料——pu 革面料”账户的借方，新巢家居是增值税一般纳税人，对于增值税一般纳税人的企业，购进材料，缴纳的增值税税额31 200元，作为进项税额，可以从销项税额中抵扣，应记入“应交税费——应交增值税（进项税额）”账户的借方。另一方面增加应付账款，应支付的金额等于271 200元（原材料的买价240 000元加上增值税税额31 200元），应付账款账户属于负债类账户，增加应记入“应付账款”账户的贷方。

因此，购入材料，材料已验收入库，货款尚未支付时，应编制的会计分录如下：

借：原材料——pu革面料　　240 000
　　应交税费——应交增值税（进项税额）　　31 200
　　贷：应付账款——东华公司　　271 200

（2）12月8日，购入棉原料，材料已运到企业并验收入库，新巢家居开出、承兑商业汇票。

这笔经济业务一方面导致“原材料——棉”增加50 000元，原材料属于资产类，增加应记入“原材料——棉”账户的借方，“应交税费——应交增值税（进项税额）”增加6 500元，进项税额应记入“应交税费——应交增值税（进项税额）”账户的借方。另一方面导致应付票据增加56 500元，应付票据属于负债类，增加应记入“应付票据”账户的贷方。因此，应编制的会计分录如下：

借：原材料——棉　　50 000
　　应交税费——应交增值税（进项税额）　　6 500
　　贷：应付票据——凤翔公司　　56 500

（3）12月10日，从南海公司购入原料呼吸革面料，货款及运费已通过银行存款支付，材料尚未验收入库。

这是一笔材料尚未验收入库，单到货未到业务。这笔经济业务涉及“在途物资”“应交税费”“银行存款”三个账户。这笔经济业务一方面导致“在途物资——呼吸革面料”增加了171 000元（买价162 000元加上运费9 000元），在途物资属于资产类，增加应记入“在途物资——呼吸革面料”账户的借方，“应交税费——应交增值税（进项税额）”增加21 870元，进项税额应记入“应交税费——应交增值税（进项税额）”账户的借方。另一方面导致银行存款减少192 870元，银行存款属于资产类账户，减少应记入“银行存款”账户的贷方。

因此，应编制的会计分录如下：

借：在途物资——呼吸革面料　　171 000
　　应交税费——应交增值税（进项税额）　　21 870
　　贷：银行存款　　192 870

（4）12月18日，向南海公司采购的呼吸革面料9 000米验收入库。

这是一笔材料验收入库的业务。这笔经济业务涉及“在途物资”和“原材料”账户。该项经济业务一方面会导致“在途物资”减少171 000元，“在途物资”属于资产类账户，减少应记入“在途物资”账户的贷方；另一方面会导致公司的“原材料——呼吸革面料”增加171 000元，原材料属于资产类账户，增加应记入“原材料——呼吸革面料”的借方。

因此，应编制的会计分录如下：

借：原材料——呼吸革面料　　171 000

贷:在途物资——呼吸革面料　　171 000

(5)12 月 20 日,为购入铁件材料向宏光公司预付货款 40 000 元,款项以银行存款支付。

这是一笔预付货款的业务。这笔经济业务的发生,一方面会导致公司的预付账款增加 40 000 元,预付账款账户属于资产类账户,增加应记入"预付账款"账户的借方;另一方面会导致公司的银行存款减少 40 000 元,银行存款账户属于资产类账户,减少应记入"银行存款"账户的贷方。

因此,应编制的会计分录如下:

借:预付账款——宏光公司　　40 000

　贷:银行存款　　40 000

(6)12 月 25 日,收到向宏光公司购买的铁件材料。

这是一笔属于采购材料的业务。这笔经济业务的发生,一方面会导致公司的原材料增加了 45 000 元,原材料属于资产类,增加应记入"原材料"账户的借方,同时发生的增值税进项税额 5 850 元,进项税额可以从销项税额中抵扣,因此应记入"应交税费——应交增值税(进项税额)"的借方;另一方面,会引起公司的预付账款减少 50 850 元,预付账款账户属于资产类账户,减少应记入"预付账款"账户的贷方。

所以,应编制的会计分录如下:

借:原材料——铁件　　45 000

　应交税费——应交增值税(进项税额)　　5 850

　贷:预付账款——宏光公司　　50 850

(7)12 月 26 日,用银行存款补付余款和增值税 10 850 元。

这是一笔属于补付货款的业务。这笔经济业务的发生,一方面会引起公司的预付账款增加了 10 850 元,预付账款账户属于资产类账户,增加应记入"预付账款"账户的借方;另一方面会使公司的银行存款减少 10 850 元,银行存款账户属于资产类账户,减少应记入"银行存款"账户的贷方。

因此,应编制的会计分录如下:

借:预付账款——宏光公司　　10 850

　贷:银行存款　　10 850

(8)12 月 27 日,向东华公司购入原料呼吸革面料和原料 pu 革面料。所有款项已通过银行存款支付,两种原料已验收入库。(假设运费按所购材料的数量为标准来进行分摊)

这是一笔材料已验收入库,单货同到的业务。这笔经济业务的发生,一方面会使公司的原料呼吸革面料和原料 pu 革面料增加,原材料增加的金额等于购买原料的价格加上应负担的运费。采购材料涉及的增值税进项税,属于"应交税费——应交增值税(进项税额)"账户。"应交税费——应交增值税(进项税额)"准予从销项税额中抵扣的增值税,它是负债类的备抵账户,进项税额的增加,意味着以后应交税费的减少,因此应记入"应交税费——应交增值税(进项税额)"账户的借方;增值税金额等于 6 770 元(购入原料呼吸革面料的增值税税额 4 680 元加上购入原料 pu 革面料的增值税税额 1 820 元加上运费的增值税税额为 270 元)。另一方面,这项业务会使得公司的银行存款减少,银行存款属于资产类账户,减少应记入"银行存款"账户的贷方。

公司采购原料呼吸革面料和原料 pu 革面料两种材料所发生的运费为 3 000 元，这是公司购入这两种原料所发生的共同采购费用，是不能分清具体负担对象的，需要按照分配标准的要求“本例中的运费按所购材料的数量为标准来进行分摊”，按照材料的数量进行分配，将运费分别记入呼吸革面料、pu 革面料两种原料的采购成本中去。具体计算过程如下：

①材料采购成本的计算

第一步，计算采购费用的分配率

运费分配率＝3 000÷（2 000＋1 000）＝1（元/米）

第二步，计算呼吸革面料材料和 pu 革面料材料应负担的运费

呼吸革面料材料应分配的运费＝1×2 000＝2 000（元）

pu 革面料材料应分配的运费＝1×1 000＝1 000（元）

第三步，计算材料的采购成本。

呼吸革面料材料的采购成本＝2 000＋36 000＝38 000（元）

pu 革面料材料的采购成本＝1 000＋14 000＝15 000（元）

企业在实际工作中，一般是通过编制材料采购成本计算表来反映上述计算过程，编制的材料采购成本计算表见表 4-2-1。

表 4-2-1　　材料采购成本计算表

单位：元

材料名称	单位	单价	数量	买价	运费	实际采购成本	单位成本
呼吸革面料材料	米	18	2 000	36 000	2 000	38 000	19
pu 革面料材料	米	14	1 000	14 000	1 000	15 000	15
合计	—	—	3 000	50 000	3 000	53 000	—

②材料采购成本的核算

根据材料采购成本计算表，编制的会计分录如下：

当购进材料，货款已付，材料已验收入库时：

借：原材料——呼吸革面料　　38 000

　　　　　——pu 革面料　　15 000

　　应交税费——应交增值税（进项税额）　　6 770

　　贷：银行存款　　59 770

德育园地

原材料供应商如何选择？

某大型制造企业 A 公司，在进行原材料采购时，面临着一个重要的选择。A 公司可以选择从一家价格较低但环保标准不高的供应商 B 公司采购材料，也可以选择从一家价格稍高但环保标准严格的供应商 C 公司采购。这一选择不仅关系到

A公司的成本控制，也涉及企业的社会形象和可持续发展。经过深入分析和讨论，A公司最终选择了从环保标准严格的供应商C公司采购材料。虽然会增加一定的成本，但A公司认为这是一个值得的投资。

A公司从环保标准严格的供应商C公司采购材料这一行为，告诉我们：企业应当树立环保意识，积极履行社会责任，这不仅是社会发展的必然要求，也是企业实现可持续发展的关键。这一决策虽然会导致企业生产成本增加，但它带来的长远利益和战略价值是显而易见的。企业发展应当坚持环保理念，推动绿色采购和绿色生产，为实现可持续发展贡献力量。

任务小结

供应过程业务核算的主要内容包括材料物资采购成本的确定、与供货单位办理价款结算、将材料物资验收入库形成物资储备。为了核算供应过程中材料采购的发生、与供应单位的货款结算及库存材料储备的形成情况，企业应设置"在途物资""原材料""应交税费""应付账款""应付票据""预付账款"等账户。材料的采购成本由购买价款、相关税费和采购费用构成。计算材料采购成本，企业采购材料所发生的采购费用能分清具体负担对象的，直接记入该种材料的采购成本；采购多种材料共同发生的采购费用，企业应采用适当的分配标准(重量、买价或体积等)分配后再记入各种材料的采购成本。供应过程业务的账务处理介绍了三种情况的账务处理：一是材料已验收入库，单货同到；二是材料尚未验收入库，单到货未到；三是预付货款方式购买材料。

任务考核

一、单项选择题

❶ 东胜公司为增值税一般纳税人，2023年10月从天天公司购入原材料一批，增值税专用发票上注明的价款为100 000元，增值税税额为13 000元。另发生运输费2 000元(不考虑增值税)，装卸费1 000元(不考虑增值税)。以上所有款项已用银行存款支付。不考虑其他因素，该批原材料的实际成本为(　　)元。

A. 100 000　　B. 116 000　　C. 113 000　　D. 103 000

❷ 南方公司购入一批A材料，买价为6 000元(不考虑增值税)，发生的运输费为500元，用网上银行支付5 000元，余额尚未支付，A材料已到达并验收入库。该笔业务不涉及的会计科目是(　　)。

A. 原材料　　B. 应收账款

C. 应付账款　　D. 银行存款

❸ 企业采用实际成本法核算原材料，对于货款未付且尚未验收入库的在途材料，应借记的会计科目是（　　）。

A. 原材料　　B. 在途物资
C. 材料采购　　D. 应付账款

❹ 晨兴公司为增值税一般纳税人，向洪光公司购入原材料 30 千克，增值税专用发票上注明的价款为 75 万元，增值税税额为 9.75 万元，洪光公司代垫运杂费 6 万元（不考虑增值税）。晨兴公司该批材料的单位成本为（　　）万元。

A. 27　　B. 2.825　　C. 28.25　　D. 2.7

❺ 南方公司为增值税一般纳税人，2023 年 11 月 5 日向兴旺公司购入 A、B 两种原材料，其中 A 材料 800 千克，单价为 100 元/千克，增值税税额为 10 400 元；B 材料 100 千克，单价为 200 元/千克，增值税税额为 2 600 元。购入 A、B 两种原材料发生共同运输费 1 800 元，增值税税额为 162 元，所有款项尚未支付。运输费按购入材料的重量比例进行分配。则 A 材料的入账价值为（　　）元。

A. 81 600　　B. 92 000　　C. 92 144　　D. 80 000

二、多项选择题

❶ 下列与原材料相关的费用中，应计入原材料成本的有（　　）。

A. 采购过程中支付的购买价款　　B. 入库前发生的挑选整理费
C. 运输途中的合理损耗　　D. 采购过程中发生的装卸费用

❷ 下列关于“预付账款”账户的表述中，正确的有（　　）。

A. 预付及补付的款项登记在该账户的借方
B. 该账户的借方余额，表示预付或多付给供货单位的款项
C. 该账户的贷方余额，表示应当补付的款项
D. 预付款项不多的企业，也可将预付款项记入“应付账款”账户的借方

❸ 东方公司为增值税一般纳税人。2023 年 12 月 5 日，从蓝天公司购入一批甲材料，买价为 60 000 元，增值税税额为 7 800 元。甲材料已到达并验收入库，款项尚未支付。12 月 8 日，东方公司开出转账支票支付蓝天公司货款。下列选项中，东方公司购入甲材料的会计处理正确的包括（　　）。

A. 借：原材料——甲材料　　60 000
　　应交税费——应交增值税（进项税额）　　7 800
　　贷：应付账款——蓝天公司　　67 800

B. 借：原材料——甲材料　　67 800
　　贷：应付账款——蓝天公司　　67 800

C. 借：应付账款——蓝天公司　　67 800
　　贷：银行存款　　67 800

D. 借：应付账款——蓝天公司　　67 800
　　贷：应付票据　　67 800

❹ 采购费用是企业在购入材料过程中发生的与材料采购有关的各项支出，包括（　　）。

A. 运输费　　B. 装卸费

C. 运输途中的合理损耗　　D. 入库前的挑选整理费

5 材料采购费用的分配标准包括(　　)。

A. 外购材料的重量　　B. 外购材料的买价

C. 外购材料的生产工时　　D. 外购材料的人工费用

三、判断题

1 企业在采购材料时,收料在先,付款在后;若材料发票凭证都已收到,则可通过“应收账款”核算。(　　)

2 预付账款核算企业按照合同规定预付的款项,属于企业的一项负债。(　　)

3 企业发生的采购费用如果能够分清为哪种材料采购而发生,可直接记入该材料的实际采购成本;否则,应依据购入材料的重量、体积、买价等分配标准,在购入的各种材料之间进行分配,以便分别记入各种材料的实际采购成本。(　　)

4 购入材料在运输途中发生的合理损耗应记入管理费用。(　　)

5 企业材料采购成本包括买价及采购费用,采购人员的差旅费也应记入材料采购成本。(　　)

四、实训题

1 长江公司为增值税一般纳税人,2023 年 8 月发生如下经济业务:

(1)2 日,从 A 厂购进甲钢材 600 千克,单价 500 元/千克,增值税专用发票上注明买价为 300 000 元,增值税税额为 39 000 元。甲钢材已运到企业并验收入库,款项尚未支付。

(2)10 日,从 A 厂购进甲钢材 400 千克,单价 500 元/千克,甲钢材增值税进项税额为 26 000 元,运费为 2 000 元,运费增值税进项税额为 180 元,企业开出 6 个月的商业承兑汇票,甲钢材尚在运输途中。

(3)15 日,从 A 厂购入的 400 千克甲钢材全部验收入库,结转入库甲钢材的成本。

(4)18 日,与 B 厂签订购货合同购进乙钢材 200 千克,单价 600 元/千克,预付货款为 120 000 元已通过银行存款支付。

(5)22 日,收到 B 厂发来乙钢材 200 千克,单价为 600 元/千克,乙钢材增值税税额为 15 600 元,B 厂代垫运费 1 000 元,运费增值税税额为 90 元,结算单据已到,乙钢材已验收入库,差额通过银行存款补付。

要求:根据上述资料编制相关会计分录。

2 蓝天公司为增值税一般纳税人,2023 年 8 月发生如下经济业务:

(1)10 日,从 B 厂购入甲材料 1 000 千克,每千克 100 元,乙材料 500 千克,每千克 80 元,丙材料 1 000 千克,每千克 150 元,丁材料 700 千克,每千克 60 元。适用的增值税税率为 13%,发票账单已到达企业,款项通过银行存款支付。

(2)15 日,购入的甲、乙、丙、丁材料的运费共 14 400 元,增值税税额为 1 296 元。发票账单已到达企业,款项已通过网银支付。运费按重量比率分摊。

(3)20 日,上述材料验收入库,结转入库材料成本。

要求:

(1)编制材料采购成本计算表(表 4-2-2)。

表 4-2-2　　甲、乙、丙、丁材料采购成本计算表

年　月　日　　单位：元

品　种	分配标准	分配率	采购费用分配额	买　价	总成本	单位成本
甲材料						
乙材料						
丙材料						
丁材料						
合　计						

(2)根据上述资料编制相关会计分录。

任务三　生产过程业务的核算

任务情境

新巢家居(增值税一般纳税人)2023 年 12 月发生如下生产业务：

(1)12 月 31 日根据仓库发出材料情况编制 12 月材料耗用汇总表，见表 4-3-1。

表 4-3-1　　材料耗用汇总表

2023 年 12 月

用途	面料(呼吸革)		铁件		棉		面料(pu 革)		木材		金额合计/元
	数量/米	金额/元	数量/件	金额/元	数量/千克	金额/元	数量/米	金额/元	数量/平方米	金额/元	
生产功能沙发耗用	9 000	171 000	300	45 000	2 500	25 000					241 000
生产固定沙发耗用					3 000	30 000	16 000	240 000	2 000	30 000	300 000
车间一般耗用			10	1 500							1 500
行政管理部门耗用							40	600			600
合　计	9 000	171 000	310	46 500	5 500	55 000	16 040	240 600	2 000	30 000	543 100

(2)12 月 31 日结算本月应付职工工资 217 000 元，其中生产功能沙发产品工人工资 60 000 元，生产固定沙发产品工人工资 100 000 元，车间管理人员工资 26 000 元，行政管理人员工资 31 000 元。职工工资分配汇总表见表 4-3-2。

表 4-3-2　　职工工资分配汇总表　　单位：元

单位:元项　目	工资合计
生产功能沙发产品工人	60 000
生产固定沙发产品工人	100 000
小　计	160 000
车间管理人员	26 000

（续表）

单位:元项　目	工资合计
行政管理人员	31 000
合　计	217 000

(3)12 月 31 日,计提本月固定资产折旧,其中车间固定资产折旧为 12 000 元,行政管理部门固定资产折旧为 3 000 元。

(4)12 月 31 日,以银行存款支付生产车间水电费 3 000 元。

(5)12 月 31 日,以银行存款支付本月办公用品 3 500 元,其中车间 1 500 元,行政管理部门 2 000 元。

(6)本月发生的制造费用总额为 44 000 元,结转本月发生的制造费用,并按生产功能沙发、固定沙发产品的机器工时的比例进行分配,其中本月功能沙发产品机器工时为 12 000 小时,固定沙发产品机器工时为 10 000 小时。

(7)12 月投产功能沙发产品 500 套,固定沙发产品 1 000 套全部完工,计算功能沙发、固定沙发产品生产总成本并结转功能沙发、固定沙发产品的生产成本(功能沙发、固定沙发产品无期初在产品)。

任务布置

根据任务情境,完成新巢家居 2023 年 12 月生产过程业务的账务处理。

知识准备

一、生产过程业务核算的主要内容

工业企业的生产过程是从材料投入生产到产品完工入库的全过程。企业在生产过程中会发生各种资源的耗费。以新巢家居为例,新巢家居在生产沙发产品过程中,耗用面料、铁件、木材、棉等原材料,需要支付给工人工资、福利等薪酬费用,还有厂房、生产设备等这些固定资产折旧费,以及水费、电费等其他支出。新巢家居在产生这些生产耗费的同时生产出了沙发产品。沙发产品在其生产过程中所发生的材料费、人工费、折旧费和水电费等各种生产费用,就构成沙发产品的生产成本。因此,生产过程业务核算的主要内容包括生产费用的发生、归集和分配以及产品生产成本的计算。

二、产品生产成本的构成

产品生产成本是指产品在其生产过程中所发生的材料费、人工费、折旧费和水电费等各种生产费用。产品生产成本按其经济用途不同,可分为直接材料、直接人工和制造费用。

直接材料是指企业在产品生产过程中,直接用于产品生产、构成产品实体的原材料、主要材料、燃料以及有助于产品形成的辅助材料等。直接人工是指企业中直接从事产品生产的工人的职工薪酬费用。制造费用是指企业各生产单位为组织和管理生产所发生的各项间接费用，包括各生产单位管理人员薪酬费、折旧费、机物料消耗、办公费、水电费、保险费等。

三、生产过程业务核算的账户设置

1.“生产成本”账户

“生产成本”属于成本类账户，用来核算企业为进行产品生产所发生的各项生产费用。

该账户的借方登记生产产品所发生的全部生产费用，包括直接材料费、直接人工费及期末分配转入的制造费用，贷方登记月末转出的完工入库产品的生产成本。期末借方余额表示尚未完工的在产品的生产成本。该账户一般按产品的品种或类别设置明细账户，进行明细分类核算。

“生产成本”的账户结构如图 4-3-1 所示。

借方　　　　生产成本	贷方
生产产品所发生的全部生产费用，包括直接材料费、直接人工费及期末分配转入的制造费用	月末转出的完工入库产品的生产成本
期末余额：尚未完工的在产品的生产成本	

图 4-3-1 “生产成本”账户结构

2.“制造费用”账户

“制造费用”属于成本类账户，用来核算企业各生产车间为生产产品和提供劳务而发生的各项间接费用。包括车间管理人员的薪酬、机器设备及车间厂房的折旧费、车间办公费、水电费、机物料消耗、劳动保护费、季节性和修理期间的停工损失等。该账户的借方登记车间发生的各项间接费用，贷方登记月末分配转入“生产成本”账户的制造费用金额。该账户期末一般无余额。该账户应按不同车间设置明细账，并按照费用项目设置专栏，进行明细分类核算。

“制造费用”账户的账户结构如图 4-3-2 所示。

借方　　　　制造费用	贷方
车间发生的各项间接费用	月末分配转入“生产成本”账户的制造费用金额
期末一般无余额	

图 4-3-2 “制造费用”账户结构

3.“库存商品”账户

“库存商品”账户属于资产类账户，用来核算企业库存的各种商品的实际成本。该账户的借方登记企业生产完工并验收入库产成品的实际成本，贷方登记发出各种产品的实际成本。期末借方余额表示企业各种库存商品的实际成本。该账户应按库存商品的品种、类别和规格设置明细账户，进行明细分类核算。

“库存商品”的账户结构如图 4-3-3 所示。

借方	库存商品 贷方
企业生产完工并验收入库产成品的实际成本	发出各种产品的实际成本
期末余额：企业各种库存商品的实际成本	

图 4-3-3 “库存商品”账户结构

4.“应付职工薪酬”账户

为了核算企业与职工之间职工薪酬的结算情况，企业应设置“应付职工薪酬”账户。

职工薪酬，是指企业为获得职工提供的服务或解除劳动关系而给予的各种形式的报酬或补偿。职工薪酬包括短期薪酬、离职后福利、辞退福利和其他长期职工福利。企业提供给职工配偶、子女、受赡养人、已故员工遗属及其他受益人等的福利，也属于职工薪酬。

“应付职工薪酬”属于负债类账户，用来核算企业应付给职工的各种薪酬。该账户贷方登记应支付给职工的各种薪酬，借方登记已支付薪酬的数额。期末余额在贷方，表示尚未支付的职工薪酬。该账户应按“工资”“职工福利费”“社会保险费”等职工薪酬项目设置明细账户，进行明细分类核算。

“应付职工薪酬”账户的账户结构如图 4-3-4 所示。

借方	应付职工薪酬 贷方
已支付薪酬的数额	应支付给职工的各种薪酬
	期末余额：尚未支付的职工薪酬

图 4-3-4 “应付职工薪酬”账户结构

5.“累计折旧”账户

“累计折旧”账户，属于资产类账户，是固定资产的调整账户，用来核算企业固定资产的累计损耗价值。该账户贷方登记企业计提的固定资产折旧，借方登记处置固定资产转出的累计折旧。期末余额在贷方，反映企业固定资产的累计折旧额。

“累计折旧”账户的账户结构如图 4-3-5 所示。

借方	累计折旧 贷方
处置固定资产转出的累计折旧	企业计提的固定资产折旧
	期末余额：企业固定资产的累计折旧额

图 4-3-5 “累计折旧”账户结构

6.“管理费用”账户

“管理费用”账户属于损益类账户，用来核算企业为组织和管理生产经营活动而发生的各项管理费用。例如，行政管理人员的薪酬、行政管理部门领用的材料、管理部门的固定资产折旧费、修理费和办公费等。该账户的借方登记企业发生的各项管理费用，贷方登记期末转入“本年利润”账户的结转数。期末结转后该账户应无余额。该账户应按费用项目进行明细核算。

“管理费用”账户的账户结构如图 4-3-6 所示。

借方	管理费用 贷方
企业发生的各项管理费用	期末转入“本年利润”账户的结转数
期末结转后该账户应无余额	

图 4-3-6 “管理费用”账户结构

四、生产过程业务的账务处理

(一)原材料费用的核算

企业在生产过程中所消耗的原材料，应根据领料凭证区分不同用途后，分别记入有关成本费用账户。对于生产产品领用的原材料，借记“生产成本”账户；对于生产车间一般性耗用的原材料，借记“制造费用”账户；对于管理部门领用的原材料，借记“管理费用”账户；对于销售部门领用的原材料，借记“销售费用”账户；根据实际领用的原材料金额，贷记“原材料”账户。具体会计分录编制如下：

材料费用的核算

借：生产成本（生产产品领用）

　　制造费用（生产车间领用）

　　管理费用（管理部门领用）

　　销售费用（销售部门领用）

　　贷：原材料

(二)人工费用的核算

期末，企业应对人工费用进行分配，应根据职工提供服务的受益对象分别记入有关成本费用账户。对于生产工人的薪酬费用，应直接记入“生产成本”账户的借方；对于生产车间管理人员的薪酬费用记入“制造费用”账户的借方；对于行政管理人员的薪酬费用记入“管理费用”账户的借方；对于销售人员的薪酬费用记入“销售费用”账户的借方；人工费用分配业务，会导致企业的应付职工薪酬的增加，记入“应付职工薪酬”账户的贷方。具体会计分录编制如下：

人工费用的核算

借：生产成本——××产品（生产车间生产工人薪酬）

　　制造费用（生产车间管理人员薪酬）

　　管理费用（行政管理部门人员薪酬）

　　销售费用（销售部门销售人员薪酬）

　　贷：应付职工薪酬

(三)制造费用的分配与结转

制造费用属于间接投入的费用，是企业生产车间为生产产品和提供劳务而发生的各种间接费用。当这些间接费用发生时，不能直接记入“生产成本”账户，而是先通过“制造费用”账户进行归集，应根据有关凭证借记“制造费用”账户，贷记“原材料”“应付职工薪酬”“累计折旧”“银行存款”“应付账款”等账户。具体会计分录编制如下：

制造费用的核算

借：制造费用

　　贷：原材料——××材料（车间发生的一般材料消耗）

　　　　应付职工薪酬（车间管理人员的人工费）

　　　　累计折旧（车间固定资产的折旧费）

　　　　银行存款（支付的车间水电费、办公费等）

　　　　应付账款（尚未支付的车间其他费用等）

企业将本期发生的制造费用归集好后，期末再按一定的方法分别记入相关产品成本。期末制造费用分配，是指将某一生产单位本期所发生的制造费用采用适当的分配标准分配给各受益对象。分配标准可以选择生产工时、生产工人工资、机器工时等。

具体计算公式为

制造费用分配率＝制造费用总额/各种产品的分配标准合计数

某种产品应负担的制造费用＝制造费用分配率×该种产品的分配标准

期末计算出各种产品应负担的制造费用后，就可以将本月发生的制造费用分配结转到有关产品的生产成本。具体会计分录编制如下：

借：生产成本——××产品

　　贷：制造费用

（四）完工产品成本的计算和结转

完工产品成本的计算与结转

1. 完工产品成本的计算

完工产品成本的计算是将生产过程中发生的全部生产成本，按一定的对象进行归集，然后在完工产品和在产品之间进行分配，以计算出完工产品的总成本和单位成本。在实际工作中需要编制完工产品成本计算单。完工产品成本的计算一般需要经过以下的程序：

（1）确定成本计算对象

企业计算完工产品成本，首先应确定完工产品成本的计算对象。成本计算对象既是生产费用归集的对象，也是成本的承担者。以新巢家居为例，企业生产过程中产生的各种耗费，应记入沙发产品成本中，因此，成本计算对象是功能沙发产品和固定沙发产品。

（2）按产品成本项目归集和分配生产费用

产品成本项目一般可分为直接材料、直接人工和制造费用。直接材料按照材料耗用汇总表进行归集，直接人工按照职工薪酬汇总表进行归集。直接材料和直接人工属于直接费用，直接记入相关产品成本中。制造费用属于间接性费用，在分不清属于哪种产品负担的情况下，可以采用一定的分配方法在各受益产品之间进行分配。

（3）计算产品生产成本

企业生产产品过程中发生的材料费用、人工费用和制造费用都登记在生产成本明细账上。对于企业本月有完工产品也有在产品的，本月发生的某种产品的生产费用需要在本月完工产品和月末在产品之间进行分配，进而确定完工产品的生产成本。

具体计算公式为

本期完工产品成本＝期初在产品成本＋本期的生产费用－期末在产品成本

若期末没有在产品，本期完工产品成本＝期初在产品成本＋本期的生产费用。

若期初没有在产品，期末也没有在产品，本期完工产品成本＝本期的生产费用。

2. 完工产品成本的结转

完工产品成本的结转是指产品完工以后，应及时验收入库，并将本月完工产品的生产成本从“生产成本”账户的贷方转入“库存商品”账户的借方。具体会计分录编制如下：

借：库存商品

　　贷：生产成本

任务实施

(1)领用原材料,具体分析如下:

这是一笔领用原材料的业务。该项经济业务一方面会使公司的成本费用增加543 100元,另一方面会使公司的原材料减少543 100元。根据发出材料汇总表,耗用面料(呼吸革)、铁件和棉原材料总计241 000元,耗用的这些原材料费用是能直接归属到功能沙发产品成本中,应借记“生产成本——功能沙发”账户;生产固定沙发产品耗用棉、面料(pu革)和木材原材料总计300 000元,耗用的这些原材料费用能直接归属到固定沙发产品成本中,应借记“生产成本——固定沙发”账户;车间一般耗用铁件1 500元,这属于间接费用,不能直接归属于功能沙发产品或固定沙发产品,对于生产车间发生的间接费用应借记“制造费用”账户;行政管理部门耗用pu革面料600元,应借记“管理费用”账户。从仓库领用呼吸革面料、铁件、棉、pu革面料、木材,意味着这些原材料发生了减少,原材料属于资产类账户,原材料减少应计入“原材料”账户的贷方。

根据以上分析,编制的会计分录如下:

借:生产成本——功能沙发	241 000	
——固定沙发	300 000	
制造费用	1 500	
管理费用	600	
贷:原材料——呼吸革面料		171 000
——铁件		46 500
——棉		55 000
——pu革面料		240 600
——木材		30 000

(2)结算本月应付职工工资时:

这是一笔计提本月人工费用的业务。该项经济业务一方面会使公司的成本费用增加217 000元,其中,生产功能沙发产品工人的工资费用60 000元,应借记“生产成本——功能沙发”账户,生产固定沙发产品工人的工资费用100 000元,应借记“生产成本——固定沙发”账户,车间管理人员的工资26 000元,应借记“制造费用”账户,行政管理人员的工资31 000元,应借记“管理费用”账户。另一方面会使公司的应付职工薪酬增加217 000元,应贷记“应付职工薪酬”账户。

根据以上分析,编制的会计分录如下:

借:生产成本——功能沙发	60 000	
——固定沙发	100 000	
制造费用	26 000	
管理费用	31 000	
贷:应付职工薪酬——工资		217 000

(3)计提本月固定资产折旧时:

这是一笔计提固定资产折旧的业务。该项经济业务的发生,一方面,使公司原有的固定资产价值减少 15 000 元，应贷记“累计折旧”账户；另一方面，使公司的费用增加了 15 000 元，其中，生产车间发生的固定资产折旧费 12 000 元，是一种间接费用，应借记“制造费用”账户，管理部门发生的固定资产折旧费 3 000 元，应借记“管理费用”账户。

根据以上分析，编制的会计分录如下：

借：制造费用　　12 000

　管理费用　　3 000

　贷：累计折旧　　15 000

(4)12 月 31 日，以银行存款支付生产车间水电费 3 000 元。

这是一笔支付水电费的业务。一方面，公司的生产费用增加了 3 000 元，生产车间负担的水电费，应记入“制造费用”账户的借方；另一方面，公司的银行存款减少了 3 000 元，应记入“银行存款”账户的贷方。

根据以上分析，编制的会计分录如下：

借：制造费用　　3 000

　贷：银行存款　　3 000

(5)12 月 31 日，以银行存款支付本月办公用品 3 500 元，其中车间 1 500 元，行管部门 2 000 元。

该是一笔支付办公费的经济业务。该项经济业务的发生，一方面，公司的费用增加了 3 500 元，生产车间发生的办公费 1 500 元应记入“制造费用”账户的借方，行政管理部门发生的办公费 2 000 元应记入“管理费用”账户的借方；另一方面，公司的银行存款减少了 3 500 元，应记入“银行存款”账户的贷方。

根据以上分析，编制的会计分录如下：

借：制造费用　　1 500

　管理费用　　2 000

　贷：银行存款　　3 500

(6)本月发生的制造费用总额为 44 000 元，结转本月发生的制造费用，并按生产功能沙发、固定沙发产品的机器工时的比例进行分配。

第一步是归集制造费用总额。

根据资料可知，本月发生的制造费用总额为 44 000 元。若题目没有列出制造费用总额，应通过制造费用账户归集公司本月所发生的制造费用总额。

第二步是计算制造费用分配率，根据分配率的公式：

分配率＝制造费用总额/各种产品的分配标准(机器工时)合计数

制造费用分配率＝44 000/(12 000＋10 000)＝2(元/小时)

第三步是计算功能沙发、固定沙发产品负担的制造费用，根据以下计算公式：

某种产品应负担的制造费用＝制造费用分配率×该种产品的分配标准

功能沙发产品负担的制造费用＝12 000×2＝24 000(元)

固定沙发产品负担的制造费用＝10 000×2＝20 000(元)

根据上述计算过程，编制的制造费用分配表见表 4-3-3。

表 4-3-3　　制造费用分配表　　单位:元

产品名称	分配标准(机器工时)	分配率	分配金额
功能沙发	12 000	2	24 000
固定沙发	10 000		20 000
合计	22 000		44 000

这是一笔将本月发生的制造费用结转到功能沙发、固定沙发这两种产品中的业务。该项经济业务的发生,一方面,增加了功能沙发、固定沙发两种产品的生产成本,记入“生产成本”账户的借方;另一方面减少了公司的制造费用,记入“制造费用”账户的贷方。

因此,结转本月发生的制造费用时,应编制的会计分录如下:

借:生产成本——功能沙发　　24 000

　　　　　　——固定沙发　　20 000

　贷:制造费用　　44 000

(7)12 月投产功能沙发产品 500 套,固定沙发产品 1 000 套全部完工。

①完工产品成本的计算。功能沙发产品成本的计算,见表 4-3-4。

表 4-3-4　　成本计算单

产品名称:功能沙发

产量:500 套　　2023 年 12 月 31 日　　单位:元

成本项目	本月生产费用合计	完工产品总成本	单位成本
直接材料	241 000	241 000	482
直接人工	60 000	60 000	120
制造费用	24 000	24 000	48
合计	325 000	325 000	650

固定沙发产品成本的计算,见表 4-3-5。

表 4-3-5　　成本计算单

产品名称:固定沙发

产量:1 000 套　　2023 年 12 月 31 日　　单位:元

成本项目	本月生产费用合计	完工产品总成本	单位成本
直接材料	300 000	300 000	300
直接人工	100 000	100 000	100
制造费用	20 000	20 000	20
合计	420 000	420 000	420

②结转功能沙发、固定沙发产品的生产成本时:

这是一笔产品完工入库的业务,一方面公司的库存商品增加,“库存商品”属于资产类账户,增加应记入“库存商品”账户的借方;另一方面需要将已完工产品的生产成本转出,“生产成本”属于成本类账户,减少应记入“生产成本”账户的贷方。

因此,编制的会计分录如下:

借:库存商品——功能沙发　　325 000

　　　　　　——固定沙发　　420 000

贷:生产成本——功能沙发　　　　325 000

　　　　　　——固定沙发　　　　420 000

德育园地

绿色、环保、可持续

某知名电子产品制造企业,在研发新一代智能手机时,特别强调了“绿色、环保、可持续”的理念。在设计阶段,研发团队就充分考虑到产品的环保性,选用了可再生、可降解的材料,并优化了生产工艺,减少了生产过程中的能耗和废弃物排放。同时,企业还加强了与供应商的合作,要求供应商也遵循相同的环保标准,确保整个供应链的可持续性。此外,企业还开展了员工培训,提高了员工对环保和可持续发展的认识,鼓励员工在工作中积极践行这些理念。在产品发布阶段,企业还特别强调了这款手机的环保特性,倡导消费者在使用过程中注重节约资源、保护环境。

这则案例启示我们,企业应坚持可持续发展的理念,积极履行环保责任,倡导绿色消费文化,推动人与自然和谐共生。同时,企业应秉持合作共赢的理念,与供应商共同推动环保事业的发展,这不仅能够为企业带来长远的利益,还能够为整个社会的可持续发展作出贡献。注重提升员工的环保意识,能够提升企业的环保和可持续发展能力,有助于将环保和可持续发展融入企业的核心文化和日常运营中,提升企业的社会形象,实现企业和社会的共赢。

任务小结

工业企业的生产过程是从材料投入生产到产品完工入库的全过程。生产过程业务核算的主要内容包括生产费用的发生、归集和分配以及产品生产成本的计算。产品生产成本是指产品在其生产过程中所发生的材料费、人工费、折旧费和水电费等各种生产费用。产品生产成本按其经济用途不同,可分为直接材料、直接人工和制造费用。为了核算企业生产过程发生的经济业务,企业应设置“生产成本”“制造费用”“库存商品”“应付职工薪酬”“累计折旧”“管理费用”等账户。生产过程业务的账务处理介绍了原材料费用的核算、人工费用的核算、制造费用的分配与结转和完工产品成本的计算和结转。

任务考核

一、单项选择题

1. 下列选项中,企业应将相关材料实际成本结转至“管理费用”科目的是(　　)。

A. 基本生产车间领用材料　　B. 行政管理部门领用材料

C. 车间管理部门领用材料　　D. 对外销售材料

❷ 下列选项中，不通过“应付职工薪酬”科目核算的是(　　)。

A. 应付职工津贴　　B. 应付职工奖金

C. 应付职工出差报销款　　D. 应付职工工资

❸ 生产车间发生的直接费用，应记入“(　　)”账户

A. 生产成本　　B. 制造费用　　C. 管理费用　　D. 销售费用

❹ 某生产车间生产 A、B 两种产品，2023 年 10 月车间发生的制造费用总额为 160 000 元，生产 A 产品的生产工时为 2 400 小时，生产 B 产品的生产工时为 1 600 小时。假定发生的制造费用按照生产工人工时比例进行分配。当月 A 产品应分配的制造费用为(　　)元。

A. 96 000　　B. 64 000　　C. 84 000　　D. 56 000

❺ 生产车间管理人员的职工薪酬应记入的会计账户是(　　)。

A. 生产成本　　B. 制造费用　　C. 管理费用　　D. 销售费用

二、多项选择题

❶ 宏图公司 11 月末分配的职工工资如下：生产 A 产品的工人工资 73 000 元，生产 B 产品的工人工资 47 000 元，车间管理人员工资 36 000 元，行政管理人员工资 62 000 元，下列编制的会计分录中错误的有(　　)。

A. 借：生产成本——A 产品	73 000	
——B 产品	47 000	
制造费用	36 000	
管理费用	62 000	
贷：应付职工薪酬——工资		218 000
B. 借：生产成本——A 产品	73 000	
——B 产品	47 000	
管理费用	98 000	
贷：应付职工薪酬——工资		218 000
C. 借：生产成本	156 000	
管理费用	62 000	
贷：应付职工薪酬——工资		218 000
D. 借：生产成本——A 产品	73 000	
——B 产品	47 000	
销售费用	36 000	
管理费用	62 000	
贷：应付职工薪酬——工资		218 000

❷ 东宏公司月末结转本月制造费用 55 600 元，按照生产 A 产品和 B 产品的生产工时比例分配制造费用，A 产品的生产工时为 15 000 小时，B 产品的生产工时为 10 000 小时。下列选项中，编制的会计分录正确的有(　　)。

A. 借：生产成本——A 产品	33 360	
贷：制造费用		33 360

B. 借：生产成本——A 产品　　22 240
　　贷：制造费用　　22 240
C. 借：生产成本——B 产品　　22 240
　　贷：制造费用　　22 240
D. 借：生产成本——B 产品　　33 360
　　贷：制造费用　　33 360

❸ 制造费用是指为生产产品和提供劳务所发生的各项间接费用，包括（　　）。

A. 生产车间管理人员的工资和福利费　B. 生产车间固定资产折旧费
C. 生产车间的办公费　D. 行政管理部门的水电费

❹ 发出材料的核算中可能记入的科目有（　　）。

A. 生产成本　B. 制造费用　C. 管理费用　D. 销售费用

❺ 产品生产成本按其经济用途不同，可分为（　　）。

A. 管理费用　B. 直接人工　C. 制造费用　D. 直接材料

三、判断题

❶ 如果某产品月初月末均无在产品，则本月为生产该产品发生的全部生产费用就是该产品本月完工产品成本。（　　）

❷ 会计人员将应记入制造费用的项目误记为管理费用项目，会影响本期完工产品成本计算的正确性。（　　）

❸ 计提固定资产折旧会使固定资产价值减少，应记入“固定资产”科目的贷方。（　　）

❹ 企业在生产经营过程中支付的人员工资、福利费等，均属于成本项目中的直接人工。（　　）

❺ 制造费用在分不清属于哪种产品负担的情况下，可以采用一定的分配方法在受益产品之间分摊。（　　）

四、实训题

兴达公司 2023 年 10 月发生如下经济业务：

(1)本月耗用材料情况如下：生产 A 产品领用甲材料 20 000 元，领用丙材料 6 000 元；生产 B 产品领用乙材料 16 000 元，领用丙材料 3 000 元；车间一般耗用丙材料 11 000 元；行政管理部门耗用丙材料 1 000 元。

(2)月末分配本月职工工资，其中生产 A 产品的生产工人工资 10 000 元，生产 B 产品的生产工人工资 5 000 元，车间管理人员工资 5 000 元，行政管理人员工资 3 000 元。

(3)以银行存款支付本月办公用品 900 元，其中车间办公用品 400 元，行政管理部门办公用品 500 元。

(4)以银行存款支付本月水电费 2 000 元，其中车间水电费 1 400 元，行政管理部门水电费 600 元。

(5)月末计提本月固定资产折旧 24 000 元，其中车间使用固定资产应计提折旧 14 000 元，行政管理部门用固定资产应计提折旧 10 000 元。

(6)月末汇总本月发生的制造费用，并按照生产 A、B 两种产品的生产工时比例进行分配，A 产品生产工时为 2 000 小时，B 产品生产工时为 1 000 小时。

(7)本月投产 A 产品 200 件、B 产品 100 件全部完工并已验收入库，假定期初没有在产品成本，结转 A、B 两种产品的入库产品成本。

要求：根据以上资料编制相关会计分录。

任务四 销售过程业务的核算

任务情境

新巢家居(增值税一般纳税人)2023 年 12 月发生如下销售业务：

(1)12 月 2 日，向亚美公司销售功能沙发 500 套，销售价格为 900 元/套，增值税专用发票上注明价款 450 000 元，增值税税额 58 500 元，商品已发出，款项已存入银行。

(2)12 月 7 日，向昌华公司销售固定沙发 1 400 套，销售价格为 600 元/套，增值税专用发票上注明价款 840 000 元，增值税税额 109 200 元，商品已发出，款项尚未收到。

(3)12 月 15 日，向新华公司销售功能沙发 400 套，销售价格为 900 元/套，增值税专用发票上注明价款 360 000 元，增值税税额 46 800 元，商品已发出，收到新华公司开出并承兑的商业汇票一张，面值 406 800 元。

(4)12 月 17 日，以银行存款支付广告费，增值税专用发票上注明广告费 26 300 元，增值税税额 1 578 元。

(5)12 月 19 日，对外销售一批不需用的呼吸革原料 2 000 米，单价 35 元/米，价款共计 70 000 元，增值税税额 9 100 元。收到转账支票并送存银行。

(6)12 月 31 日，结转销售固定沙发、功能沙发两种产品的实际生产成本，固定沙发销售数量为 1 400 套，单位成本 420 元，共计 588 000 元；功能沙发销售数量 900 套，单位成本 650 元，共计 585 000 元。

(7)12 月 31 日，结转呼吸革原料销售成本 38 000 元。

(8)12 月 31 日，本月应交增值税额 149 832 元，公司按照 7%提取城市维护建设税，按 3%提取教育费附加，按 2%提取地方教育费附加。

(9)12 月 31 日，计提本月本公司销售部门使用的固定资产折旧费 1 500 元。

任务布置

根据任务情境，完成新巢家居 2023 年 12 月销售过程业务的账务处理。

知识准备

一、销售过程业务核算的主要内容

工业企业销售过程的主要任务是将所生产的产品销售给客户，取得销售收入并向客户收回货款，实现企业产品价值。企业销售产品实现销售收入，还应按照税收法规的规定向国家缴纳相关税费。企业为了销售产品，还会发生广告费、展览费、保险费、包装费、运输费、装卸费、商品维修费等销售费用。因此，销售过程业务核算的主要内容包括：销售收入的确认、销售货款的结算、销售成本的结转、税金及附加的计算、销售费用的处理等。

二、销售过程业务核算的账户设置

1.“主营业务收入”账户

“主营业务收入”账户属于损益类账户，用来核算企业在销售商品、提供劳务等主营业务中所产生的收入。该账户的贷方登记确认实现的主营业务收入，借方登记期末结转到“本年利润”账户的主营业务收入。期末结转后，该账户应无余额。“主营业务收入”账户应按主营业务的种类设置明细账，进行明细分类核算。

“主营业务收入”账户的账户结构如图 4-4-1 所示。

借方　　　　　主营业务收入	贷方
期末结转到“本年利润”账户的主营业务收入	确认实现的主营业务收入
	期末结转后，该账户无余额

图 4-4-1 “主营业务收入”账户结构

2.“其他业务收入”账户

“其他业务收入”账户属于损益类账户，用来核算企业除主营业务活动以外的其他经营活动实现的收入，包括销售材料、出租固定资产、出租无形资产、出租包装物和商品等所取得的收入。该账户的贷方登记企业获得的其他业务收入，借方登记期末结转到“本年利润”账户的其他业务收入。期末结转以后，该账户应无余额。该账户可按其他业务的种类设置明细账，进行明细分类核算。

“其他业务收入”账户的账户结构如图 4-4-2 所示。

借方　　　　　其他业务收入	贷方
期末结转到“本年利润”账户的其他业务收入	企业获得的其他业务收入
	期末结转后，该账户无余额

图 4-4-2 “其他业务收入”账户结构

3.“主营业务成本”账户

“主营业务成本”账户属于损益类账户，用来核算企业确认销售商品、提供劳务等主营业务收入时应结转的成本。该账户的借方登记已销产品、已提供劳务等发生的实际成本，贷方登记期末结转到“本年利润”账户的主营业务成本。期末结转后，该账户应无余额。该账户应按照主营业务成本的种类设置明细账，进行明细分类核算。

“主营业务成本”账户的账户结构如图 4-4-3 所示。

借方　　　　　主营业务成本	贷方
已销产品、已提供劳务等发生的实际成本	期末结转到“本年利润”账户的主营业务成本
期末结转后，该账户无余额	

图 4-4-3 “主营业务成本”账户结构

4.“其他业务成本”账户

“其他业务成本”账户属于损益类账户，用来核算企业确认的除主营业务活动以外的其他经营活动所发生的成本，包括销售材料的成本、出租固定资产的折旧额、出租无形资产的摊销额、出租包装物的成本或摊销额等。该账户的借方登记企业发生的各项其他业务成本，贷方登记期末结转到“本年利润”账户的其他业务成本。期末结转以后，该账户无余额。该账户可按其他业务的种类设置明细账，进行明细分类核算。

“其他业务成本”账户的账户结构如图 4-4-4 所示。

借方	其他业务成本　　　　贷方
发生的各项其他业务成本	期末结转到“本年利润”账户的其他业务成本
期末结转后，该账户无余额	

图 4-4-4 “其他业务成本”账户结构

5.“销售费用”账户

“销售费用”账户属于损益类账户，用来核算企业在销售商品和材料、提供劳务的过程中所发生的各项费用，包括展览费、广告费、包装费、运输费、保险费、装卸费、商品维修费等以及为销售本企业商品而专设的销售机构（含销售网点、售后服务网点等）的职工薪酬、业务费、折旧费等经营费用。该账户的借方登记企业所发生的各种销售费用，贷方登记期末结转到“本年利润”账户的数额。期末结转后，该账户无余额。该账户可按销售费用的费用项目进行明细分类核算。

“销售费用”账户的账户结构如图 4-4-5 所示。

借方	销售费用　　　　贷方
企业所发生的各种销售费用	期末结转到“本年利润”账户的数额
期末结转后，该账户无余额	

图 4-4-5 “销售费用”账户结构

6.“税金及附加”账户

“税金及附加”账户，属于损益类账户，用来核算企业经营活动中发生的消费税、城市维护建设税、教育费附加、资源税、房产税、城镇土地使用税、车船税、印花税等相关税费。该账户的借方登记企业按规定计算确定的与经营活动相关的税费，贷方登记期末结转到“本年利润”账户的数额。期末结转后，该账户无余额。

“税金及附加”账户的账户结构如图 4-4-6 所示。

借方	税金及附加　　　　贷方
企业按规定计算确定的与经营活动相关的税费	期末结转到“本年利润”账户的数额
期末结转后，该账户无余额	

图 4-4-6 “税金及附加”账户结构

7.“应收账款”账户

“应收账款”账户属于资产类账户，用来核算企业因销售商品、产品、提供劳务等应向购货单位或接受劳务单位收取的款项。该账户的借方登记发生的应收账款，贷方登记收回的应收账款。期末余额一般在借方，表示企业尚未收回的应收账款，若期末余额在贷方，表示企业预收的账款。该账户应按债务人设置明细账户，进行明细分类核算。

"应收账款"账户的账户结构如图 4-4-7 所示。

借方	应收账款　　　　贷方
发生的应收账款	收回的应收账款
期末余额：一般在借方，表示企业尚未收回的应收账款	期末余额：若在贷方，表示企业预收的账款

图 4-4-7 "应收账款"账户结构

三、销售过程业务的账务处理

（一）营业收入的核算

营业收入的核算

企业的营业收入，按照企业经营业务的主次不同分类，分为主营业务收入和其他业务收入两类。主营业务收入是指企业主要经营业务所取得的收入，是企业主要经常性业务的收入，如工业企业的产品销售收入，它占企业整体收入的绝大部分。例如新巢家居销售功能沙发、固定沙发所获得的收入属于公司的主营业务收入。其他业务收入是指主营业务收入以外的其他经营活动所产生的收入，如销售材料、出租固定资产、出租无形资产、出租包装物等所取得的收入，它一般占总收入的比重较小。例如，新巢家居对外出售不需用的面料原料获得的材料销售收入属于公司的其他业务收入。

企业销售产品或材料，满足新收入准则确认销售收入的，应按与客户结算款项的方式，借记"银行存款""应收账款""应收票据"等账户；按实现的销售收入，若为公司的主营业务收入，应贷记"主营业务收入"账户，若为公司的其他业务收入，应贷记"其他业务收入"账户，按增值税专用发票上注明的增值税税额，贷记"应交税费——应交增值税（销项税额）"账户。

具体会计分录编制如下：

借：银行存款　（款项已收）

　　应收账款　（款项未收）

　　应收票据　（收到商业汇票）

　　贷：主营业务收入/其他业务收入

　　　　应交税费——应交增值税（销项税额）

（二）营业成本的核算

营业成本的核算

企业的营业成本，是跟企业营业收入相配比的成本。与收入相对应，营业成本分为主营业务成本和其他业务成本两类。

1. 主营业务成本的账务处理

主营业务成本是指企业确认销售商品、提供劳务等主营业务收入时应结转的成本。例如，新巢家居已销固定沙发、功能沙发两种产品的实际生产成本作为已销产品应结转的主营业务成本。主营业务成本不包括发生的产品销售费用等。企业可以在销售产品确认销售收入的同时结转已销产品的生产成本，也可以在期末根据本月已销产品的数量与单位成本确定销售成本后再一起结转当月已销产品的生产成本。期末应结转的主营业务成本计算公式为

本期应结转的主营业务成本＝商品的单位生产成本×本期销售该商品的数量

企业结转已销产品成本时，需要将已出售商品的成本从“库存商品”账户的贷方结转入“主营业务成本”账户的借方。具体会计分录编制如下：

借：主营业务成本——××产品

　　贷：库存商品——××产品

2. 其他业务成本的账务处理

其他业务成本是指企业在日常的经营活动中发生的除主营业务活动以外的其他经营活动所发生的成本。例如，新巢家居销售面料原料的成本作为已销材料应结转的其他业务成本。企业结转已销材料成本时，需要将已出售材料的成本从“原材料”账户的贷方结转至“其他业务成本”账户的借方。具体会计分录编制如下：

借：其他业务成本

　　贷：原材料

当企业为取得其他业务收入而发生其他支出时，应按实际支出额，借记“其他业务成本”账户，贷记“累计折旧”“银行存款”等账户。

（三）税金及附加的核算

税金及附加是指企业发生销售产品或提供劳务等经营活动时应负担的相关税费，包括消费税、城市维护建设税、教育费附加、资源税、房产税、城镇土地使用税、车船税、印花税等。企业按照规定计算确认应交的各项税金及附加时，应按计算确定的税费金额，借记“税金及附加”账户，贷记“应交税费”账户。具体会计分录编制如下：

税金及附加的核算

借：税金及附加

　　贷：应交税费——应交消费税

　　　　　　　——应交城市维护建设税

　　　　　　　——应交教育费附加等

企业实际交纳税款时，借记“应交税费”账户，贷记“银行存款”账户。

（四）销售费用的核算

销售费用是指企业销售商品和材料、提供劳务的过程中发生的各种费用，具体包括展览费、广告费、包装费、运输费、保险费、装卸费、商品维修费等以及为销售本企业商品而专设的销售机构（含销售网点、售后服务网点等）的职工薪酬、业务费、折旧费等经营费用。

销售费用的核算

企业发生销售费用时，按照实际发生额记入“销售费用”账户的借方，若取得增值税专用发票，则将增值税专用发票中的增值税记入“应交税费——应交增值税（进项税额）”账户的借方，根据发生具体销售费用的内容，记入“银行存款”“库存现金”“应付职工薪酬”“累计折旧”等账户的贷方。具体会计分录编制如下：

借：销售费用

　　应交税费——应交增值税（进项税额）

　　贷：银行存款

　　　　库存现金

　　　　应付职工薪酬

　　　　累计折旧等

任务实施

(1)12 月 2 日,向亚美公司销售功能沙发,商品已发出,款项已存入银行。

这是一笔产品销售业务,销售产品并收到货款。这项经济业务的发生,将引起资产、收入、负债这三个会计要素发生变化,涉及“银行存款”“主营业务收入”和“应交税费”这三个账户。这笔经济业务,一方面使新巢家居的银行存款增加了 508 500 元(价款 450 000 元加上增值税税额 58 500 元),银行存款属于资产类账户,银行存款增加应记入“银行存款”账户的借方;另一方面使新巢家居的主营业务收入增加了 450 000 元,主营业务收入属于收入类账户,增加应记入“主营业务收入”账户的贷方,增值税销项税额增加了 58 500 元,增值税销项税额属于公司的负债,负债增加,应记入“应交税费——应交增值税(销项税额)”的贷方。

根据以上分析,编制的会计分录如下:

借:银行存款　508 500

　贷:主营业务收入——功能沙发　450 000

　　应交税费——应交增值税(销项税额)　58 500

(2)12 月 7 日,向昌华公司销售固定沙发,商品已发出,款项尚未收到。

这是一笔产品销售业务,销售产品,款项尚未收到。这项经济业务的发生,将引起资产、收入、负债这三个会计要素发生变化,涉及“应收账款”“主营业务收入”和“应交税费”这三个账户。这笔经济业务,一方面使新巢家居的应收账款增加了 949 200 元(主营业务收入 840 000 元加上增值税税额 109 200 元),应收账款属于资产类账户,应收账款增加应记入“应收账款”账户的借方。另一方面使新巢家居的主营业务收入增加了 840 000 元,主营业务收入属于收入类账户,增加应记入“主营业务收入”账户的贷方,增值税销项税额增加了 109 200 元,增值税销项税额属于公司的负债,负债增加,应记入“应交税费——应交增值税(销项税额)”的贷方。

根据以上分析,编制的会计分录如下:

借:应收账款——昌华公司　949 200

　贷:主营业务收入——固定沙发　840 000

　　应交税费——应交增值税(销项税额)　109 200

(3)12 月 15 日,向新华公司销售功能沙发,商品已发出,收到新华公司开出并承兑的商业汇票一张。

这是一笔产品销售业务,销售产品,商品已发出,收到商业汇票。这项经济业务的发生,将引起资产、收入、负债这三个会计要素发生变化,涉及“应收票据”“主营业务收入”和“应交税费”这三个账户。这笔经济业务,一方面使新巢家居的应收票据增加了 406 800 元(主营业务收入 360 000 元加上增值税税额 46 800 元),应收票据属于资产类账户,应收票据增加应记入“应收票据”账户的借方。另一方面使新巢家居的主营业务收入增加了 360 000 元,主营业务收入属于收入类账户,增加应记入“主营业务收入”账户的贷方,增值税销项税额增加了 46 800 元,增值税销项税额属于公司的负债,负债增加,应记入“应交税费——应交增值税(销项税额)”的贷方。

根据以上分析，编制的会计分录如下：

借：应收票据——新华公司　　406 800

　　贷：主营业务收入——功能沙发　　360 000

　　　　应交税费——应交增值税（销项税额）　　46 800

(4)12 月 17 日，以银行存款支付广告费。

这是一笔支付广告费的业务。广告费属于销售产品之前发生的推销产品的费用，属于销售费用的内容。这笔经济业务一方面会使公司的销售费用增加 26 300 元，销售费用属于费用项目，费用增加，应记入“销售费用”账户的借方；增值税专用发票上注明增值税额 1 578 元，可用于抵扣增值税，会使公司的负债项目“应交税费——应交增值税（进项税额）”减少 1 578 元，应记入“应交税费——应交增值税（进项税额）”账户的借方；另一方面会使公司的银行存款减少 27 878 元，银行存款属于资产类账户，减少应记入“银行存款”账户的贷方。

根据以上分析，编制的会计分录如下：

借：销售费用——广告费　　26 300

　　应交税费——应交增值税（进项税额）　　1 578

　　贷：银行存款　　27 878

(5)12 月 19 日对外销售一批不需用的呼吸革原料，收到转账支票并送存银行。

这是一笔销售材料的业务，销售材料，收到转账支票并送存银行。这项经济业务的发生，将引起资产、收入、负债这三个会计要素发生变化，涉及“银行存款”“其他业务收入”和“应交税费”这三个账户。这笔经济业务，一方面使新巢家居的银行存款增加了 79 100 元（其他业务收入 70 000 元加上增值税税额 9 100 元），银行存款属于资产类账户，银行存款增加应记入“银行存款”账户的借方；另一方面使新巢家居的其他业务收入增加了 70 000 元，其他业务收入属于收入类账户，增加应记入“其他业务收入”账户的贷方，增值税销项税额增加了 9 100 元，增值税销项税额属于公司的负债，负债增加，应记入“应交税费——应交增值税（销项税额）”的贷方。

根据以上分析，编制的会计分录如下：

借：银行存款　　79 100

　　贷：其他业务收入——呼吸革原料　　70 000

　　　　应交税费——应交增值税（销项税额）　　9 100

(6)12 月 31 日，结转销售固定沙发、功能沙发两种产品的实际生产成本。

这是一笔结转销售商品成本的业务。该笔经济业务一方面使固定沙发产品销售成本增加 588 000 元，记入“主营业务成本——固定沙发”账户的借方，功能沙发产品销售成本增加 585 000 元，记入“主营业务成本——功能沙发”账户的借方；另一方面使固定沙发库存商品减少 588 000 元，记入“库存商品——固定沙发”账户的贷方，功能沙发库存商品减少 585 000 元，记入“库存商品——功能沙发”账户的贷方。

根据以上分析，编制的会计分录如下：

借：主营业务成本——固定沙发　　588 000

　　　　　　　　——功能沙发　　585 000

贷:库存商品——固定沙发　　588 000

——功能沙发　　585 000

(7)12 月 31 日,结转呼吸革原料销售成本 38 000 元。

这是一笔结转材料销售成本的业务。这项经济业务的发生,将引起资产和费用两个会计要素发生变化,涉及“原材料”和“其他业务成本”账户。这笔经济业务一方面使公司的呼吸革原料销售成本增加 38 000 元,记入“其他业务成本——呼吸革原料”账户的借方;另一方面使呼吸革原料减少 38 000 元,记入“原材料——呼吸革原料”账户的贷方。

根据以上分析,编制的会计分录如下:

借:其他业务成本——呼吸革原料　　38 000

贷:原材料——呼吸革原料　　38 000

(8)12 月 31 日,本月应交增值税额 149 832 元,公司按照 7%提取城市维护建设税,按 3%提取教育费附加,按 2%提取地方教育费附加。

①计算公司应交的城市维护建设税、教育费附加和地方教育费附加

城市维护建设税、教育费附加是按照企业“实际缴纳的增值税税额和消费税税额”的合计数作为计税依据,再乘以规定的税率计算出来的。根据资料,新巢家居计算城市维护建设税、教育费附加这些附加税的计税基数是公司本月应交增值税额 149 832 元,没有发生消费税。因此,缴纳的附加税等于当期应交增值税税额再乘以规定的税率。

具体计算过程如下:

应交的城市维护建设税=当期应交增值税×城市维护建设税税率

=149 832×7%=10 488.24(元)

应交的教育费附加=当期应交增值税×教育费附加税率

=149 832×3%=4 494.96(元)

应交的地方教育费附加=当期应交增值税×地方教育费附加税率

=149 832×2%=2 996.64(元)

②税金及附加的账务处理

这是一笔计算应交税费的业务,会引起公司的费用要素和负债要素这两个会计要素发生变化,涉及“税金及附加”和“应交税费”这两个账户。该项经济业务一方面会使公司的税金及附加增加 17 979.84 元,税金及附加属于费用会计要素,税金及附加的增加应记入“税金及附加”账户的借方;另一方面会使公司的应交税费增加 17 979.84 元,负债增加,应记入“应交税费”账户的贷方。

根据以上分析,编制的会计分录如下:

借:税金及附加　　17 979.84

贷:应交税费——应交城市维护建设税　　10 488.24

——应交教育费附加　　4 494.96

——应交地方教育费附加　　2 996.64

(9)12 月 31 日,计提本月本公司销售部门使用的固定资产折旧费 1 500 元。

这笔业务是销售部门计提固定资产折旧费。为销售本企业产品而专设的销售机构使用的固定资产应计提的折旧费,是销售费用的组成部分,应确认为销售费用。该项经济业

务的发生，会引起了公司费用要素和资产要素发生变化，涉及“销售费用”和“累计折旧”这两个账户。该项经济业务一方面会使公司的销售费用增加 1 500 元，销售费用的增加应记入“销售费用”账户的借方；另一方面使公司的累计折旧增加 1 500 元，累计折旧属于固定资产的备抵调整账户，累计折旧增加意味着该项固定资产的价值减少了 1 500 元，因此应记入“累计折旧”账户的贷方。

根据以上分析，编制的会计分录如下：

借：销售费用——折旧费　　1 500

　　贷：累计折旧　　1 500

德育园地

诚信经营，共筑美好未来

某知名家电企业 A 公司，在行业内享有较高的声誉和市场份额。近年来，随着市场竞争的加剧，A 公司面临着巨大的压力。为了提高销售业绩，一些销售人员开始采取不正当手段，如夸大产品性能、隐瞒产品缺陷等，导致客户投诉频发，企业声誉受损。因此，A 公司通过加强诚信教育、完善监管机制和设立诚信奖励机制等措施，成功地引导员工树立了诚信意识，提升了企业的整体竞争力。

夸大产品性能、隐瞒产品缺陷的销售手段虽然短期内可能会带来一定的销售业绩，但这种做法对企业长期利益是不利的，一旦企业声誉受损，将很难再次赢得客户的信任，影响企业的长期发展，严重影响企业的品牌形象。诚信是企业发展的基石，制度建设是保障诚信的关键，企业诚信建设需要全体员工共同参与。企业应该始终坚持诚信经营、合法合规的原则，加强员工的道德教育和职业培训，重视客户的利益和需求，以赢得客户的信任和支持，实现企业的可持续发展。

任务小结

工业企业销售过程的主要任务是将所生产的产品销售给客户，取得销售收入并向客户收回货款，实现企业产品价值。销售过程业务核算的主要内容包括：销售收入的确认、销售货款的结算、销售成本的结转、税金及附加的计算、销售费用的处理等。为了全面核算企业销售过程发生的经济业务，企业应设置“主营业务收入”“其他业务收入”“主营业务成本”“其他业务成本”“销售费用”“税金及附加”“应收账款”等账户。销售过程业务的账务处理包括营业收入的核算、营业成本的核算、税金及附加的核算和销售费用的核算。

任务考核

一、单项选择题

1. 鸿图公司用银行存款支付广告费 3 000 元，该笔经济业务应编制的会计分录是(　　)。

A. 借：管理费用　　3 000
　　贷：银行存款　　3 000

B. 借：财务费用　　3 000
　　贷：银行存款　　3 000

C. 借：银行存款　　3 000
　　贷：财务费用　　3 000

D. 借：销售费用　　3 000
　　贷：银行存款　　3 000

2. 企业销售商品时发生的增值税，应记入“(　　)”账户的贷方。

A. 应交税费——应交增值税(销项税额)
B. 应交税费——应交增值税(进项税额)
C. 应交税费——应交增值税(已交税金)
D. 应交税费——应交增值税(进项税额转出)

3. 下列选项中，不属于其他业务收入的是(　　)。

A. 固定资产出售收入　　B. 固定资产出租收入
C. 包装物出租收入　　D. 材料销售收入

4. 企业在销售过程中支付的消费税，应通过“(　　)”账户进行核算。

A. 主营业务成本　　B. 销售费用　　C. 其他业务成本　　D. 税金及附加

5. 企业销售产品实现销售收入，该项业务应进行的会计处理是(　　)。

A. 借记“主营业务收入”　　B. 贷记“主营业务收入”
C. 借记“主营业务成本”　　D. 贷记“主营业务成本”

二、多项选择题

1. 下列选项中，属于营业收入的有(　　)。

A. 销售商品收入　　B. 让渡资产使用权收入
C. 营业外收入　　D. 提供劳务收入

2. 下列选项中，属于营业成本的有(　　)。

A. 销售商品的成本　　B. 销售多余材料的成本
C. 支付的广告费　　D. 提供劳务的成本

3. 下列选项中，应通过“销售费用”账户核算的有(　　)。

A. 广告费　　B. 展览费
C. 专设销售机构的人员工资　　D. 专设销售机构的房屋租金

4. 某企业销售一批商品，开具的增值税专用发票上注明的售价为 200 000 元，增值税税额为 26 000 元，该批商品已发出，实际生产成本为 140 000 元，款项尚未收到。该企业应编制的会计分录包括(　　)。

A. 借：主营业务成本　　140 000
　　贷：库存商品　　140 000

B. 借：应收账款　　226 000

　　贷：主营业务收入　　　　200 000
　　　　应交税费——应交增值税（销项税额）　　　　26 000

C. 借：主营业务成本　　　　140 000
　　贷：主营业务收入　　　　140 000

D. 借：银行存款　　　　226 000
　　贷：主营业务收入　　　　200 000
　　　　应交税费——应交增值税（销项税额）　　　　26 000

5 蓝天公司为增值税一般纳税人。16日，销售一批不需用的原材料，开具的增值税专用发票上注明的价款为80 000元，增值税税额为10 400元，款项已收到并存入银行。该批原材料的实际成本为60 000元。下列选项中，会计处理结果正确的包括（　　）。

A. 借记"主营业务成本"账户60 000元　　B. 贷记"其他业务收入"账户80 000元

C. 借记"其他业务成本"账户60 000元　　D. 贷记"主营业务收入"账户80 000元

三、判断题

1 "应收账款"账户核算企业因销售产品、材料、提供劳务、职工借款等业务，应向购货单位或本单位职工个人收取的款项。（　　）

2 "税金及附加"账户属于损益类科目，用来核算企业经营活动发生的消费税、城市维护建设税、资源税、教育费附加及房产税、城镇土地使用税、车船税、印花税等相关税费。（　　）

3 主营业务成本是为取得主营业务收入在商品销售过程中垫支的资金（库存商品成本，也是被销售产品的生产成本），包括发生的产品销售费用等。（　　）

4 "主营业务收入"账户属于损益类账户，用来核算企业在销售商品、提供劳务等主营业务中所产生的收入。（　　）

5 当企业计算并结转已销产品的实际成本时，应按计算确定的已销产品的实际成本，借记"生产成本"账户，贷记"库存商品"等账户。（　　）

四、实训题

东方公司2023年9月发生如下经济业务：

（1）2日，向晨欣公司出售A产品1 000件，售价120元/件，适用的增值税税率为13%。款项已收到并存入银行。

（2）6日，向南达公司出售B产品600件，售价300元/件，适用的增值税税率为13%。款项尚未收到。

（3）12日，收到南达公司支付的B产品的价税款，所得款项已存入银行。

（4）18日，向广胜公司出售A产品200件，售价120元/件，适用的增值税税率为13%。收到广胜公司签发的一张面值为27 120元的商业汇票。

（5）24日，以银行存款支付广告费，增值税专用发票上注明广告费3 000元，增值税额180元。

（6）30日，结转已销售的A、B两种产品的实际成本（A产品单位生产成本为80元，B产品单位生产成本为230元）。

（7）30日，计算本期应交城市维护建设税为806元，应交教育费附加346元。

要求：根据上述资料编制相关会计分录。

任务五 利润形成与分配业务的核算

任务情境

新巢家居(增值税一般纳税人)2023 年 12 月发生如下交易或事项:

(1)4 日,收到星星纺织有限公司因延迟交货交来的违约金 32 000 元,款项已收存银行。

(2)5 日,收到一笔因职工李伟违纪的罚款收入 500 元存入银行。

(3)12 日,以银行存款 18 000 元向希望工程捐款。

(4)假定新巢家居 12 月 31 日损益类账户本期发生额见表 4-5-1,将损益类账户结转到"本年利润"账户。

表 4-5-1 本期损益类账户发生额

2023 年 12 月　　单位:元

账户名称	借方发生额	贷方发生额
主营业务收入		1 650 000
其他业务收入		70 000
营业外收入		32 500
主营业务成本	1 173 000	
其他业务成本	38 000	
税金及附加	17 979.84	
管理费用	56 900	
销售费用	27 800	
财务费用	1 000	
营业外支出	18 000	

(5)假定无其他纳税调整事项,不符合企业所得税的减免规定,计算并结转本月所得税费用。所得税税率为 25%。

(6)假定新巢家居 2023 年全年实现净利润为 2 800 000 元。年初"利润分配——未分配利润"账户有期初贷方余额 5 000 000.12 元。年末,结转本年净利润至"利润分配——未分配利润"账户。

(7)根据公司分配方案,按当年净利润的 10%提取法定盈余公积,按 5%提取任意盈余公积,按 20%分配给投资者。

(8)年终利润分配明细账户的结转。

任务布置

根据任务情境,完成新巢家居 2023 年 12 月利润形成与分配业务的账务处理。

知识准备

一、利润形成的核算

(一)利润的含义和构成

利润是指企业在一定会计期间的经营成果,包括收入减去费用后的净额、直接计入当期利润的利得和损失等。利润金额取决于收入和费用、直接计入当期利润的利得和损失金额的计量。企业的利润一般包括营业利润、利润总额和净利润三个内容。

利润的计算

1. 营业利润

营业利润是企业在生产经营活动中形成的利润,是企业利润的主要来源。营业利润的计算公式如下:

管理费用和财务费用的核算

营业利润=营业收入-营业成本-税金及附加-销售费用-管理费用-研发费用-财务费用+其他收益+投资收益(-投资损失)+净敞口套期收益(-净敞口套期损失)+公允价值变动收益(-公允价值变动损失)-信用减值损失-资产减值损失+资产处置收益(-资产处置损失)

式中:

营业收入=主营业务收入+其他业务收入

营业成本=主营业务成本+其他业务成本

2. 利润总额

利润总额是指营业利润加上营业外收入减去营业外支出后的金额。其中,营业外收入是指企业发生的与其日常活动无直接关系的各项利得,主要包括非流动资产毁损报废利得、盘盈利得(主要指现金溢余无法查明原因部分)、与企业日常活动无关的政府补助、捐赠利得、无法支付的应付账款等;营业外支出是指企业发生的与其日常活动无直接关系的各项损失,主要包括非流动资产毁损报废损失、捐赠支出、盘亏损失、非常损失、罚款支出等。

利润总额的计算公式为

利润总额=营业利润+营业外收入-营业外支出

3. 净利润

净利润是指利润总额减去所得税费用后的金额。其中,所得税费用是指企业应计入当期损益的所得税费用。它是企业按照税法规定,就其生产经营所得和其他所得计算并缴纳的一种税金。

净利润的计算公式为

净利润=利润总额-所得税费用

其中: 所得税费用=应纳税所得额×适用税率

(二)利润形成核算的账户设置

1."营业外收入"账户

"营业外收入"账户属于损益类账户,用来核算企业营业外收入的取得及

营业外收支的核算

结转情况。该账户贷方登记企业发生的营业外收入数额，借方登记期末将“营业外收入”账户余额转入“本年利润”账户的营业外收入数额。期末结转后，“营业外收入”账户应无余额。“营业外收入”账户可按营业外收入项目进行明细核算。

“营业外收入”账户的账户结构如图 4-5-1 所示。

借方	营业外收入　　　　贷方
期末转入“本年利润”账户的营业外收入数额	企业发生的营业外收入数额
	期末结转后无余额

图 4-5-1　“营业外收入”账户结构

2.“营业外支出”账户

“营业外支出”账户属于损益类账户，用来核算企业营业外支出的取得及结转情况。该账户借方登记企业发生的营业外支出数额，贷方登记期末转入“本年利润”账户的营业外支出数额。期末结转后，“营业外支出”账户应无余额。“营业外支出”账户可按营业外支出项目进行明细核算。

“营业外支出”账户的账户结构如图 4-5-2 所示。

借方	营业外支出　　　　贷方
企业发生的营业外支出数额	期末转入“本年利润”账户的营业外支出数额
期末结转后无余额	

图 4-5-2　“营业外支出”账户结构

3.“所得税费用”账户

“所得税费用”账户属于损益类账户，用来核算企业按规定从本期损益中减去的所得税费用。该账户的借方登记应计入当期损益的所得税费用，贷方登记期末应转入“本年利润”账户的所得税费用。期末结转后，该账户应无余额。

“所得税费用”账户的账户结构如图 4-5-3 所示。

借方	所得税费用　　　　贷方
应计入当期损益的所得税费用	期末应转入“本年利润”账户的所得税费用
期末结转后无余额	

图 4-5-3　“所得税费用”账户结构

4.“本年利润”账户

“本年利润”账户属于所有者权益类账户，用来核算企业本年度内实现的净利润或发生的净亏损。该账户的贷方登记期末由各收入类账户转入的当期实现的收入、收益金额，借方登记期末由各费用类账户转入的各种费用开支金额。期末贷方余额，表示截至本期末累计实现的净利润，如果期末余额在借方，则表示截至本期末累计发生的净亏损。年度终了，企业应将“本年利润”账户的余额(贷方余额或借方余额)全部转入“利润分配——未分配利润”账户。年末结转后，“本年利润”账户期末无余额。

“本年利润”账户的账户结构如图 4-5-4 所示。

借方 本年利润 贷方

借方	贷方
期末由各费用类账户转入的各种费用开支金额	期末由各收入类账户转入的当期实现的收入、收益金额
年中余额：截至本期末累计发生的净亏损	年中余额：截至本期末累计实现的净利润
年末净利润转入利润分配——未分配利润	年末净亏损转入利润分配——未分配利润
	年末结转后无余额

图 4-5-4 “本年利润”账户结构

（三）利润形成的账务处理

1. 发生营业外收支

营业外收支是指与企业日常生产经营无直接关系的各项利得和损失，包括营业外收入、营业外支出。当企业发生各项营业外收入时，应按实际发生额，借记“银行存款”等相关账户，贷记“营业外收入”账户。当企业发生各项营业外支出时，应按实际发生额，借记“营业外支出”账户，贷记“银行存款”等相关账户。

利润形成的核算

2. 结转损益类账户

月末，企业将各项收入和费用全部登记入账后，需要结转所有损益类账户，也就是要将所有损益类账户的余额变为零。一方面把主营业务收入、其他业务收入、营业外收入等所有收入类账户的贷方发生额从其借方结转至“本年利润”账户的贷方；另一方面把主营业务成本、其他业务成本、税金及附加、销售费用等所有费用类账户的借方发生额从其贷方结转至“本年利润”账户的借方。

具体编制的会计分录如下：

借：主营业务收入、其他业务收入、营业外收入等收入类账户

　　贷：本年利润

借：本年利润

　　贷：主营业务成本、其他业务成本、税金及附加、销售费用等费用类账户

结转损益类账户后，本年利润账户的余额就是利润总额。若“本年利润”账户余额为贷方余额，反映企业当期实现的利润总额；若“本年利润”账户余额为借方余额，反映企业当期实现的亏损总额。

3. 计算并结转所得税费用

所得税费用是指企业应计入当期损益的所得税费用，它等于应纳税所得额与适用税率的乘积。在不存在纳税调整事项的情况下，企业应纳税所得额等于税前会计利润（或称为利润总额）。期末，企业应按确定的当期所得税费用，借记“所得税费用”账户，按照税法规定计算确定的当期应交所得税，贷记“应交税费——应交所得税”账户。期末，企业需将“所得税费用”账户的借方发生额从其贷方结转至“本年利润”账户的借方，即借记“本年利润”账户，贷记“所得税费用”账户。期末结转后，“所得税费用”账户应无余额。

二、利润分配的核算

（一）利润分配的顺序

利润分配是指企业根据国家有关规定、企业章程和投资者协议等，对企业

利润分配的顺序

当年可供分配的利润指定其特定用途和分配给投资者的行为。简单来说，利润分配就是对企业的净利润进行的分配。

企业在一定时期内实现的利润总额，应按规定向国家交纳所得税，交纳所得税后的净利润可以按以下顺序进行分配：

1. 计算可供分配的利润

企业在利润分配前，应根据本年净利润(或亏损)与年初未分配利润(或亏损)、其他转入的金额(如盈余公积弥补亏损)等项目，计算可供分配的利润。可供分配的利润计算公式为

可供分配的利润＝当年实现的净利润(或净亏损)＋年初未分配利润(或－年初未弥补亏损)＋其他转入的金额(如：盈余公积补亏转入)

如果算出来的可供分配的利润为负数，表示企业存在未弥补的亏损，则不能进行后续的分配；如果计算出来的可供分配的利润为正数，就是大于0的数，则可进行后续分配。

2. 提取法定盈余公积金

按照《中华人民共和国公司法》的规定，公司应当按照当年税后净利润(抵减年初累计亏损后)的10%提取法定盈余公积；提取的法定盈余公积金累计额超过注册资本50%以上的，可以不再提取。

3. 提取任意盈余公积金

公司提取法定盈余公积后，一般经股东会或者股东大会决议，还可以从税后利润中提取任意盈余公积。

4. 向投资者分配利润

企业可供分配的利润扣除提取的盈余公积后，形成可供投资者分配的利润。

可供投资者分配的利润计算公式为

可供投资者分配的利润＝可供分配的利润－提取的盈余公积

企业也可以采用现金股利、股票股利和财产股利等形式向投资者分配利润。

可供分配利润经上述分配后为未分配利润，未分配利润可留待以后年度进行分配。若企业发生亏损，可按规定用以后年度利润进行弥补。

【例 4-5-1】 假定新巢家居2023年全年实现净利润为2 800 000元。年初“利润分配——未分配利润”账户有期初贷方余额5 000 000.12元。根据公司分配方案，按当年净利润的10%提取法定盈余公积，按5%提取任意盈余公积，按20%分配给投资者。

利润分配的顺序如下：

第一步计算可供分配的利润：

2023年年末新巢家居可供分配利润的金额＝当年实现的净利润＋年初未分配利润＋其他转入的金额＝2 800 000＋5 000 000.12＋0＝7 800 000.12(元)。

这里计算出来的可供分配的利润为正数，可以进行后续的利润分配。

第二步提取法定盈余公积金：

提取法定盈余公积的金额＝当年实现的净利润×10%＝2 800 000×10%＝280 000(元)。

注意：年初“利润分配——未分配利润”账户有期初贷方余额5 000 000.12元，年初未分配利润余额为正数，在计算提取法定盈余公积的基数时，按照当年实现的净利润2 800 000元计提，不应包括企业年初未分配利润。

第三步提取任意盈余公积金：

提取任意盈余公积的金额＝当年实现的净利润×5%＝2 800 000×5%＝140 000（元）。

第四步向投资者分配利润：

向投资者分配利润的金额＝当年实现的净利润×20%＝2 800 000×20%＝560 000（元）。

公司向投资者分配利润之后，剩余的未分配利润为6 820 000.12（7 800 000.12－280 000－140 000－560 000）元。未分配利润表示当年没有分配完，可留待以后年度进行分配的利润。

（二）利润分配的账户设置

1.“利润分配”账户

利润分配的账户设置

“利润分配”账户属于所有者权益账户，用来核算企业利润分配（或亏损弥补）以及历年结存的未分配利润额。该账户的贷方登记从“本年利润”账户转入的全年实现的净利润额或已弥补的亏损额，借方登记企业实际分配的利润额或从“本年利润”账户转入的全年亏损额。年终结转后，若为贷方余额表示历年积存的未分配利润；若为借方余额表示历年积存的未弥补亏损。

为了提供企业利润分配的详细情况，企业应设置“提取法定盈余公积”“提取任意盈余公积”“应付现金股利或利润”“盈余公积补亏”“未分配利润”等明细账户，进行明细分类核算。

年末，应将“利润分配”账户下的其他明细账户的余额转入“未分配利润”明细账户，结转后，除“未分配利润”明细账户有余额外，其他各个明细账户均无余额。

“利润分配”账户的账户结构如图4-5-5所示。

借方　　　　利润分配	贷方
（1）实际分配的利润额 （2）年末从“本年利润”账户转入的本年净亏损	（1）发生亏损的弥补数 （2）年末从“本年利润”账户转入的本年净利润
期末余额：累计未弥补亏损	期末余额：累计未分配利润

图4-5-5　“利润分配”账户结构

2.“盈余公积”账户

“盈余公积”账户属于所有者权益类账户，用来核算企业从净利润中提取的法定盈余公积和任意盈余公积及其使用情况。该账户的贷方登记盈余公积的提取数，借方登记盈余公积转增资本以及弥补亏损等使用数。期末余额在贷方，表示盈余公积的实际结存数。该账户可按“法定盈余公积”“任意盈余公积”设置明细账户，进行明细分类核算。

“盈余公积”账户的账户结构如图4-5-6所示。

借方　　　　盈余公积	贷方
盈余公积转增资本以及弥补亏损等使用数	盈余公积的提取数
	期末余额：盈余公积的实际结存数

图4-5-6　“盈余公积”账户结构

3.“应付股利”账户

“应付股利”账户属于负债类账户，用来核算企业经董事会或股东大会，或类似机构决议确定分配的现金股利或利润。该账户的贷方登记企业应支付的现金股利或利润数，借方登记实际支付的现金股利或利润数。期末余额在贷方，反映企业尚未支付的现金股利或利润数。该账户可按投资者设置明细账户，进行明细分类核算。

“应付股利”账户的账户结构如图 4-5-7 所示。

借方	应付股利　　　　贷方
实际支付的现金股利或利润数	企业应支付的现金股利或利润数
	期末余额：企业尚未支付的现金股利或利润数

图 4-5-7　“应付股利”账户结构

（三）利润分配的账务处理

1. 结转净利润

利润分配的账务处理

年末，结转本年净利润，把本年净利润从“本年利润”账户结转到“利润分配——未分配利润”账户。具体编制的会计分录如下：

借：本年利润

　贷：利润分配——未分配利润

如为净亏损，作相反的会计分录。

借：利润分配——未分配利润

　贷：本年利润

2. 提取盈余公积

企业按规定从净利润中提取法定盈余公积时，应按提取的法定盈余公积金额，借记“利润分配——提取法定盈余公积”账户，贷记“盈余公积——法定盈余公积”账户。提取任意盈余公积时，按照提取的任意盈余公积金额，借记“利润分配——提取任意盈余公积”账户，贷记“盈余公积——任意盈余公积”账户。具体编制的会计分录如下：

借：利润分配——提取法定盈余公积

　　　　　　——提取任意盈余公积

　贷：盈余公积——法定盈余公积

　　　　　　——任意盈余公积

3. 分配给投资者的利润

企业根据股东会审议批准的利润分配方案向投资者分配现金股利时，按应支付的现金股利，借记“利润分配——应付现金股利”账户，贷记“应付股利”账户。编制的会计分录如下：

借：利润分配——应付现金股利

　贷：应付股利

4. 结转利润分配各明细账户

将“利润分配”账户下的其他明细账户的余额转入“利润分配——未分配利润”账户。结转之后，利润分配明细账中除了“利润分配——未分配利润”这个明细账有余额，其他明细账都没有余额。编制的会计分录如下：

借：利润分配——未分配利润

　　贷：利润分配——提取法定盈余公积

　　　　　　　　——提取任意盈余公积

　　　　　　　　——应付现金股利

任务实施

(1)4 日，收到星星纺织有限公司因延迟交货交来的违约金 32 000 元，款项已收存银行。

这是一笔收到违约金的业务。新巢家居收到违约金，属于公司取得的罚没收入，属于营业外收入核算的内容。这笔经济业务一方面会使公司的营业外收入增加 32 000 元，营业外收入属于广义收入项目，收入增加，应记入“营业外收入”账户的贷方；另一方面会使公司的银行存款增加 32 000 元，银行存款属于资产类账户，增加应记入“银行存款”账户的借方。

根据以上分析，编制的会计分录如下：

借：银行存款　　32 000

　　贷：营业外收入　　32 000

(2)5 日，收到一笔因职工李伟违纪的罚款收入 500 元存入银行。

这是一笔收到职工罚款收入的业务。公司获得罚款收入，是与其日常活动无直接关系的利得，属于营业外收入核算的内容。这笔经济业务一方面会使公司的营业外收入增加 500 元，营业外收入是属于广义收入项目，收入增加，应记入“营业外收入”账户的贷方；另一方面，公司的银行存款增加 500 元，银行存款属于资产类账户，增加应记入“银行存款”账户的借方。

根据以上分析，编制的会计分录如下：

借：银行存款　　500

　　贷：营业外收入　　500

(3)12 日，以银行存款 18 000 元向希望工程捐款。

这是一笔对外捐赠的业务。捐赠支出是与公司的日常活动无直接关系的损失，属于营业外支出的核算内容。这笔经济业务一方面会使公司的营业外支出增加 18 000 元，营业外支出是属于广义费用项目，费用增加，应记入“营业外支出”账户的借方；另一方面会使公司的银行存款减少 18 000 元，银行存款属于资产类账户，减少应记入“银行存款”账户的贷方。

根据以上分析，编制的会计分录如下：

借：营业外支出　　18 000

　　贷：银行存款　　18 000

(4)结转损益类账户。

①结转所有损益类收入账户。

这是一笔期末结转收入类账户的业务，目的是将收入类账户进行清空，也就是要让收入类账户的余额为零。因此,期末结转收入收益类账户的时候,将其贷方发生额,从贷方往相反的方向转出,也就是转到收入类账户的借方,就可以让所有的收入类账户的余额变为零。这笔期末结转收入类账户的业务,一方面要冲减收入类账户,记入"主营业务收入""其他业务收入""营业外收入"账户的借方;另一方面会增加公司的本年利润,记入"本年利润"账户的贷方。

根据以上的分析,编制的会计分录如下:

借:主营业务收入　　1 650 000
　其他业务收入　　70 000
　营业外收入　　32 500
　贷:本年利润　　1 752 500

②结转所有损益类费用账户。

这是一笔期末结转费用类账户的业务,目的是将费用类账户进行清空,也就是要让费用类账户的余额为零。因此,期末结转费用支出类账户的时候,将其借方发生额,从借方往相反的方向转出,也就是转到费用支出类账户的贷方,就可以让所有的费用支出类账户的余额变为零。这笔期末结转费用类账户的业务,一方面要冲减费用支出类账户,记入"主营业务成本""其他业务成本""税金及附加""管理费用""销售费用""财务费用""营业外支出"账户的贷方;另一方面会减少公司的本年利润,计入"本年利润"账户的借方。

根据以上的分析,编制的会计分录如下:

借:本年利润　　1 332 679.84
　贷:主营业务成本　　1 173 000
　　其他业务成本　　38 000
　　税金及附加　　17 979.84
　　管理费用　　56 900
　　销售费用　　27 800
　　财务费用　　1 000
　　营业外支出　　18 000

经过上述结转后,"本年利润"账户的贷方发生额 1 752 500 元减去"本年利润"账户的借方发生额 1 332 679.84 元,可计算出新巢家居 12 月的税前会计利润(利润总额)为 419 820.16 元。

(5)计算并结转所得税费用。

①计算所得税费用。

在不存在纳税调整事项的情况下,应纳税所得额等于税前会计利润(利润总额)。

本月所得税费用=419 820.16×25%=104 955.04(元)

计提所得税费用,公司所得税费用会增加,公司应交还没有交的所得税负债也会增加。该笔经济业务会引起费用和负债两个会计要素发生变化,涉及"应交税费"和"所得税费用"这两个账户。应交税费属于负债类账户,增加应记入"应交税费"账户的贷方,所得税费用属于费用类账户,增加应记入"所得税费用"账户的借方。

因此,计算所得税,编制的会计分录如下:

借：所得税费用　　　　　　　　　　　　　　　　　104 955.04
　　贷：应交税费——应交所得税　　　　　　　　　　　104 955.04

②结转所得税费用。

这是一笔结转所得税费用的业务。该笔经济业务会导致所得税费用的减少，本年利润也会减少。所得税费用属于费用类账户，费用减少记入"所得税费用"账户的贷方，本年利润属于所有者权益类账户，减少记入"本年利润"账户的借方。结转后，"所得税费用"账户期末没有余额。

因此，将本月所得税费用结转入"本年利润"账户，编制的会计分录如下：

借：本年利润　　　　　　　　　　　　　　　　　104 955.04
　　贷：所得税费用　　　　　　　　　　　　　　　　104 955.04

结转本月所得税费用后，新巢家居 12 月的净利润金额为 314 865.12 元(利润总额 419 820.16－所得税费用 104 955.04)。

(6)年末，结转本年净利润 2 800 000 元至"利润分配——未分配利润"账户。

这是一笔年终结转的业务。净利润从本年利润结转到利润分配，涉及"本年利润"和"利润分配——未分配利润"账户。这笔业务一方面会使公司的本年利润减少，本年利润属于所有者权益类账户，减少应记入"本年利润"账户的借方；另一方面会使公司可供分配的未分配利润增加，"利润分配——未分配利润"账户属于所有者权益类账户，增加应记入"利润分配——未分配利润"账户的贷方。

因此，年末结转本年利润，应编制的会计分录如下：

借：本年利润　　　　　　　　　　　　　　　　　2 800 000
　　贷：利润分配——未分配利润　　　　　　　　　　　2 800 000

(7)按当年净利润的 10%提取法定盈余公积，按 5%提取任意盈余公积，按 20%分配给投资者。

①按本年净利润 2 800 000 元的 10%提取法定盈余公积，按 5%提取任意盈余公积。

计提的法定盈余公积＝2 800 000×10%＝280 000(元)

计提的任意盈余公积＝2 800 000×5%＝140 000(元)

这是一笔提取盈余公积的业务。提取盈余公积，涉及"盈余公积"和"利润分配"账户。该笔经济业务一方面使得可供分配的利润减少了 420 000 元，利润分配属于所有者权益类账户，利润分配的减少应记入"利润分配"账户的借方，具体借记"利润分配——提取法定盈余公积"账户 280 000 元，借记"利润分配——提取任意盈余公积"140 000 元；另一方面会使得公司的盈余公积增加了 420 000 元，"盈余公积"账户属于所有者权益类账户，增加应记入"盈余公积"账户的贷方，具体贷记"盈余公积——法定盈余公积"账户 280 000 元，贷记"盈余公积——任意盈余公积"140 000 元。

因此，提取盈余公积，应编制的会计分录如下：

借：利润分配——提取法定盈余公积　　　　　　　　280 000
　　　　　　——提取任意盈余公积　　　　　　　　140 000
　　贷：盈余公积——法定盈余公积　　　　　　　　　　280 000
　　　　　　　　——任意盈余公积　　　　　　　　　　140 000

②按本年净利润 2 800 000 元的 20%分配给投资者。

分配给投资者的利润=2 800 000×20%=560 000(元)

这是一笔分配给投资者利润的业务。这笔经济业务,涉及“应付股利”和“利润分配——应付现金股利”账户。该笔经济业务一方面使得可供分配的利润减少了 560 000 元,利润分配属于所有者权益类账户,利润分配的减少应记入“利润分配——应付现金股利”账户的借方;另一方面会使得公司的应付股利增加了 560 000 元,“应付股利”账户属于负债类账户,增加应记入“应付股利”账户的贷方。

因此,分配给投资者利润,应编制的会计分录如下:

借:利润分配——应付现金股利　　560 000
　贷:应付股利　　560 000

(8)年终利润分配明细账户的结转。

这是一笔利润分配明细账之间的结转业务,涉及利润分配明细账户,也就是要将利润分配中提取的法定盈余公积,提取任意盈余公积和应付现金股利这三个明细账户余额全部结转到“利润分配——未分配利润”这个明细账户中。这笔经济业务会减少未分配利润 980 000 元,记入“利润分配——未分配利润”账户的借方;利润分配中的提取法定盈余公积、提取任意盈余公积和应付现金股利这三个明细账户,之前在贷方,现在要往相反方向进行对冲,记入“利润分配——提取法定盈余公积”“利润分配——提取任意盈余公积”“利润分配——应付现金股利”账户的贷方。

因此,应编制的会计分录如下:

借:利润分配——未分配利润　　980 000
　贷:利润分配——提取法定盈余公积　　280 000
　　　　　　——提取任意盈余公积　　140 000
　　　　　　——应付现金股利　　560 000

结转后,利润分配明细账中除了“利润分配——未分配利润”这个明细账有余额,其他明细账都没有余额。此时,“利润分配——未分配利润”账户的期末余额在贷方,金额为 6 820 000.12 元(年初贷方余额 5 000 000.12 元+本年利润 2 800 000 元-已分配利润 980 000 元),表示公司截至 2023 年 12 月 31 日的累积未分配利润。

德育园地

利润分配案例

某科技有限公司在经历了几年的快速增长后,决定对其利润进行分配。公司高层认识到,利润分配不仅关乎股东的利益,还关乎公司的持续发展和社会责任。因此,他们制定了一套综合考虑各方利益的利润分配方案。

该公司决定将利润的 40%用于股东分红,目的是回报股东们对公司的信任和支持,同时也鼓励股东们继续持有公司的股份,有利于公司的稳定发展。另外,公司决定将 30%的利润用于研发和创新,目的是保持公司在行业内的领先地位,不断推出具有竞争力的新产品和服务,通过持续的创新,公司可以为客户提供更好的体验,从而赢得更多的市场份额。此外,公司还决定将 20%的利润用于员工福利和培训,目的是提升员工的技能和素质，增强员工的归属感和忠诚度，通过提供良好的员工福利和培训机会，公司可以激发员工的创造力，提高工作热情，进而提高整体业绩。最后，公司决定将剩余10%的利润用于社会公益事业，目的是回馈社会，推动社区的可持续发展，通过参与社会公益事业，可以树立良好的企业形象，增强企业品牌的影响力。

该利润分配方案得到了股东和员工的一致好评。股东们认为这是一个公平合理的方案，能够保障他们的利益；而员工们则认为这个方案体现了公司对他们的关心和支持，让他们更加有信心和动力为公司的发展贡献自己的力量。

公司在利润分配时要平衡各方利益，即应综合考虑股东、员工、社会等多方面的利益，这样才有助于增强各方对公司的信任和忠诚度，为公司的长期稳定发展奠定坚实基础。企业管理中应当注重公平与合理、关注员工利益、树立以人为本的管理理念、实现利益共享，以推动企业的和谐稳定发展。

任务小结

利润形成的核算介绍了利润的含义和构成、利润形成核算的账户设置和账务处理。利润是指企业在一定会计期间的经营成果，包括收入减去费用后的净额、直接计入当期利润的利得和损失等。企业的利润一般包括营业利润、利润总额和净利润三个内容。为了全面核算企业利润形成的经济业务，企业应设置“营业外收入”“营业外支出”“所得税费用”“本年利润”等账户。利润形成的账务处理包括发生营业外收支、结转损益类账户和计算并结转所得税费用。

利润分配的核算介绍了利润分配的顺序、账户设置和账务处理。利润分配是指企业根据国家有关规定、企业章程和投资者协议等，对企业当年可供分配的利润指定其特定用途和分配给投资者的行为。利润分配的顺序如下：计算可供分配的利润；提取法定盈余公积金；提取任意盈余公积金和向投资者分配利润。为了全面核算企业利润分配的经济业务，企业应设置“利润分配”“盈余公积”“应付股利”等账户。利润分配的账务处理包括结转净利润、提取盈余公积、分配给投资者的利润和结转利润分配各明细账户。

任务考核

一、单项选择题

❶ 下列选项中，不能转入“本年利润”账户的是“(　　)”账户。

A. 生产成本　　B. 主营业务成本　　C. 主营业务收入　　D. 销售费用

❷ 关于“本年利润”账户，下列选项中说法不正确的是(　　)。

A. 该账户的余额，年终应该转入“利润分配”账户

B. 该账户年终结转之后应没有余额

C. 该账户各个月末的余额可能在借方,也可能在贷方

D. 该账户期末借方余额表示自年初开始至当期期末为止累计实现的盈利

❸ 下列关于利润分配的顺序正确的是(　　)。

A. 计算可供分配利润、提取法定盈余公积、提取任意盈余公积、向投资者分配利润

B. 提取法定盈余公积、计算可供分配利润、提取任意盈余公积、向投资者分配利润

C. 提取任意盈余公积、提取法定盈余公积、计算可供分配利润、向投资者分配利润

D. 向投资者分配利润、提取法定盈余公积、提取任意盈余公积、计算可供分配利润

❹ 利润分配结束后,利润分配总账所属的明细账中只有(　　)可能存在余额。

A. 提取盈余公积　　B. 其他转入　　C. 应付利润　　D. 未分配利润

❺ 某公司 2023 年年初"利润分配——未分配利润"账户的余额在借方,金额为 100 万元,2023 年该企业实现净利润 400 万元,提取盈余公积 40 万元,分配利润 100 万元,则 2023 年年末该企业未分配利润的金额为(　　)万元。

A. 260　　B. 300　　C. 160　　D. 360

二、多项选择题

❶ 下列选项中,关于"所得税费用"账户的表述中正确的有(　　)。

A. 它是损益类账户

B. 该账户的余额期末结账时应转入"本年利润"账户

C. 该账户属负债类账户

D. 该账户的余额一般在贷方

❷ 关于"利润分配——未分配利润"账户,下列说法正确的有(　　)。

A. 未分配利润的期末贷方余额表示本年净利润减去分配的利润

B. 未分配利润的期末贷方余额表示累计未分配的利润

C. 未分配利润的期末借方余额表示本年超额分配的利润

D. 未分配利润的期末借方余额表示累计未弥补亏损

❸ 下列会计科目中,年末应无余额的有(　　)。

A. 主营业务收入　　B. 营业外收入　　C. 本年利润　　D. 利润分配

❹ 为了核算企业利润分配的过程、去向和结果,企业应设置的科目有(　　)。

A. 利润分配　　B. 管理费用　　C. 盈余公积　　D. 应付股利

❺ 经计算,某公司本年的应纳税所得额为 2 000 000 元,适用的所得税税率为 25%。则该公司年末确认所得税费用和结转所得税费用时应编制的会计分录包括(　　)。

A. 借:所得税费用　　500 000
　　贷:银行存款　　500 000

B. 借:应交税费——应交所得税　　500 000
　　贷:所得税费用　　500 000

C. 借:本年利润　　500 000
　　贷:所得税费用　　500 000

D. 借:所得税费用　　500 000
　　贷:应交税费——应交所得税　　500 000

三、判断题

❶“盈余公积”账户属于所有者权益类账户，该账户借方登记提取的盈余公积，贷方登记实际使用的盈余公积。期末借方余额反映结余的盈余公积。（　　）

❷ 企业当期实现的净利润通过“本年利润”账户核算，当期发生的净亏损不通过“本年利润”账户核算。（　　）

❸“营业外收入”账户属于损益类账户，用来核算企业发生的与其日常活动无直接关系的各项利得。（　　）

❹ 年度终了，企业应将当年实现的净利润或亏损，转入“利润分配——未分配利润”账户。（　　）

❺ 企业根据利润分配方案向投资者分配现金股利或利润时，应按实际分配的现金股利或利润金额，借记“应付股利”账户，贷记“银行存款”账户。（　　）

四、实训题

华升公司 2023 年 12 月有关损益类账户本期发生额见表 4-5-2：

表 4-5-2　　有关损益类账户发生额　　单位：元

账户名称	借方发生额	贷方发生额
主营业务收入		1 000 000
其他业务收入		100 000
营业外收入		80 000
主营业务成本	600 000	
其他业务成本	60 000	
税金及附加	100 000	
销售费用	110 000	
管理费用	60 000	
财务费用	30 000	
营业外支出	20 000	

(1)将 12 月所有损益类账户结转到“本年利润”账户。

(2)确定本月利润总额，计算并结转本月应交所得税费用。假设没有纳税调整事项，企业所得税税率为 25%。

(3)将本年实现的净利润转入“利润分配”账户中。（假设该公司 1—11 月累计的净利润为 850 000 元）

(4)12 月 31 日公司确定的全年净利润分配方案：根据本年净利润的 10%提取法定盈余公积金，按本年净利润的 50%向股东发放现金股利。

(5)将“利润分配”各明细账户结转入“利润分配——未分配利润”账户，计算出年末未分配利润金额。假设公司年初未分配利润为 500 000 元。

要求：

根据华升公司发生的上述经济业务，编制有关会计分录，并计算公司的利润总额、净利润和年末未分配利润金额。

项目五

设账与登账

学习目标

能力目标

1. 能建立日记账、明细分类账和总分类账。
2. 能登记日记账、明细分类账和总分类账。
3. 能进行总分类账和明细分类账的平行登记。
4. 能运用正确方法更正错账。

知识目标

1. 了解会计账簿的作用、基本构成。
2. 掌握会计账簿的种类、使用范围。
3. 熟悉会计账簿的登记规则。
4. 掌握总分类账和明细分类账平行登记的要点、方法。
5. 掌握账务处理程序的概念和分类。

素质目标

1. 运用会计账簿登记规则，培养学生养成专注、精益求精的工匠精神。
2. 正确查找错账，培养学生遵纪守法、不做假账、有错必究的职业精神。

案例导入

总账会计刘雨玲已经将新巢家居有限责任公司本月的经济业务用记账凭证记录下来，如果想全面、连续、系统地了解某一账户这个月的会计信息，就需要会计账簿。

思考：什么是会计账簿？会计账簿都有哪些种类？不同会计账簿的账页有无区别？企业应该设置哪些账簿？又如何进行登记？

任务一　设置与启用账簿

任务情境

新巢家居有限责任公司2023年12月1日有关账户期初余额资料见表5-1-1：

表5-1-1　　账户期初余额表

单位：元

总账科目	明细科目	期初余额	
		借方	贷方
库存现金		17 200.00	
银行存款		2 597 800.00	
应收票据	新华公司	200 000.00	
应收账款		376 000.00	
	昌华公司	226 000.00	
	亚美公司	150 000.00	
预付账款	蓝天公司	50 000.00	
坏账准备			3 000.00
原材料		121 000.00	
	面料（呼吸革）（单价19元/米，2 000米）	38 000.00	
	面料（pu革）（单价15元/米，1 500米）	22 500.00	
	铁件（单价150元/件，50件）	7 500.00	
	棉（单价10元/千克，2 000千克）	20 000.00	
	木材（单价15元/平方米，2 200平方米）	33 000.00	
库存商品		577 000.00	
	功能沙发产品（单位成本为650元/套，500套）	325 000.00	
	固定沙发产品（单位成本为420元/套，600套）	252 000.00	
固定资产		18 279 135.00	
累计折旧			1 600 000.00
应付票据	凤翔公司		30 000.00
应付账款	东华公司		100 000.00
长期借款			1 000 000.00
实收资本			10 000 000.00
资本公积			800 000.00

（续表）

总账科目	明细科目	期初余额	
		借方	贷方
盈余公积			1 200 000.00
本年利润			2 485 134.88
利润分配			5 000 000.12
合计		22 218 135.00	22 218 135.00

任务布置

请根据新巢家居有限责任公司2023年12月1日相关账户的期初余额资料设置相关的总账、日记账和明细账。

知识准备

一、会计账簿概述

（一）会计账簿的概念与作用

会计账簿的概述

会计账簿，是指以会计凭证为依据，序时、分类、系统、完整地记录和反映各项经济业务的簿籍。设置和登记会计账簿，是重要的会计核算基础工作，是连接填制与审核会计凭证和编制财务报表的中间环节。做好这项工作，对于加强经济管理具有十分重要的作用。

1. 提供系统、全面的会计信息

通过设置和登记账簿，可以全面、系统、连续地记录和反映各项资产、负债、所有者权益的增减变动情况，收入、费用的发生情况，以及利润的形成及分配情况。

2. 保护财产的安全完整

借助于账簿记录，可以监督各项财产物资是否妥善保管，防止损失浪费，还可揭露贪污盗窃行为，保护财产的安全完整。

3. 为编制会计报表提供依据

通过设置和登记账簿，可以为编制各种会计报表提供系统的会计核算资料。会计报表指标是否真实，会计报表编制能否及时，都与账簿设置和登记的质量有密切关系。

4. 促进企事业单位提高经济效益

通过设置和登记账簿，可以为分析和检查企事业单位经济活动提供依据。通过对账簿资料的分析，可以检查企事业单位执行财经法规、制度、遵守财经纪律的情况；考核成本、财务计划的完成情况；分析资金使用是否得当，成本、费用支出是否合理，经济效益有无提高，并可据以揭露矛盾、分析原因、提出改进措施、促进企事业单位不断提高经济效益。

（二）会计账簿的基本构成

会计账簿一般由封面、扉页和账页构成。

1. 封面

写明账簿名称和单位名称。

2. 扉页

填列账簿启用的日期和截止日期，页数、册次，经管账簿人员一览表和签章，会计主管人员签章，账户目录等。账户目录是由记账人员在账簿中开设账页户头后，按顺序将每个账户的名称和页数登记的，便于查阅账簿中登记的内容。如果是活页账簿，在账簿启用时无法确定页数，可先将账户名称填写好，待年终装订归档时，再填写页数。账簿启用及交接登记表具体格式见表 5-1-2，账户目录格式见表 5-1-3。

表 5-1-2　　账簿启用及交接登记表

<table>
<tr><td>单位名称</td><td colspan="3"></td><td rowspan="6">印花税票
粘贴处</td></tr>
<tr><td rowspan="5">本账簿</td><td>名称</td><td colspan="2"></td></tr>
<tr><td>册次</td><td colspan="2">第　册　共　册</td></tr>
<tr><td>起止页数</td><td colspan="2">第　号至第　号共计　号</td></tr>
<tr><td>启用日期</td><td colspan="2">年　月　日</td></tr>
<tr><td>停用日期</td><td colspan="2">年　月　日</td></tr>
<tr><td>经管人员姓名</td><td>接管日期</td><td>移交日期</td><td>经管人员盖章</td><td>会计主管盖章</td></tr>
<tr><td></td><td></td><td></td><td></td><td></td></tr>
<tr><td></td><td></td><td></td><td></td><td></td></tr>
<tr><td></td><td></td><td></td><td></td><td></td></tr>
<tr><td></td><td></td><td></td><td></td><td></td></tr>
<tr><td rowspan="2">备注</td><td colspan="3" rowspan="2"></td><td>单位公章</td></tr>
<tr><td></td></tr>
</table>

表 5-1-3　　账户目录

编号	账户类型	科目名称	页码

3. 账页

账页的格式，因反映经济业务内容不同，可有不同格式，但基本内容应包括：

(1)账户的名称(总分类科目或明细分类科目)；

(2)日期栏;

(3)凭证种类和号数栏;

(4)摘要栏(记录经济业务内容的简要说明);

(5)金额栏(记录经济业务的增减变动);

(6)总页次和分户页次。

(三)会计账簿的种类

1. 按用途分类

会计账簿的分类

会计账簿按其用途,可分为序时账、分类账和备查账。

(1)序时账亦称日记账,是按经济业务发生时间的先后顺序逐日逐笔登记的账簿,用以反映某类经济业务随时间变化的情况。因此,设立日记账有利于核算和监督单位不同时日的资金情况,如对现金收付业务设置库存现金日记账,对银行存款收付业务设置银行存款日记账。

(2)分类账按记账内容详细程度不同,分为总分类账和明细分类账。总分类账是根据总分类科目设置账户,通过对全部经济业务的登记,全面、系统、总括地反映全部资金增减变化和结存情况的账簿。总分类账既可以集中地反映全部资金总括的变化情况,也可以反映不同种类的资金在变化中所造成的相互影响以及它们之间的相互联系。它是一种非常重要的账簿,所有单位都要设置总分类账。明细分类账是根据明细分类科目设置账户,用以具体反映某类资金增减变化和结存情况的账簿。设立明细分类账主要用于反映和监督某类经济业务所引起的资金增减变化和结存情况。

(3)备查账也称辅助账,是对在序时账和分类账中未能反映和记录的事项进行补充登记的账簿。它主要用来记录一些供日后查考的有关经济事项,如“代销商品登记簿”“租入固定资产登记簿”等。备查账簿只是对账簿记录的一种补充,它与其他账簿之间不存在严密的依存、钩稽关系。

2. 按外表形式分类

会计账簿按外表形式,可分为订本式账簿、活页式账簿和卡片式账簿。

(1)订本式账簿,是指把若干账页装订成册的账簿。这种账簿,账页固定,既可避免账页散失,又可防止账页被抽换,比较安全。但订本式账簿也有其缺点,同一本账簿在同一时间内只能由一人登记,不能分工记账。当账页总数和账簿中各账户预留账页数与实际需要量不一致时,会造成账页不足,影响账户连续记录,或预留账页过多造成浪费。订本式账簿,一般适用于重要的、具有统驭性的账簿,如总分类账、现金日记账和银行存款日记账。

(2)活页式账簿,是指把分散的账页装在活页夹内,并可以随时增减账页的账簿。这种账簿的优点是页数可根据需要确定,并且登记方便,可同时由数人分工登记账簿。其缺点是账页容易散失和被随意抽换。会计年度终了,将其装订成册并进行连续编号。活页式账簿一般适用于明细分类账。

(3)卡片式账簿,是指将一定数量的卡片式账页装存于专设的卡片箱中,账页可以根据需要随时增添的账簿。这种账簿的优缺点与活页式账簿相同。在实际使用时，卡片上应连续编号并加盖有关人员名章，卡片箱应由专人负责保管。卡片式账簿一般适用于固定资产等明细账簿。

3. 按账页格式分类

会计账簿按账页格式，可分为三栏式账簿、多栏式账簿和数量金额式账簿。

(1)三栏式账簿，是指设有借方、贷方和余额三个基本栏目的账簿。适用于日记账、总分类账以及资本、债权、债务明细分类账。如“银行存款”日记账、“原材料”总分类账以及“应收账款”“应付账款”“实收资本”等账户的明细分类核算。三栏式账页见表 5-1-4。

表 5-1-4　　三栏式账页

明细分类账

____级科目________　　____级科目________

年		凭证		摘要	借方											贷方											借或贷	余额											核对
月	日	种类	号数		亿	千	百	十	万	千	百	十	元	角	分	亿	千	百	十	万	千	百	十	元	角	分		亿	千	百	十	万	千	百	十	元	角	分	

(2)多栏式账簿，是指在账页的两个基本栏目借方或贷方按照需要分设若干个专栏的账簿。适用于收入、成本、费用等明细分类账。如“生产成本”“管理费用”“营业外收入”等账户的明细分类核算。多栏式账页见表 5-1-5。

表 5-1-5　　多栏式账页

明细分类账

____级科目________　　____级科目________

年		凭证		摘要	借方											贷方											借或贷	余额											(　)方项目																																											
月	日	种类	号数		亿	千	百	十	万	千	百	十	元	角	分	亿	千	百	十	万	千	百	十	元	角	分		亿	千	百	十	万	千	百	十	元	角	分	亿	千	百	十	万	千	百	十	元	角	分	亿	千	百	十	万	千	百	十	元	角	分	亿	千	百	十	万	千	百	十	元	角	分	亿	千	百	十	万	千	百	十	元	角	分

(3)数量金额式账簿，是指在账页的借方(收入)、贷方(发出)和余额(结存)三个栏目内，都分设数量、单价和金额三小栏，以反映财产物资的实物数量和价值量的账簿。适用于原材料、库存商品等存货明细分类账。如“原材料”“库存商品”等账户的明细分类核算。数量金额式账页见表 5-1-6。

表 5-1-6 数量金额式账页

明细分类账

最高存量________ 编号________ 名称________

最低存量________ 储备天数________ 存放地点________ 计量单位________ 规格________ 类别________

年		凭证		摘要	收入													发出													结存													核对
					数量	单价	金额											数量	单价	金额											数量	单价	金额											
月	日	种类	号数				亿	千	百	十	万	千	百	十	元	角	分			亿	千	百	十	万	千	百	十	元	角	分			亿	千	百	十	万	千	百	十	元	角	分	

二、账簿的设置与启用

(一)会计账簿的设置

会计账簿的设置和启用

每一个会计主体都应当根据本单位经济业务的特点和经营管理的需要，设置一套适合的会计账簿。设置会计账簿应当遵循下列原则：

(1)完整性。会计账簿的设置要能全面、系统地反映和监督各单位的经济活动情况，为经营管理提供系统、分类的核算资料。

(2)实用性。各单位要从经济活动和业务工作特点出发设置会计账簿，力求简便实用，避免烦琐重复，以便于会计分工和加强岗位责任制。

(3)严密性。会计账簿的设置要组织严密、层次分明。会计账簿之间要相互衔接、相互补充、相互制约。

（二）会计账簿的启用

按照《会计基础工作规范》的规定，启用新的会计账簿时，一般应遵守以下程序和要求：

1. 填写封面

在会计账簿封面上写明单位名称和账簿名称。

2. 填写扉页

在会计账簿的扉页上填写“账簿启用及交接登记表”，注明启用日期、账簿起止页数（活页式账簿，可于装订时填写起止页数）、记账人员和会计机构负责人、会计主管人员姓名等，并加盖有关个人名章和单位公章。当记账人员或者会计机构负责人、会计主管人员调动工作时，应在“启用表”上注明交接日期、接办人员和监交人员姓名，并由交接双方签字或者盖章。

3. 粘贴印花税票

印花税票应粘贴在会计账簿的右上角，并且要划线或盖戳注销。在使用缴款书缴纳印花税时，应该在右上角注明“印花税已缴”以及缴款金额。

4. 填写账户目录

总分类账应按照会计科目的编号顺序填写科目名称及启用页码。在启用活页式明细分类账时，应按照所属会计科目填写科目名称和页码，在年度结账后，撤去空白账页，填写使用页码。

三、会计账簿的登记规则

（一）准确完整

登记会计账簿时，应当将会计凭证的日期、编号、业务内容摘要、金额和其他有关资料逐项记入账内，做到登记及时完整、数字清晰无误、摘要简明扼要、文字规范清楚。

会计账簿的登记规则

（二）注明记账符号

登记完毕后，记账人员要在记账凭证下方“记账”处签名或者盖章，并在记账凭证表格中的“记账”栏注明已经记账的符号（如打“√”或注明账页次），表示已经记账，避免重记、漏记。

（三）书写留空

账簿中书写的文字和数字不要写满格，一般应占格距的 1/2，上面要留有适当的空间，以便更正改错。

（四）正确使用墨水

登记账簿要用蓝黑墨水或者碳素墨水钢笔书写，不得使用圆珠笔（银行的复写账簿除外）或者铅笔书写。用红色墨水记账仅限于下列情况：

（1）按照红字冲账的记账凭证，用红字冲销（或冲减）错误记录。

（2）在不设“借”“贷”等栏的多栏式账页中，用红字登记减少数或转销数，如只设借方项目的成本费用多栏式明细账。

(3)三栏式账页的余额栏前，如果没有表明余额方向的“借或贷”栏，那么应用红字在“余额”栏内登记负数余额。

(4)根据国家统一会计制度的规定可以用红字登记的其他会计记录。

(五)顺序连续登记

各种账簿应按页次顺序连续登记，记账人员在记账时精力一定要集中，一笔接一笔，一行接一行，记满一页后，再记下一页，不得跳行、隔页。这样做不仅使账目工整清楚，符合记账规范，还可避免由于跳行、隔页出现的意外事端。如果由于工作疏忽而不慎发生跳行、隔页时，不得随意撕毁账页，而应按规定的方法对空行或空页予以注销。

(六)结算余额

凡需要结出余额的账户，结出余额后，应当在“借或贷”等栏内(一般指三栏式账页)注明“借”或者“贷”字样。没有余额的账户，应当在“借或贷”栏内写“平”字，并在“余额”栏内元位上用“θ”表示。库存现金日记账和银行存款日记账必须逐日结出余额。

(七)账页转换

每一账页登记完毕应结转下页。账页转换有两种方法：一是结出本页合计数及余额写在本页最后一行和下页第一行有关栏内，并分别在“摘要”栏内注明“过次页”和“承前页”字样；二是不做“过次页”，只需将本页合计数及金额写在下页第一行有关栏内，并在“摘要”栏内注明“承前页”字样。

任务实施

(1)根据任务资料设置相关总账，例如“原材料”“应付账款”和“实收资本”总分类账户见表 5-1-7、表 5-1-8、表 5-1-9。

表 5-1-7　原材料总分类账户

2023 年		凭证		摘要	借方	贷方	借或贷	余额
月	日	种类	号数					
12	1			期初余额			借	121 000.00

表 5-1-8　应付账款总分类账户

2023 年		凭证		摘要	借方	贷方	借或贷	余额
月	日	种类	号数					
12	1			期初余额			贷	100 000.00

表 5-1-9　　实收资本总分类账户

2023 年		凭证		摘要	借方	贷方	借或贷	余额
月	日	种类	号数					
12	1			期初余额			贷	10 000 000.00

(2)根据任务资料设置库存现金日记账和银行存款日记账，见表 5-1-10 和表 5-1-11。

表 5-1-10　　库存现金日记账

2023 年		凭证		摘要	对方科目	借方	贷方	余额
月	日	种类	号数					
12	1			期初余额				17 200.00

表 5-1-11　　银行存款日记账

2023 年		凭证		摘要	对方科目	借方	贷方	余额
月	日	种类	号数					
12	1			期初余额				2 597 800.00

(3)根据任务资料设置明细账，例如“应收票据”“原材料”的明细账户见表 5-1-12 至表 5-1-17。

表 5-1-12　　应收票据三栏明细账

二级科目名称：新华公司

2023 年		凭证		摘要	借方	贷方	借或贷	余额
月	日	种类	号数					
12	1			期初余额			借	200 000.00

表 5-1-13　　原材料明细账(1)

编号：　　类别：面料(呼吸革)　　规格：　　单位：元/米　　计划单价：

2023 年		凭证		摘要	收入			发出			结存		
月	日	种类	号数		数量	单价	金额	数量	单价	金额	数量	单价	金额
12	1			期初余额							2 000	19.00	38 000.00

表 5-1-14 原材料明细账(2)

编号： 类别：面料(pu 革) 规格： 单位：元/米 计划单价：

2023 年		凭证		摘要	收入			发出			结存		
月	日	种类	号数		数量	单价	金额	数量	单价	金额	数量	单价	金额
12	1			期初余额							1 500	15.00	22 500.00

表 5-1-15 原材料明细账(3)

编号： 类别：铁件 规格： 单位：元/件 计划单价：

2023 年		凭证		摘要	收入			发出			结存		
月	日	种类	号数		数量	单价	金额	数量	单价	金额	数量	单价	金额
12	1			期初余额							50	150.00	7 500.00

表 5-1-16 原材料明细账(4)

编号： 类别：棉 规格： 单位：元/千克 计划单价：

2023 年		凭证		摘要	收入			发出			结存		
月	日	种类	号数		数量	单价	金额	数量	单价	金额	数量	单价	金额
12	1			期初余额							2 000	10.00	20 000.00

表 5-1-17 原材料明细账(5)

编号： 类别：木材 规格： 单位：元/平方米 计划单价：

2023 年		凭证		摘要	收入			发出			结存		
月	日	种类	号数		数量	单价	金额	数量	单价	金额	数量	单价	金额
12	1			期初余额							2 200	15.00	33 000.00

德育园地

设立生活费账簿

小王是大一新生，为了更好地管理自己的生活费，决定设立一个生活费账簿。他希望通过记录每一笔收入和支出，了解自己的消费习惯，找出不必要的开支，以便更加合理地规划生活。小王在生活费账簿中详细记录了每一笔收入和支出，包括来源、金额、时间以及用途等。他坚持每天记录，确保账簿的准确性和完整性。经过一段时间的记录，小王开始对自己的消费习惯进行分析和总结。他发现自己在餐饮和娱乐方面的支出较多，而在学习和书籍购买方面的投入相对较少。为了改善这一状况，他决定调整自己的消费结构，减少不必要的开支，增加对学习和个人成长的投入。

在分析了自己的消费习惯后，小王开始制定新的生活规划。他设定了每月的预算，并将预算分配到各个消费领域。同时，他还制定了一些节约开支的措施，如减少外出就餐次数、购买打折商品等。通过这些调整，小王的财务状况逐渐得到改善。

通过小王设立生活费账簿的案例，可以得到如下启示：

一是提高财务意识。通过设立生活费账簿，可以更加清晰地了解自己的收支情况，提高财务意识。同时可以更好地掌握自己的经济状况，避免不必要的浪费和负债。

二是培养规划能力。设立账簿并进行分析总结，可以帮助培养规划能力。可以根据自己的实际情况制定预算和计划，合理安排生活和学习。这种规划能力不仅有助于财务管理，还可以在其他方面发挥积极作用。

三是增强自我约束。通过记录每一笔收入和支出，可以更加清晰地看到自己的消费行为。这有助于增强自我约束能力，避免冲动消费和不必要的开支。同时，也可以更好地掌控自己的生活节奏和质量。

四是可以促进个人成长。通过设立账簿并进行分析总结，可以更加深入地了解自己的消费习惯和价值观。这有助于审视自己的行为和价值观，并进行相应的调整。在这个过程中，可以更加明确自己的人生目标和追求，从而促进个人成长和发展。

任务小结

会计账簿，是指以会计凭证为依据，序时、分类、系统、完整地记录和反映各项经济业务的簿籍。会计账簿一般由封面、扉页和账页构成。会计账簿按其用途，可分为序时账簿、分类账簿和备查账簿；会计账簿按外表形式，可分为订本式账簿、活页式账簿和卡片式账簿；会计账簿按账页格式，可分为三栏式账簿、多栏式账簿和数量金额式账簿。

任务考核

一、单项选择题

1. 现金日记账、银行存款日记账应当采用(　　)。

A. 订本式　　B. 活页式

C. 三栏式　　D. 卡片式

2. “库存商品”明细分类账的格式一般是(　　)。

A. 三栏式　　B. 数量金额式
C. 多栏式　　D. 横线登记式

3 登记会计账簿时，正确的做法是（　　）。
A. 文字或数字的书写必须占满格
B. 书写可以使用蓝黑墨水、圆珠笔或铅笔
C. 用红字冲销错误记录
D. 发生的空行、空页一定要补充书写

4 下列选项中不适于建立备查账的是（　　）。
A. 租入的固定资产　　B. 应收票据
C. 受托加工材料　　D. 购入的固定资产

5 下列选项中，连接填制与审核会计凭证、编制财务报表的中间环节是（　　）。
A. 复式记账　　B. 设置会计账户
C. 登记会计账簿　　D. 编制会计分录

二、多项选择题

1 可选用三栏式账页格式进行明细分类核算的有（　　）。
A. 库存商品　　B. 应收账款
C. 管理费用　　D. 实收资本

2 下列做法正确的包括（　　）。
A. 原材料总账采用三栏式账簿　　B. 生产成本明细账采用多栏式账簿
C. 应付账款明细账采用数量金额式账簿　　D. 制造费用明细账采用三栏式账簿

3 现金日记账属于（　　）。
A. 三栏式账簿　　B. 多栏式账簿
C. 订本式账簿　　D. 活页式账簿

4 按照账页格式的不同，可分为（　　）。
A. 订本式　　B. 三栏式
C. 数量金额式　　D. 多栏式

5 账页的基本内容包括（　　）。
A. 账户名称　　B. 凭证的种类和号数
C. 摘要栏　　D. 总页次和分户页次

三、判断题

1 账簿按其用途不同，可以分为序时账簿、分类账簿和备查账簿。（　　）

2 总账和库存现金、银行存款日记账应当采用订本式，明细分类账通常采用活页式。（　　）

3 登记会计账簿要用蓝黑墨水或者碳素墨水书写，不得使用圆珠笔或者铅笔书写。（　　）

4 明细分类账一般使用活页式账簿，以便于根据实际需要，随时添加账页。（　　）

5 登记会计账簿时，发生的空行、空页一定要补充书写，不得注销。（　　）

任务二　登日记账、总账和明细账

任务情境

新巢家居 2023 年 12 月发生了下列经济业务(代原始凭证)：

(1)1 日，收到长江投资有限公司投入资金 2 000 000 元，款项已经存入公司银行账户，其中作为注册资本金的份额为 1 200 000 元，并办理了增资手续。

(2)1 日，收到富江公司投入的机器设备 1 台，机器设备估计价值为 800 000 元。假定不考虑增值税。

(3)1 日，因急需流动资金，从银行取得 3 个月期限的借款 240 000 元，所得款项已存入银行。

(4)1 日，从银行借入 3 年期借款 900 000 元，所得款项已存入银行。

(5)2 日，向亚美公司销售功能沙发 500 套，销售价格为 900 元/套，增值税专用发票上注明价款 450 000 元，增值税税额 58 500 元，商品已发出，款项已存入银行。

(6)3 日，从东华公司购入原料 pu 革面料 16 000 米，每米 15 元，增值税专用发票上注明买价 240 000 元，增值税税额 31 200 元。材料已运到企业并验收入库，货款尚未支付。

(7)4 日，收到星星纺织有限公司因延迟交货交来的违约金 32 000 元，款已收存银行。

(8)5 日，收到一笔因职工李伟违纪的罚款收入 500 元存入银行。

(9)7 日，向昌华公司销售固定沙发 1 400 套，销售价格为 600 元/套，增值税专用发票上注明价款 840 000 元，增值税税额 109 200 元，商品已发出，款项尚未收到。

(10)8 日，从凤翔公司购入棉原料 5 000 千克，单价为 10 元/千克，增值税专用发票上注明买价 50 000 元，增值税税额 6 500 元。材料已运到企业并验收入库，新巢家居开出商业承兑汇票，面值 56 500 元，用于支付这笔货款。

(11)10 日，从南海公司购入原料呼吸革面料 9 000 米，每米 18 元，买价 162 000 元，增值税进项税额 21 060 元，运费 9 000 元，增值税税额为 810 元，货款及运费已通过银行存款支付，材料尚未验收入库。

(12)12 日，以银行存款 18 000 元向希望工程捐款。

(13)15 日，向新华公司销售功能沙发 400 套，销售价格为 900 元/套，增值税专用发票上注明价款 360 000 元，增值税税额 46 800 元，商品已发出，收到新华公司开出并承兑的商业汇票一张，面值 406 800 元。

(14)16 日，行政管理部门周文出差预借差旅费 5 000 元，出纳王兰新以现金支付。

(15)17 日，以银行存款支付广告费，增值税专用发票上注明广告费 26 300 元，增值税税额 1 578 元。

(16)18 日，向南海公司采购的呼吸革面料 9 000 米验收入库。

(17)19 日，对外销售一批不需用的呼吸革原料 2 000 米，单价 35 元/米，价款共计 70 000 元，增值税税额 9 100 元。收到转账支票并送存银行。

(18)20 日，为购入铁件材料向宏光公司预付货款 40 000 元，款项以银行存款支付。

(19)21 日，从银行提取现金 3 000 元备用。

(20)22 日，以银行存款支付业务招待费 14 800 元。

(21)24 日，行政管理部门周文报销差旅费 5 200 元，现金补付 200 元。

(22)25 日，收到向宏光公司购买的铁件材料 300 件，单价 150 元/件，共 45 000 元，增值税进项税额 5 850 元。

(23)26 日，用银行存款补付余款和增值税 10 850 元。

(24)27 日，向东华公司购入原料呼吸革面料 2 000 米，每米 18 元，增值税专用发票上注明买价 36 000 元，增值税税额 4 680 元，购入原料 pu 革面料 1 000 米，每米 14 元，增值税专用发票上注明买价 14 000 元，增值税税额 1 820 元。购入呼吸革面料、pu 革面料两种原料的运费为 3 000 元，增值税专用发票上注明的增值税税额为 270 元。上述两种材料的成本和相关费用均以银行存款支付，材料已验收入库。（假设运费按所购材料的数量为标准来进行分摊）

(25)31 日，根据仓库发出材料情况编制 12 月材料耗用汇总表，见表 4-3-1。

(26)31 日，结算本月应付职工工资 217 000 元，其中生产功能沙发产品工人工资 60 000 元，生产固定沙发产品工人工资 100 000 元，车间管理人员工资 26 000 元，行政管理人员工资 31 000 元。

(27)31 日，计提本月固定资产折旧，其中车间固定资产折旧为 12 000 元，行政管理部门固定资产折旧为 3 000 元，销售部门固定资产折旧为 1 500 元。

(28)31 日，以银行存款支付本月水电费 3 300 元，其中生产车间水电费 3 000 元，企业行政管理部门水电费 300 元。

(29)31 日，以银行存款支付本月办公用品 3 500 元，其中车间 1 500 元，行政管理部门 2 000 元。

(30)31 日，本月发生的制造费用总额为 44 000 元，结转本月发生的制造费用，并按生产功能沙发、固定沙发产品的机器工时的比例进行分配。其中，本月功能沙发产品机器工时为 12 000 小时，固定沙发产品机器工时为 10 000 小时。

(31)31 日，本月投产功能沙发产品 500 套，固定沙发产品 1 000 套全部完工并验收入库，计算功能沙发、固定沙发产品生产总成本并结转功能沙发、固定沙发产品的生产成本。（功能沙发、固定沙发产品无期初在产品）

(32)31 日，结转销售功能沙发、固定沙发两种产品的实际生产成本，其中：功能沙发销售数量 900 套，单位成本 650 元，共计 585 000 元；固定沙发销售数量 1 400 套，单位成本 420 元，共计 588 000 元。

(33)31 日，结转呼吸革原料销售成本 38 000 元。

(34)31 日，计提本月短期借款利息，年利率为 5%。

(35)31 日，本月应交增值税税额 149 832 元，公司按照 7%提取城市维护建设税，按 3%提取教育费附加，按 2%提取地方教育费附加。

(36)31 日，结转本期损益。

(37)31 日，假定无其他纳税调整事项，不符合企业所得税的减免规定，计算并结转本月所得税费用。所得税税率为 25%。

(38)31 日，结转本年净利润至“利润分配——未分配利润”账户。假定新巢家居 2023 年全年实现净利润为 2 800 000 元。

(39)31 日，根据公司分配方案，按当年净利润的 10%提取法定盈余公积，按 5%提取任意盈余公积，按 20%分配给投资者。

(40)31 日，将“利润分配”账户的其他明细账户的余额转入“利润分配——未分配利润”账户。

根据上述经济业务编制的记账凭证见表 5-2-1(以记账凭证简表代替)。

表 5-2-1　记账凭证简表

日期	凭证号	摘要	总账科目	明细账科目	借方金额	贷方金额
12-01	记 1	收到投入资金	银行存款		2 000 000	
			实收资本	长江投资有限公司		1 200 000
			资本公积	资本溢价		800 000
12-01	记 2	收到投入的机器设备	固定资产	机器设备	800 000	
			实收资本	富江公司		800 000
12-01	记 3	取得短期借款	银行存款		240 000	
			短期借款			240 000
12-01	记 4	取得长期借款	银行存款		900 000	
			长期借款			900 000
12-02	记 5	销售功能沙发，款收存银行	银行存款		508 500	
			主营业务收入	功能沙发		450 000
			应交税费	应交增值税(销项税额)		58 500
12-03	记 6	购料入库，款未付	原材料	pu 革面料	240 000	
			应交税费	应交增值税(进项税额)	31 200	
			应付账款	东华公司		271 200
12-04	记 7	收到违约金	银行存款		32 000	
			营业外收入			32 000
12-05	记 8	收到罚款收入	银行存款		500	
			营业外收入			500
12-07	记 9	销售固定沙发，款未收	应收账款	昌华公司	949 200	
			主营业务收入	固定沙发		840 000
			应交税费	应交增值税(销项税额)		109 200
12-08	记 10	购料入库，开出商业汇票	原材料	棉	50 000	
			应交税费	应交增值税(进项税额)	6 500	
			应付票据	凤翔公司		56 500

（续表）

日期	凭证号	摘要	总账科目	明细账科目	借方金额	贷方金额
12-10	记 11	购料未入库，款已付	在途物资	呼吸革面料	171 000	
			应交税费	应交增值税（进项税额）	21 870	
			银行存款			192 870
12-12	记 12	向希望工程捐款	营业外支出		18 000	
			银行存款			18 000
12-15	记 13	销售功能沙发，收到商业汇票	应收票据	新华公司	406 800	
			主营业务收入	功能沙发		360 000
			应交税费	应交增值税（销项税额）		46 800
12-16	记 14	周文预借差旅费	其他应收款	周文	5 000	
			库存现金			5 000
12-17	记 15	支付广告费	销售费用	广告费	26 300	
			应交税费	应交增值税（进项税额）	1 578	
			银行存款			27 878
12-18	记 16	材料验收入库	原材料	呼吸革面料	171 000	
			在途物资	呼吸革面料		171 000
12-19	记 17	销售材料，款收存银行	银行存款		79 100	
			其他业务收入	呼吸革面料		70 000
			应交税费	应交增值税（销项税额）		9 100
12-20	记 18	预付货款	预付账款	宏光公司	40 000	
			银行存款			40 000
12-21	记 19	提取现金备用	库存现金		3 000	
			银行存款			3 000
12-22	记 20	支付业务招待费	管理费用	业务招待费	14 800	
			银行存款			14 800
12-24	记 21	周文报销差旅费	管理费用	差旅费	5 200	
			其他应收款	周文		5 000
			库存现金			200
12-25	记 22	收到铁件材料	原材料	铁件	45 000	
			应交税费	应交增值税（进项税额）	5 850	
			预付账款	宏光公司		50 850
12-26	记 23	支付余款和增值税	预付账款	宏光公司	10 850	
			银行存款			10 850

（续表）

日期	凭证号	摘要	总账科目	明细账科目	借方金额	贷方金额
12-27	记 24	购料入库，款已付	原材料	呼吸革面料	38 000	
				pu 革面料	15 000	
			应交税费	应交增值税（进项税额）	6 770	
			银行存款			59 770
12-31	记 25	领用材料	生产成本	功能沙发（直接材料）	241 000	
				固定沙发（直接材料）	300 000	
			制造费用	材料费	1 500	
			管理费用	材料费	600	
			原材料	呼吸革面料		171 000
				铁件		46 500
				棉		55 000
				pu 革面料		240 600
				木材		30 000
12-31	记 26	分配职工工资	生产成本	功能沙发（直接人工）	60 000	
				固定沙发（直接人工）	100 000	
			制造费用	人工费	26 000	
			管理费用	人工费	31 000	
			应付职工薪酬	工资		217 000
12-31	记 27	计提固定资产折旧	制造费用	折旧费	12 000	
			管理费用	折旧费	3 000	
			销售费用	折旧费	1 500	
			累计折旧			16 500
12-31	记 28	支付水电费	制造费用	水电费	3 000	
			管理费用	水电费	300	
			银行存款			3 300
12-31	记 29	支付办公用品费	制造费用	办公费	1 500	
			管理费用	办公费	2 000	
			银行存款			3 500
12-31	记 30	结转制造费用	生产成本	功能沙发（制造费用）	24 000	
				固定沙发（制造费用）	20 000	
			制造费用			44 000

（续表）

日期	凭证号	摘要	总账科目	明细账科目	借方金额	贷方金额
12-31	记 31	结转完工产品成本	库存商品	功能沙发	325 000	
				固定沙发	420 000	
			生产成本	功能沙发		325 000
				固定沙发		420 000
12-31	记 32	结转销售产品成本	主营业务成本	功能沙发	585 000	
				固定沙发	588 000	
			库存商品	功能沙发		585 000
				固定沙发		588 000
12-31	记 33	结转销售材料成本	其他业务成本	呼吸革面料	38 000	
			原材料	呼吸革面料		38 000
12-31	记 34	计提短期借款利息	财务费用		1 000	
			应付利息			1 000
12-31	记 35	计算应交城建税、教育费用附加和地方教育费附加	税金及附加		17 979.84	
			应交税费	应交城市维护建设税		10 488.24
				应交教育费附加		4 494.96
				应交地方教育费附加		2 996.64
12-31	记 36	结转本期收入	主营业务收入		1 650 000	
			其他业务收入		70 000	
			营业外收入		32 500	
			本年利润			1 752 500
12-31	记 37	结转本期费用	本年利润		1 332 679.84	
			主营业务成本			1 173 000
			其他业务成本			38 000
			税金及附加			17 979.84
			管理费用			56 900
			销售费用			27 800
			财务费用			1 000
			营业外支出			18 000
12-31	记 38	计算本月应交所得税	所得税费用		104 955.04	
			应交税费	应交所得税		104 955.04
12-31	记 39	结转本月所得税费用	本年利润		104 955.04	
			所得税费用			104 955.04

（续表）

日期	凭证号	摘要	总账科目	明细账科目	借方金额	贷方金额
12-31	记 40	结转本年利润	本年利润		2 800 000	
			利润分配	未分配利润		2 800 000
12-31	记 41	提取盈余公积	利润分配	提取法定盈余公积	280 000	
				提取任意盈余公积	140 000	
			盈余公积	法定盈余公积		280 000
				任意盈余公积		140 000
12-31	记 42	计算应付股利	利润分配	应付现金股利	560 000	
			应付股利			560 000
12-31	记 43	结转利润分配明细账余额	利润分配	未分配利润	980 000	
			利润分配	提取法定盈余公积		280 000
				提取任意盈余公积		140 000
				应付现金股利		560 000

任务布置

（1）请根据本月发生的收付款业务，逐笔登记库存现金日记账和银行存款日记账。

（2）请根据上述经济业务编制的会计凭证，分别登记应收票据、应收账款、原材料、库存商品、应付票据、应付账款、生产成本、制造费用和管理费用等明细分类账。

（3）请采用科目汇总表账务处理程序登记总账。

知识准备

一、日记账的登记

（一）现金日记账的登记

现金日记账，又称库存现金日记账，是指用来核算和监督库存现金每日的收入、支出和结余情况的账簿。出纳人员根据与现金收付有关的记账凭证，按时间先后顺序逐日逐笔进行登记并结出余额。营业终了，与现金实存数进行核对，以检查现金收付是否有误。

库存现金日记账的格式和登记方法

现金日记账的登记方法如下：

（1）日期栏：登记的日期与记账凭证的日期一致。

（2）凭证栏：登记记账凭证的编号，以便于查账和核对。

（3）摘要栏：与记账凭证摘要一致。

（4）金额栏：借方金额根据记账凭证的借方金额登记，贷方金额根据记账凭证的贷方金额登记。每日终了，分别计算现金收入和付出的合计数，结出余额。

(二)银行存款日记账的登记

银行存款日记账的格式和登记方法

银行存款日记账，是指用来核算和监督银行存款每日的收入、支出和结余情况的账簿。银行存款日记账应按企业在银行开立的账户和币种分别设置，每个银行账户设置一本日记账。

银行存款日记账的格式、登记方法与现金日记账相同。出纳人员根据与银行存款收付有关的记账凭证，按时间先后顺序逐日逐笔进行登记并结出余额，定期与银行对账单核对。

银行存款日记账的登记方法如下：

(1)日期栏：登记的日期与记账凭证的日期一致。

(2)凭证栏：登记记账凭证的编号，以便于查账和核对。

(3)结算凭证栏：登记结算凭证的种类、编号。

(4)摘要栏：与记账凭证摘要一致。

(5)金额栏：借方金额根据记账凭证的借方金额登记，贷方金额根据记账凭证的贷方金额登记。每日终了，分别计算银行存款收入和付出的合计数，结出余额。

二、总分类账的登记

(一)总分类账的登记方法

总分类账的登记

总分类账，是指按总分类账户进行分类登记的账簿。总分类账能全面、总括地反映和记录经济业务引起的资金运动和财务收支情况，并为编制财务报表提供数据。因此，每一单位都必须设置总分类账。

总分类账一般采用订本式账簿。总分类账的账页格式，一般采用“借方”“贷方”“余额”三栏式。

总分类账的登记依据和方法，主要取决于企业所采用的账务处理程序。总分类账可以根据记账凭证直接登记(记账凭证账务处理程序)；也可以根据科目汇总表登记(科目汇总表账务处理程序)；还可以根据汇总记账凭证登记(汇总记账凭证账务处理程序)。

(二)账务处理程序

账务处理程序，又称会计核算程序或会计核算形式，是指账簿组织和记账程序有机结合的方法和步骤。账簿组织是会计凭证和会计账簿的种类、格式以及各种凭证和各种账簿之间的相互关系。记账程序，是指采用一定记账方法，从填制与审核会计凭证，登记会计账簿，直至编制财务报表的工作程序。不同的账簿组织、记账程序结合在一起，就构成了不同的账务处理程序。

常用的账务处理程序有记账凭证账务处理程序、科目汇总表账务处理程序、汇总记账凭证账务处理程序。

1. 记账凭证账务处理程序

记账凭证账务处理程序是最基本的账务处理程序，其特点是直接根据记账凭证逐笔登记总分类账。记账凭证账务处理程序的一般步骤如图 5-2-1 所示。

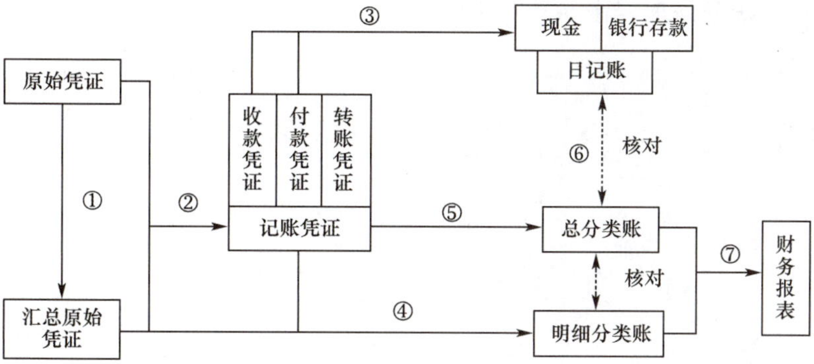

图 5-2-1　记账凭证账务处理程序的一般步骤

(1)根据原始凭证填制汇总原始凭证。

(2)根据原始凭证或汇总原始凭证,填制收款凭证、付款凭证和转账凭证,也可以填制通用记账凭证。

(3)根据收款凭证、付款凭证或通用记账凭证逐笔登记现金日记账、银行存款日记账。

(4)根据原始凭证、汇总原始凭证和记账凭证,登记各种明细分类账。

(5)根据记账凭证逐笔登记总分类账。

(6)期末,将现金日记账、银行存款日记账和明细分类账的余额与有关总分类账的余额核对相符。

(7)期末,根据总分类账和明细分类账的记录,编制财务报表。

记账凭证账务处理程序主要适用于规模较小、经济业务量较少以及记账凭证数量不多的单位。

2. 科目汇总表账务处理程序

科目汇总表账务处理程序,其特点是根据记账凭证定期编制科目汇总表,再根据科目汇总表登记总分类账。

采用科目汇总表账务处理程序,其凭证设置和账簿设置与记账凭证账务处理程序基本相同,但需要编制"科目汇总表"。科目汇总表是根据一定时期内的全部记账凭证,按相同的会计科目归类编制而成的。具体的编制方法是:

第一步,为本期全部记账凭证所涉及的会计账户开设 T 形账户,按记账凭证编号顺序将每张记账凭证金额逐笔记入 T 形账户,并结出每个账户的借贷方发生额。

第二步,将本期经济业务所涉及的全部会计科目填列在采用科目汇总表的"会计科目"栏,将每个 T 形账户的借方发生额合计数和贷方发生额合计数,填写在科目汇总表相应会计科目行的"借方金额"栏和"贷方金额"栏内。

最后,汇总反映全部总账科目的借方本期发生额和贷方本期发生额,进行发生额的试算平衡。

科目汇总表的编制时间,应根据各企事业单位业务量而定,可以每月汇总一次,也可以每旬编制一张。在实际工作中,科目汇总表可以根据需要设计,采用不同的格式,但是所有格式的科目汇总表,都只反映各个总账科目的借方和贷方本期发生额,不反映各个总账科目的对应关系。

科目汇总表账务处理程序的一般步骤如图 5-2-2 所示。

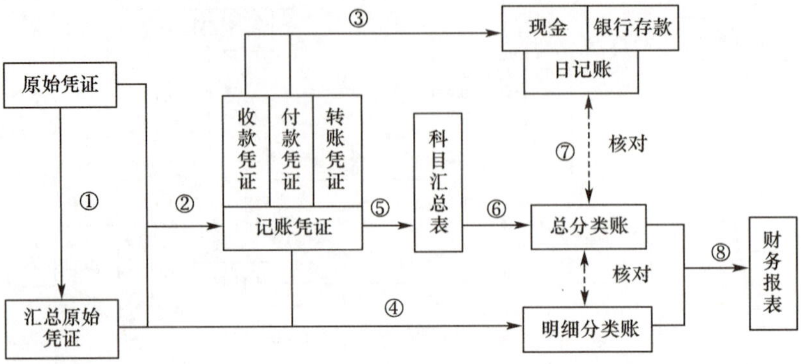

图 5-2-2　科目汇总表账务处理程序的一般步骤

(1)根据原始凭证填制汇总原始凭证。

(2)根据原始凭证或汇总原始凭证,填制收款凭证、付款凭证和转账凭证,也可以填制通用记账凭证。

(3)根据收款凭证和付款凭证或通用记账凭证逐笔登记现金日记账和银行存款日记账。

(4)根据原始凭证、汇总原始凭证和记账凭证,登记各种明细分类账。

(5)根据各种记账凭证定期编制科目汇总表。

(6)根据科目汇总表登记总分类账。

(7)期末,将现金日记账、银行存款日记账和明细分类账的余额与有关总分类账的余额核对相符。

(8)期末,根据总分类账和明细分类账的记录,编制财务报表。

科目汇总表账务处理程序一般适用于规模较大、经济业务量较多以及记账凭证数量较多的单位。

3. 汇总记账凭证账务处理程序

汇总记账凭证账务处理程序,其特点是定期依据记账凭证编制汇总记账凭证,再根据汇总记账凭证登记总分类账。汇总记账凭证账务处理程序的一般步骤如图 5-2-3 所示。

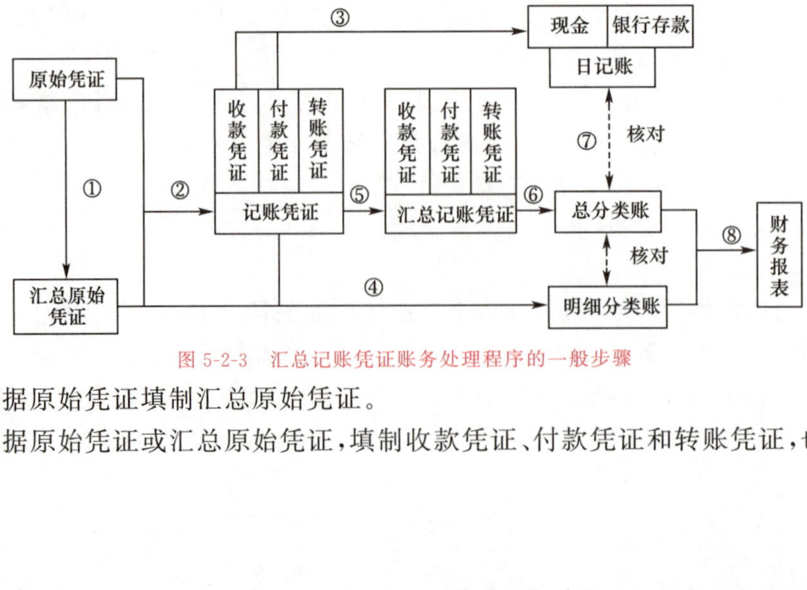

图 5-2-3　汇总记账凭证账务处理程序的一般步骤

(1)根据原始凭证填制汇总原始凭证。

(2)根据原始凭证或汇总原始凭证,填制收款凭证、付款凭证和转账凭证,也可以填制通用记账凭证。

(3)根据收款凭证和付款凭证或通用记账凭证逐笔登记现金日记账和银行存款日记账。

(4)根据原始凭证、汇总原始凭证和记账凭证，登记各种明细分类账。

(5)定期根据各种记账凭证编制汇总记账凭证。

(6)根据各种汇总记账凭证登记总分类账。

(7)期末，将现金日记账、银行存款日记账和明细分类账的余额与有关总分类账的余额核对相符。

(8)期末，根据总分类账和明细分类账的记录，编制财务报表。

汇总记账凭证账务处理程序适用于规模较大、经济业务量较多的单位。

三、明细分类账的登记

明细分类账，是指按某一总分类账户所属的各个明细分类账户进行分类登记的账簿。明细分类账能分类、详细地反映和记录资产、负债、所有者权益、收入、费用和利润的各种资料，也为编制财务报表提供一定的资料。各单位在按照总分类账户设置总分类账的同时，还应按照明细分类账户设置明细分类账。

明细分类账的登记方法一

明细分类账一般采用活页式或卡片式账簿。明细分类账的格式应根据各单位经营业务的特点和管理需要来确定。

明细分类账的登记方法二

(一)三栏式明细账的登记方法

三栏式明细账账页内设有“借方”、“贷方”和“余额”三个金额栏目，适用于只进行金额核算的账户。

明细分类账的登记方法三

三栏式明细账一般根据记账凭证逐日逐笔登记。登记方法与三栏式现金日记账基本相同。

(二)数量金额式明细账的登记方法

数量金额式明细账是在账页的“借方”(收入)、“贷方”(发出)和“余额”(结存)各栏中再分别设有“数量”、“单价”和“金额”三个专栏的明细账，适用于既要进行金额核算又要进行数量核算的账户。

明细分类账的登记方法四

数量金额式明细账由会计人员根据审核无误的记账凭证及所附的原始凭证，逐日逐笔或定期汇总(3 天或 5 天)登记。具体登记时，需要根据记账凭证及所附的原始凭证的具体内容，详细登记每一笔经济业务收入或发出的数量、单价和金额，并根据选定的发出计价方法计算出结存的数量、单价和金额。

(三)多栏式明细账的登记方法

多栏式明细账根据经济业务的特点和经营管理的需要，可以采用借方多栏式(生产成本等明细账)、贷方多栏式(主营业务收入等明细账)和借贷方多栏式(应交增值税明细账)三种格式。一般在账页中设置借方、贷方和余额三个金额栏，并在借方栏或贷方栏再按明细项目分设若干专栏。

不同格式的多栏式明细账，其登记方法不尽相同。需要注意的是登记时要将具体内容记入相应的专栏，只设借方多栏或贷方多栏的账户，登记的内容与栏目方向相反时，要用红字登记。

四、总分类账和明细分类账的平行登记

总分类账和明细分类账的平行登记，是指对于发生的每一项经济业务，依据原始凭证和记账凭证分别在总分类账户和其所属的明细分类账户进行登记的方法。总分类账和明细分类账之间的平行登记方法可以归纳为以下几点：

(1)同时期登记。每一项经济业务，既要记入有关的总分类账户，又要记入有关的明细分类账户，并且应该在同一会计期间记入。在实际工作中，两者登记并非同一时间，可以有先有后，但必须是同一会计期间，例如：总分类账户记入时间是 9 月份，明细分类账户不能提前记入 8 月份或延期记入 10 月份。

(2)同方向登记。在总分类账户和其所属明细分类账户进行登记时，其记账方向必须相同，即总分类账户记在借方，其所属的明细分类账户也要记在借方；总分类账户记在贷方，其所属的明细分类账户也要记在贷方。

(3)等金额登记。每一项经济业务，记入总分类账户的金额必须与记入其所属的各个明细分类账户的金额之和相等。

【例 5-2-1】 根据任务情境中的资料，以“应收账款”为例，登记的应收账款总账和明细账见表 5-2-2，表 5-2-3 和表 5-2-4。

表 5-2-2　　应收账款总分类账

2023 年		凭证		摘要	借方	贷方	借或贷	余额
月	日	种类	号数					
12	1			期初余额			借	376 000.0
12	7	记	9	销售固定沙发，款未收	949 200.00		借	1 325 200.00

表 5-2-3　　应收账款明细账(1)

明细科目：昌华公司

2023 年		凭证		摘要	借方	贷方	借或贷	余额
月	日	种类	号数					
12	1			期初余额			借	226 000.00
12	7	记	9	销售固定沙发，款未收	949 200.00		借	1 175 200.00

表 5-2-4　　　　应收账款明细账(2)

明细科目:亚美公司

2023 年		凭证		摘要	借方	贷方	借或贷	余额
月	日	种类	号数					
12	1			期初余额			借	150 000.00

由应收账款总账和明细账的平行登记结果可看出,总分类账的发生额和余额与其所属的明细账的发生额和余额存在以下数量相等的关系:

某一总分类账本期借方发生额＝该总分类账所属明细分类账本期借方发生额之和

某一总分类账本期贷方发生额＝该总分类账所属明细分类账本期贷方发生额之和

某一总分类账期初余额＝该总分类账所属明细分类账期初余额之和

某一总分类账期末余额＝该总分类账所属明细分类账期末余额之和

在会计核算中,通常利用这种数量相等关系来检查总分类账和所属明细分类账记录的完整性和正确性。

任务实施

(1)登记日记账

根据本月发生的收付款业务,逐笔登记库存现金日记账和银行存款日记账。例如,登记的银行存款日记账,见表 5-2-5。库存现金日记账的登记略。

表 5-2-5　　　　银行存款日记账

明细科目:亚美公司

2023 年		凭证		摘要	对方科目	借方	贷方	余额
月	日	种类	号数					
12	1			期初余额				2 597 800.00
12	1	记	1	收到投入资金	实收资本、资本公积	2 000 000.00		4 597 800.00
12	1	记	3	取得短期借款	短期借款	240 000.00		4 837 800.00
12	1	记	4	取得长期借款	长期借款	900 000.00		5 737 800.00
12	2	记	5	销售功能沙发,款收存银行	主营业务收入、应交税费	508 500.00		6 246 300.00
12	4	记	7	收到违约金	营业外收入	32 000.00		6 278 300.00
12	5	记	8	收到罚款收入	营业外收入	500.00		6 278 800.00
12	10	记	11	购料未入库,款已付	在途物资、应交税费		192 870.00	6 085 930.00
12	12	记	12	向希望工程捐款	营业外支出		18 000.00	6 067 930.00
12	17	记	15	支付广告费	销售费用、应交税费		27 878.00	6 040 052.00

（续表）

2023 年		凭证		摘要	对方科目	借方	贷方	余额
月	日	种类	号数					
12	19	记	17	销售材料，款收存银行	其他业务收入、应交税费	79 100.00		6 119 152.00
12	20	记	18	预付货款	预付账款		40 000.00	6 079 152.00
12	21	记	19	提取现金备用	库存现金		3 000.00	6 076 152.00
12	22	记	20	支付业务招待费	管理费用		14 800.00	6 061 352.00
12	26	记	23	支付余款和增值税	预付账款		10 850.00	6 050 502.00
12	27	记	24	购料入库，款已付	原材料、应交税费		59 770.00	5 990 732.00
12	31	记	28	支付水电费	制造费用、管理费用		3 300.00	5 987 432.00
12	31	记	29	支付办公用品费	制造费用、管理费用		3 500.00	5 983 932.00

（2）登记明细账

根据本月编制的会计凭证，分别登记应收票据、应收账款、原材料、库存商品、应付票据、应付账款、生产成本、制造费用和管理费用等明细分类账。

以“应收票据——新华公司”“原材料——呼吸革面料”“生产成本——功能沙发”和“制造费用”明细分类账为例，其登记结果见表 5-2-6 至表 5-2-9。

表 5-2-6　　应收票据明细账

明细科目：新华公司

2023 年		凭证		摘要	借方	贷方	借或贷	余额
月	日	种类	号数					
12	1			期初余额			借	200 000.00
12	15	记	13	销售功能沙发，收到商业汇票	406 800.00		借	606 800.00

表 5-2-7　　原材料明细账

编号：　　类别：面料（呼吸革）　　规格：　　单位：元/米　　计划单价：

2023 年		凭证		摘要	收入			发出			结存		
月	日	种类	号数		数量	单价	金额	数量	单价	金额	数量	单价	金额
12	1			期初余额							2 000	19.00	38 000.00
12	18	记	16	材料验收入库	9 000	19.00	171 000.00				11 000	19.00	209 000.00
12	27	记	24	购料入库，款已付	2 000	19.00	38 000.00				13 000	19.00	247 000.00

（续表）

2023年		凭证		摘要	收入			发出			结存		
月	日	种类	号数		数量	单价	金额	数量	单价	金额	数量	单价	金额
12	31	记	25	领用材料				9 000	19.00	171 000.00	4 000	19.00	76 000.00
12	31	记	33	结转销售材料成本				2 000	19.00	38 000.00	2 000	19.00	38 000.00

表 5-2-8　　生产成本明细账

二级科目名称：功能沙发

2023年		凭证		摘要	成本项目			合计
月	日	种类	号数		直接材料	直接人工	制造费用	
12	31	记	25	领用材料	241 000.00			241 000.00
12	31	记	26	分配职工工资		60 000.00		60 000.00
12	31	记	30	结转制造费用			24 000.00	24 000.00
12	31			本月生产费用合计	241 000.00	60 000.00	24 000.00	325 000.00
12	31	记	31	结转完工产品成本	241 000.00	60 000.00	24 000.00	325 000.00

表 5-2-9　　制造费用明细账

2023年		凭证		摘要	材料费	人工费	折旧费	水电费	办公费	其他	合计
月	日	种类	号数								
12	31	记	25	领用材料	1 500.00						1 500.00
12	31	记	26	分配职工工资		26 000.00					26 000.00
12	31	记	27	计提固定资产折旧			12 000.00				12 000.00
12	31	记	28	支付水电费				3 000.00			3 000.00
12	31	记	29	支付办公用品费					1 500.00		1 500.00
12	31			制造费用合计	1 500.00	26 000.00	12 000.00	3 000.00	1 500.00		44 000.00
12	31	记	30	结转制造费用	1 500.00	26 000.00	12 000.00	3 000.00	1 500.00		44 000.00

(3)登总账

第一步，编制科目汇总表

根据2023年12月1日—2023年12月10日经济业务的记账凭证编制的科目汇总表，见表5-2-10。11日—20日和21日—30日编制的科目汇总表略。

表 5-2-10 科目汇总表

2023 年 12 月 1 日—2023 年 12 月 10 日 汇字第 01 号

会计科目	记账	本期发生额		记账凭证起讫号数
		借方	贷方	
银行存款		3 681 000.00	192 870.00	记账凭证 01-11 号
应收账款		949 200.00		
在途物资		171 000.00		
原材料		290 000.00		
固定资产		800 000.00		
短期借款			240 000.00	
应付票据			56 500.00	
应付账款			271 200.00	
应交税费			108 130.00	
长期借款			900 000.00	
实收资本			2 000 000.00	
资本公积			800 000.00	
主营业务收入			1 290 000.00	
营业外收入			32 500.00	
合计		5 891 200.00	5 891 200.00	

第二步，根据科目汇总表登记总分类账。以登记“银行存款”“应收账款”“应付账款”“制造费用”总账为例，其登记结果见表 5-2-11 至表 5-2-14。

表 5-2-11 银行存款总分类账户

2023 年		凭证		摘要	借方	贷方	借或贷	余额
月	日	种类	号数					
12	1			期初余额			借	2 597 800.00
12	10	汇	1	1—10 日发生额	3 681 000.00	192 870.00	借	6 085 930.00
12	20	汇	2	11—20 日发生额	79 100.00	85 878.00	借	6 079 152.00
12	31	汇	3	21—31 日发生额		95 220.00	借	5 983 932.00

表 5-2-12 应收账款总分类账户

2023 年		凭证		摘要	借方	贷方	借或贷	余额
月	日	种类	号数					
12	1			期初余额			借	376 000.00
12	10	汇	1	1—10 日发生额	949 200.00		借	1 325 200.00

表 5-2-13　　应付账款总分类账户

2023 年		凭证		摘要	借方	贷方	借或贷	余额
月	日	种类	号数					
12	1			期初余额			贷	100 000.00
12	10	汇	1	1—10 日发生额		271 200.00	贷	371 200.00

表 5-2-14　　制造费用总分类账户

2023 年		凭证		摘要	借方	贷方	借或贷	余额
月	日	种类	号数					
12	31	汇	3	21—31 日发生额	44 000.00	44 000.00	平	θ

德育园地

A 公司是一家知名的制造企业，一直秉承“诚信经营、质量为本”的经营理念。该公司的会计团队由一群诚实守信、专业素质高的会计人员组成。他们深知会计工作的重要性，始终坚守职业道德，以诚信为本，确保会计信息的真实性和准确性。A 公司在会计账簿登记方面建立了严格的流程和制度。会计人员必须按照规定的程序和要求进行账簿登记，确保每一笔交易都有据可查、有证可依。同时，公司还加强了内部审计和风险控制，确保会计信息的准确性和可靠性。

在会计工作中，难免会出现一些差错和失误。A 公司的会计人员始终坚守诚信原则，一旦发现差错，会立即进行纠正并如实记录。他们不会为了掩盖错误而采取任何不正当手段，而是勇于承担责任，积极改进工作。

税务审计是检验企业会计信息真实性和准确性的重要手段。A 公司的会计人员始终保持诚信态度，积极配合税务部门的审计工作，如实提供相关资料和信息。他们不会为了逃避税收而采取任何不正当手段，而是始终坚守诚信原则，确保企业税务合规。

从本案例中，我们可以深刻认识到诚信在会计工作中的重要性，以及会计人员应如何坚守职业道德、确保会计信息的真实性和准确性。同时，我们也应意识到公司作为一个经济实体，在经营过程中也应始终坚持诚信原则，树立良好的企业形象和社会信誉。

任务小结

登记账簿是会计核算的方法之一，在企业管理中占有非常重要的地位。如何将企业反映在会计凭证上的经济业务登记到各类账簿中，需要掌握各种账簿登账的基本方法，特别注意的是总账的登记方法因账务处理程序的不同而不同。

任务考核

一、单项选择题

❶ 银行存款日记账是根据(　　)逐日逐笔登记的。

A. 银行存款收、付款凭证和现金付款凭证

B. 转账凭证

C. 现金收、付款凭证和银行存款付款凭证

D. 银行对账单

❷ 下列选项中不可以作为总分类账登记依据的是(　　)。

A. 记账凭证　B. 科目汇总表　C. 汇总记账凭证　D. 明细分类账

❸ "应付账款"总分类账户的期末余额为600万元，其所属的明细分类账户的期末余额合计应(　　)。

A. 等于600万元　B. 大于600万元　C. 小于600万元　D. 不确定

❹ 现金日记账、银行存款日记账应当采用(　　)。

A. 订本式　B. 活页式　C. 三栏式　D. 卡片式

❺ 下列关于登记日记账的描述中，不正确的是(　　)。

A. 按经济业务发生的顺序，逐日逐笔登记

B. 要做到日清月结

C. 银行存款日记账一定要与银行对账单核对

D. 可由主办会计负责登记

二、多项选择题

❶ 可选用三栏式账页进行明细分类核算的有(　　)。

A. 库存商品　B. 应收账款　C. 管理费用　D. 实收资本

❷ 下列可以作为现金日记账借方登记依据的有(　　)。

A. 现金收款凭证　B. 现金付款凭证

C. 银行存款收款凭证　D. 银行存款付款凭证

❸ 下列可以用三栏式账页登记的有(　　)。

A. 总分类账　B. 现金日记账

C. 应付账款明细分类账　D. 资本公积明细分类账

❹ 账务处理程序包括(　　)。

A. 记账凭证账务处理程序　B. 科目汇总表账务处理程序

C. 汇总记账凭证账务处理程序　D. 会计账务处理程序

❺ 总分类账户与明细分类账户的平行登记，其要点包括(　　)。

A. 同时期　B. 同方向　C. 等金额　D. 同人员

三、判断题

❶ 为简化日记账的登记，也可以根据汇总凭证登记相关日记账。(　　)

❷ 成本费用明细账通常采用多栏式。(　　)

❸ 数量金额式明细账一般适用于存货、固定资产等有形资产的登记。(　　)

④ 为了满足企业的经营管理需要，企业可以设置两套总账，即内账和外账。（　　）

⑤ 平行登记的结果是总分类账户与所属明细分类账户之间存在平衡关系。（　　）

四、实训题

东方公司 2023 年 1 月 1 日有关账户期初余额资料见表 5-2-15。

表 5-2-15　　账户期初余额表

单位：元

总账科目	明细科目	期初余额	
		借方	贷方
库存现金		2 560.00	
银行存款		500 000.00	
应收账款		12 000.00	
	宏兴公司	12 000.00	
原材料		94 860.00	
	甲材料(单价 20 元/米,950 米)	19 000.00	
	乙材料(单价 150 元/件,450 件)	67 500.00	
	丙材料(单价 10 元/千克,836 千克)	8 360.00	
库存商品		230 800.00	
	A 产品(单位成本为 650 元/件,200 件)	130 000.00	
	B 产品(单位成本为 420 元/件,240 件)	100 800.00	
生产成本		83 900.00	
	A 产品(直接材料 68 650 元,直接人工 7 840 元,制造费用 1 360 元)	77 850.00	
	B 产品(直接材料 3 250 元,直接人工 2 340 元,制造费用 460 元)	6 050.00	
固定资产		10 566 500.00	
累计折旧			59 600.00
短期借款			600 000.00
应付账款			60 000.00
	茂盛公司		50 000.00
	南海公司		10 000.00
实收资本			10 000 000.00
盈余公积			500 400.00
利润分配			270 620.00

2023 年 1 月发生部分经济业务如下：

(1)2 日，财务经理唐小云出差预借差旅费 1 200 元，以现金付讫。

(2)3 日，向宏兴公司销售 A 产品 180 件，单价为 900 元，增值税税率为 13%，收到转账支票一张，送存银行。

(3)6 日，从茂盛公司购入一批材料，增值税专用发票列明：甲材料 332.5 米，单价 20 元/米；乙材料 500 件，单价 150 元/件；增值税税率 13%。款项未付，材料已验收入库。

(4)9 日，开出转账支票偿付前欠货款：茂盛公司 50 000 元，南海公司 10 000 元。

(5)10 日，生产车间领用甲材料 247 米、丙材料 120 千克，用于功能沙发生产；领用丙材料 100 千克，用于固定沙发生产；领用丙材料 50 千克为车间一般耗用。

(6)15 日，收到宏兴公司转账支票一张，偿付所欠账款 12 000 元，存入银行。

(7)18 日，向海口市红十字会捐款 15 000 元。

(8)20 日，财务经理唐小云报销差旅费 980 元，并退回剩余现金。

(9)21 日，支付本月电费 2 500 元，增值税 325 元。电费按电表分配：车间用电 2 000 度，行政部门用电 500 度。

(10)23 日，从银行提取现金 1 000 元备用。

(11)31 日，分配本月应付职工薪酬 91 250 元，其中：生产工人工资 63 500 元(按照产品生产工时进行分配，本月 A 产品生产工时为 2 200 小时，B 产品生产工时为 975 小时)，车间管理人员工资 11 750 元，企业管理人员工资 16 000 元。

(12)31 日，计提本月生产车间固定资产折旧 4 800 元，行政部门固定资产折旧 2 120 元。

(13)31 日，按照产品生产工时进行分配结转本月制造费用。

(14)31 日，本月完工入库 A 产品 120 件，结转其成本 78 000 元(其中：直接材料 57 840 元、直接人工 14 400 元、制造费用 5 760 元)。B 产品月末完工入库共计 10 件，结转其成本 4 200 元(其中：直接材料 3 000 元、直接人工 1 000 元、制造费用 200 元)。

(15)31 日，结转已销产品成本。

(16)31 日，结转本期损益。

要求：

(1)根据资料开设相关的总账、日记账和明细账。

(2)根据资料编制记账凭证。

(3)根据资料和记账凭证登记现金日记账和银行存款日记账。

(4)根据资料和记账凭证登记相关明细账。

(5)编制科目汇总表，并采用科目汇总表账务处理程序登记总账。

任务三 更正错账

任务情境

新巢家居有限责任公司 12 月的经济业务在记账过程中产生的错账如下：

(1)在登记“短期借款”总账时，将贷方金额 240 000 写成了 24 000，登记的“短期借款”总账见表 5-3-1。

表 5-3-1 短期借款总分类账户

2023 年		凭证		摘要	借方	贷方	借或贷	余额
月	日	种类	号数					
12	10	汇	1	1—10 日发生额		24 000.00	贷	240 000.00

(2)16 日，行政部门周文出差预借差旅费 5 000 元，出纳王兰新以现金支付。会计刘雨玲编制的记账凭证见表 5-3-2，根据记账凭证登记的账簿见表 5-3-3 和表 5-3-4。20 日发现这笔错账。

表 5-3-2

记 账 凭 证

2023 年 12 月 16 日　　记字第 14 号

摘　要	总账科目	明细科目	√	借方金额									贷方金额								
				百	十	万	千	百	十	元	角	分	百	十	万	千	百	十	元	角	分
周文预借差旅费	应收账款	周文					5	0	0	0	0	0									
	库存现金															5	0	0	0	0	0
合　计						¥	5	0	0	0	0	0			¥	5	0	0	0	0	0

附件 1 张

会计主管：林文雅　　记账：刘雨玲　　出纳：王兰新　　审核：林文雅　　制单：刘雨玲

表 5-3-3 应收账款明细账

明细科目：周文

2023 年		凭证		摘要	借方	贷方	借或贷	余额
月	日	种类	号数					
12	16	记	14	周文预借差旅费	5 000.00		借	5 000.00

表 5-3-4 库存现金日记账

2023 年		凭证		摘要	对方科目	借方	贷方	余额
月	日	种类	号数					
12	1			期初余额				17 200.00
12	16	记	14	周文预借差旅费	应收账款		5 000.00	12 200.00

(3)20 日，为购入铁件材料向宏光公司预付货款 40 000 元，款项以银行存款支付。会计刘雨玲编制的记账凭证见表 5-3-5，根据记账凭证登记的账簿见表 5-3-6 和表 5-3-7。21 日发现这笔错账。

表 5-3-5

记 账 凭 证

2023 年 12 月 20 日　　　　记字第 18 号

摘　要	总账科目	明细科目	√	借方金额									贷方金额								
				百	十	万	千	百	十	元	角	分	百	十	万	千	百	十	元	角	分
预付货款	预付账款	宏光公司					4	0	0	0	0	0									
	银行存款															4	0	0	0	0	0
合　计						¥	4	0	0	0	0	0			¥	4	0	0	0	0	0

附件 1 张

会计主管：林文雅　记账：刘雨玲　出纳：王兰新　审核：林文雅　制单：刘雨玲

表 5-3-6

预付账款明细账

明细科目：宏光公司

2023 年		凭证		摘要	借方	贷方	借或贷	余额
月	日	种类	号数					
12	20	记	18	预付货款	4 000.00		借	4 000.00

表 5-3-7

银行存款日记账

2023 年		凭证		摘要	对方科目	借方	贷方	余额
月	日	种类	号数					
12	1			期初余额				2 597 800.00
12	1	记	1	收到投入资金	实收资本、资本公积	2 000 000.00		4 597 800.00
12	1	记	3	取得短期借款	短期借款	240 000.00		4 837 800.00
12	1	记	4	取得长期借款	长期借款	900 000.00		5 737 800.00
12	2	记	5	销售功能沙发，款收存银行	主营业务收入、应交税费	508 500.00		6 246 300.00
12	4	记	7	收到违约金	营业外收入	32 000.00		6 278 300.00
12	5	记	8	收到罚款收入	营业外收入	500.00		6 278 800.00
12	10	记	11	购料未入库，款已付	在途物资、应交税费		192 870.00	6 085 930.00
12	12	记	12	向希望工程捐款	营业外支出		18 000.00	6 067 930.00

（续表）

2023 年		凭证		摘要	对方科目	借方	贷方	余额
月	日	种类	号数					
12	17	记	15	支付广告费	销售费用、应交税费		27 878.00	6 040 052.00
12	19	记	17	销售材料，款收存银行	其他业务收入、应交税费	79 100.00		6 119 152.00
12	20	记	18	预付货款	预付账款		4 000.00	6 115 152.00

任务布置

请对这三笔业务的错账采用正确的更正方法进行更正。

知识准备

会计人员填制会计凭证、登记会计账簿时，文字或数字应正确、清楚，保证会计账簿记录的正确性。如果记账发生错误，不得刮擦、挖补、涂抹或用化学药水更改字迹，应根据不同情况，按规定的方法进行更正。

更正错账

错账更正方法主要有划线更正法、红字更正法和补充登记法三种。

一、划线更正法

划线更正法是指画红线注销原有错误会计记录的一种方法。划线更正法适用于在结账之前、记账之后发现记账凭证正确而账簿错误的情况。

划线更正法更正时，首先，在账簿中错误的文字或数字上画一条单红线予以注销，但必须保持原有的字迹能够辨认，以备查对；然后，在其上方空白处用蓝字写上正确的文字或数字，并由记账人员和会计机构负责人（或会计主管人员）在更正处加盖印鉴，以明确责任。注意：如果是个别数字错误时，不能只将个别数字用红线注销，而要将整个数字划线注销和更正；如果是文字错误，则可以只划去错误的部分。

二、红字更正法

红字更正法是指用红字冲销或冲减原记科目和金额，以更正和调整原有会计记录的一种方法，主要适用于两种情况。

结账前、记账后发现记账凭证中应借、应贷的会计科目有误，或同时金额也有错误。更正的方法如下：首先要用红字金额填写一张与错误记账凭证会计科目、应借应贷方向完全相同的记账凭证，在“摘要”栏填写“冲销（更正）×月×日×号错误凭证”，此处红字起到冲销原来蓝字错误记录的作用；然后用蓝字金额编制一张正确的记账凭证，在“摘要”栏填写“补记×月×日账”；最后根据这两张凭证登账。

结账前、记账后发现记账凭证及账簿记录上金额大于应记的金额，而会计科目及借贷方向均无误。更正的方法是：按多记金额用红字填制一张与原会计科目、方向相同的记账凭证，据以入账，冲减多记金额，并在“摘要”栏填写“冲销×月×日×号凭证多记金额”。

三、补充登记法

补充登记法是用来增记差额，以更正原有会计记录错误的一种方法，主要适用于结账前、记账后发现记账凭证及账簿记录上的所记金额小于应记金额，而会计科目及借贷方向均无误。更正的方法是：按少记金额用蓝字填制一张与原会计科目、方向相同的记账凭证，据以入账，以补记少记金额，并在“摘要”栏填写“补充×月×日×号凭证少记金额”。

任务实施

(1)采用的更正方法：记账凭证正确，只是登记“短期借款”总账时账簿贷方金额出现错误，应该采用划线更正法进行更正。

更正后的“短期借款”总账见表5-3-8。

表5-3-8　短期借款总分类账户

2023年		凭证		摘要	借方	贷方	借或贷	余额
月	日	种类	号数					
12	10	汇	1	1—10日发生额		240 000.00 ~~24 000.00~~ 刘雨玲 林文雅	贷	240 000.00

(2)采用的更正方法：该笔错账是因为记账凭证上用错了应借科目，借方科目应用“其他应收款”科目，应用红字更正法进行更正。

具体操作步骤如下：

填制红字记账凭证和蓝字记账凭证见表5-3-9和表5-3-10：

表5-3-9　记　账　凭　证

2023年12月20日　　　　记字第19号

摘　要	总账科目	明细科目	√	借方金额 百	十	万	千	百	十	元	角	分	贷方金额 百	十	万	千	百	十	元	角	分
冲销12月16日14号	应收账款	周文	√				5	0	0	0	0	0									
错误凭证	库存现金		√													5	0	0	0	0	0
合　计						¥	5	0	0	0	0	0			¥	5	0	0	0	0	0

附件0张

会计主管：林文雅　记账：刘雨玲　出纳：王兰新　审核：林文雅　制单：刘雨玲

表 5-3-10

记 账 凭 证

2023 年 12 月 20 日　　　　　　记字第 20 号

摘要	总账科目	明细科目	√	借方金额									贷方金额								
				百	十	万	千	百	十	元	角	分	百	十	万	千	百	十	元	角	分
补记 12 月 16 日账	其他应收款	周文	√				5	0	0	0	0	0									
	库存现金		√													5	0	0	0	0	0
合计						¥	5	0	0	0	0	0			¥	5	0	0	0	0	0

附件 0 张

会计主管：林文雅　记账：刘雨玲　出纳：王兰新　审核：林文雅　制单：刘雨玲

根据 19、20 号凭证登记应收账款明细账，库存现金日记账和其他应收款明细账，见表 5-3-11，表 5-3-12 和表 5-3-13：

表 5-3-11　　应收账款明细账

明细科目：周文

2023 年		凭证		摘要	借方	贷方	借或贷	余额
月	日	种类	号数					
12	16	记	14	周文预借差旅费	5 000.00		借	5 000.00
12	20	记	19	冲销 12 月 16 日 14 号错误凭证	5 000.00		平	0

表 5-3-12　　库存现金日记账

2023 年		凭证		摘要	对方科目	借方	贷方	余额
月	日	种类	号数					
12	1			期初余额				17 200.00
12	16	记	14	周文预借差旅费	应收账款		5 000.00	12 200.00
12	20	记	19	冲销 12 月 16 日 14 号错误凭证	应收账款		5 000.00	17 200.00
12	20	记	20	补记 12 月 16 日账	其他应收款		5 000.00	12 200.00

表 5-3-13　　　　其他应收款明细账

明细科目：周文

2023 年		凭证		摘要	借方	贷方	借或贷	余额
月	日	种类	号数					
12	20	记	20	补记 12 月 16 日账	5 000.00		借	5 000.00

(3)采用的更正方法：该笔错账是因为记账凭证上金额写少了 36 000 元，应用补充登记法进行更正。

具体操作步骤如下：填制蓝字记账凭证见表 5-3-14：

表 5-3-14

记　账　凭　证

2023 年 12 月 21 日　　　　记字第 21 号

摘　要	总账科目	明细科目	√	借方金额									贷方金额								
				百	十	万	千	百	十	元	角	分	百	十	万	千	百	十	元	角	分
补记 12 月 20 日	预付账款	宏光公司	√			3	6	0	0	0	0	0									
18 号凭证少记金额	银行存款		√												3	6	0	0	0	0	0
合　计					¥	3	6	0	0	0	0	0		¥	3	6	0	0	0	0	0

附件 0 张

会计主管：林文雅　　记账：刘雨玲　　出纳：王兰新　　审核：林文雅　　制单：刘雨玲

根据 21 号凭证登记预付账款明细账和银行存款日记账，见表 5-3-15 和表 5-3-16：

表 5-3-15　　　　预付账款明细账

明细科目：宏光公司

2023 年		凭证		摘要	借方	贷方	借或贷	余额
月	日	种类	号数					
12	20	记	18	预付货款	4 000.00		借	4 000.00
12	21	记	21	补记 12 月 20 日 18 号凭证少记金额	36 000.00		借	40 000.00

表 5-3-16 银行存款日记账

2023 年		凭证		摘要	对方科目	借方	贷方	余额
月	日	种类	号数					
12	1			期初余额				2 597 800.00
12	1	记	1	收到投入资金	实收资本、资本公积	2 000 000.00		4 597 800.00
12	1	记	3	取得短期借款	短期借款	240 000.00		4 837 800.00
12	1	记	4	取得长期借款	长期借款	900 000.00		5 737 800.00
12	2	记	5	销售功能沙发，款收存银行	主营业务收入、应交税费	508 500.00		6 246 300.00
12	4	记	7	收到违约金	营业外收入	32 000.00		6 278 300.00
12	5	记	8	收到罚款收入	营业外收入	500.00		6 278 800.00
12	10	记	11	购料未入库，款已付	在途物资、应交税费		192 870.00	6 085 930.00
12	12	记	12	向希望工程捐款	营业外支出		18 000.00	6 067 930.00
12	17	记	15	支付广告费	销售费用、应交税费		27 878.00	6 040 052.00
12	19	记	17	销售材料，款收存银行	其他业务收入、应交税费	79 100.00		6 119 152.00
12	20	记	18	预付货款	预付账款		4 000.00	6 115 152.00
12	21	记	21	补记 12 月 20 日 18 号凭证少记金额	预付账款		36 000.00	6 079 152.00

德育园地

M会计事务所负责一家中型企业的日常财务记录和报告工作。在一次月度财务报表的编制过程中，会计师小李发现上个月的固定资产折旧计算有误，导致公司利润被高估了 15 万元。他立即意识到这是一起严重的错账，需要立即更正。随后，小李将这一发现汇报给了会计事务所的负责人陈明，并详细说明了错账的原因和潜在影响。负责人陈明高度重视这一问题，并决定组织团队进行核查和更正。在陈明的指导下，小李和团队成员对财务报表进行了全面核查，确认了错账的具体金额和性质，并按照会计准则和公司的财务制度，对错账进行了更正，重新编制了财务报表。

更正错账后，会计事务所组织了全体成员进行反思和学习。他们深入分析了导致错账的原因，包括工作疏忽、制度不完善等。同时，也强调了诚信、责任、严谨在会计工作中的重要性，要求全体成员在今后的工作中要加强自我约束和相互监督。

诚信与责任是会计工作的基石。会计人员必须时刻保持诚信意识，严格遵守职业道德规范，确保财务信息的真实性和准确性。同时，会计人员也要对自己的工作负责，勇于承担错误和后果。

严谨和细致是会计工作的基本要求。会计人员在进行财务记录和报告时，必须保持高度的严谨性和细致性，认真核对每一项数据和资料，避免出现错误和遗漏。

反思与学习是提高工作质量的重要途径。当发现错误和问题时，会计人员应该积极反思和学习，深入分析原因和教训，不断提高自己的专业水平和综合素质。

任务小结

更正错账有三种方法：划线更正法、红字更正法和补充登记法。如果记账凭证没有错误，只是账簿登记错了，采用划线更正法。如果记账凭证错了，只能用红字更正法或者补充登记法。记账凭证应借应贷的会计科目错了，或者同时金额也错了，采用红字更正法；或者应借应贷会计科目没错，金额多记了，也是采用红字更正法。如果记账凭证应借应贷的会计科目没错，只是金额少记了，则采用补充登记法。

任务考核

一、单项选择题

❶ 更正错账时，划线更正法的适用范围是(　　)。

A. 记账凭证上会计科目或记账方向错误，导致账簿记录错误

B. 记账凭证正确，在记账时发生错误，导致账簿记录错误

C. 记账凭证上会计科目或记账方向正确，所记金额大于应记金额，导致账簿记录错误

D. 记账凭证上会计科目或记账方向正确，所记金额小于应记金额，导致账簿记录错误

❷ 某会计人员在填制记账凭证时，误将科目名称“应付账款”写成“应收账款”，并已入账，查账时发现，更正的方法是(　　)。

A. 划线更正法　　B. 红字更正法　　C. 补充登记法　　D. 重做

❸ 企业偿还一笔应付账款，金额为 420 000 元，编制的记账凭证无误，在登记相关账簿时误记为 240 000 元，会计科目使用正确，则可以选择的更正方法是(　　)。

A. 划线更正法　　B. 红字更正法　　C. 补充登记法　　D. 重新抄写

二、多项选择题

❶ 应该采用红字更正法更正的错账有(　　)。

A. 记账凭证没有错误，登记账簿时发生错误

B. 记账凭证的会计科目错误

C. 记账凭证的应借、应贷的会计科目没有错误，所记金额大于应记金额

D. 记账凭证的应借、应贷的会计科目没有错误，所记金额小于应记金额

❷ 下列各种工作的错误，应当用红字更正法予以更正的有(　　)。

A. 在账簿中将 2 500 元误记为 2 550 元，记账凭证正确无误

B. 在填制记账凭证时，误将“应收账款”科目填为“其他应收款”，并已登记入账

C. 在填制记账凭证时，误将 3 000 元填作 300 元，尚未入账

D. 记账凭证中的借贷方向用错，并已入账

❸ 对于划线更正法，下列说法正确的有(　　)。

A. 划红线注销时必须使原有字迹仍可辨认

B. 对于错误的数字，应当全部划红线更正，不得只更正其中的错误数字

C. 对于文字错误，可只划去错误的部分

D. 对于错误的数字，可以只更正其中的错误数字

三、判断题

❶ 账簿记录发生错误时，会计人员应用刮擦、挖补的方式更改错误记录。　(　　)

❷ 记账后发现记账凭证填写的会计科目无误，只是所记金额小于应记金额，采用划线更正法。　(　　)

❸ 错账更正方法主要有划线更正法、红字更正法和补充登记法三种。　(　　)

四、实训题

东方公司 11 月的经济业务在记账过程中产生的错账如下：

(1)2023 年 11 月 9 日以银行存款支付了车间的水电费 1 800 元，编制的记账凭证见表 5-3-17。

表 5-3-17

记　账　凭　证

2023 年 11 月 9 日　　　　记字第 17 号

摘　要	总账科目	明细科目	√	借方金额									贷方金额								
				百	十	万	千	百	十	元	角	分	百	十	万	千	百	十	元	角	分
支付水电费	制造费用	水电费	√				1	8	0	0	0	0									
	库存现金		√													1	8	0	0	0	0
合　计						¥	1	8	0	0	0	0			¥	1	8	0	0	0	0

附件 1 张

会计主管：王二　　记账：李一　　出纳：陈平　　审核：王二　　制单：李一

登记的企业库存现金日记账、制造费用明细账见表 5-3-18、表 5-3-19。

表 5-3-18　　库存现金日记账

2023 年		凭证		摘要	对方科目	借方	贷方	余额
月	日	种类	号数					
11	1			上月结转				2 300.00
11	2	记	2	支付办公费	管理费用		200.00	2 100.00
11	9	记	17	支付水电费	制造费用		1 800.00	300.00

表 5-3-19　　制造费用明细账

2023 年		凭证		摘要	人工费	折旧费	水电费	办公费	其他	合计
月	日	种类	号数							
11	9	记	17	支付水电费			1 800.00			1 800.00

(2)2023 年 11 月 10 日以银行存款支付业务招待费 15 000 元，编制的记账凭证见表 5-3-20。

表 5-3-20

记　账　凭　证

2023 年 11 月 10 日　　记字第 19 号

摘　要	总账科目	明细科目	√	借方金额									贷方金额								
				百	十	万	千	百	十	元	角	分	百	十	万	千	百	十	元	角	分
支付水电费	管理费用	业务招待费	√			1	6	0	0	0	0	0									
	银行存款		√												1	6	0	0	0	0	0
合　计					¥	1	6	0	0	0	0	0		¥	1	6	0	0	0	0	0

附件 2 张

会计主管：王二　　记账：李一　　出纳：陈平　　审核：王二　　制单：李一

登记的银行存款日记账和管理费用明细账见表 5-3-21、表 5-3-22。

表 5-3-21　　银行存款日记账

2023 年		凭证		摘要	借方	贷方	余额
月	日	种类	号数				
11	1			上年结转			320 000.00
11	2	记	2	销售产品，收到货款	100 000.00		420 000.00
11	10	记	19	支付业务招待费		16 000.00	404 000.00
11	12	记	21	支付前欠货款		78 000.00	326 000.00

表 5-3-22　　管理费用明细账

2023年		凭证		摘要	人工费	折旧费	业务招待费	办公费	其他	合计
月	日	种类	号数							
11	2	记	2	支付办公费				200.00		200.00
11	10	记	17	支付业务招待费			16 000.00			16 000.00

(3)2023年11月12日，支付茂盛公司前欠货款87 000元，编制的记账凭证见表5-3-23。

表 5-3-23

记　账　凭　证

2023 年 11 月 12 日　　　　记字第 21 号

摘　要	总账科目	明细科目	√	借方金额									贷方金额								
				百	十	万	千	百	十	元	角	分	百	十	万	千	百	十	元	角	分
支付货款	应付账款	茂盛公司	√			7	8	0	0	0	0	0									
	银行存款		√												7	8	0	0	0	0	0
合　计					¥	7	8	0	0	0	0	0		¥	7	8	0	0	0	0	0

附件 2 张

会计主管：王二　　记账：李一　　出纳：陈平　　审核：王二　　制单：李一

登记的银行存款日记账和应付账款明细账见表5-3-24和表5-3-25。

表 5-3-24　　银行存款日记账

2023年		凭证		摘要	借方	贷方	余额
月	日	种类	号数				
11	1			上年结转			320 000.00
11	2	记	2	销售产品，收到货款	100 000.00		420 000.00
11	10	记	19	支付业务招待费		16 000.00	404 000.00
11	12	记	21	支付前欠货款		78 000.00	326 000.00

表 5-3-25　　应付账款明细账

明细科目：茂盛公司

2023年		凭证		摘要	借方	贷方	借或贷	余额
月	日	种类	号数					
11	1			期初余额			贷	100 000.00
11	12	记	21	支付前欠货款	78 000.00		贷	22 000.00

要求：假设这三笔错账是11月13日发现的，请对这三笔业务的错账采用正确的更正方法进行更正。

项目六 对账与结账

学习目标

能力目标

1. 能根据期末对账的内容和方法，进行账证、账账、账实核对。
2. 能按照规范程序进行财产清查，正确分析财产清查结果并进行账务处理。
3. 能根据期末结账的要求和方法，完成月结与年结。

知识目标

1. 掌握对账与结账的内容、方法以及程序。
2. 了解财产清查的流程和内容，掌握财产清查结果的处理。

素质目标

1. 培养学生严谨细致、有条不紊的工作作风。
2. 培养学生勇于承担责任的勇气与情怀。

案例导入

新巢家居有限责任公司是海南某高职院校校企合作企业，刚接收一批大数据与会计专业毕业实习生，马晓晓是其中的一员，她被安排在该公司的出纳岗位实习。为了更好地提升实习生岗位技能，公司指派出纳王兰新作为她的企业师傅。马晓晓每天都认真地跟着企业师傅学习，上手非常快。半个月过去了，王兰新便开始放手让马晓晓自己独立开展公司银行存款日记账的登记工作。2023 年 12 月 31 日，马晓晓在完成最后一笔业务登记后，结算出了银行存款期末余额，最终的银行存款日记账上的银行存款余额显示为 5 983 932 元。2024 年 1 月 2 日，马晓晓到中国工商银行海南省分行取回银行提供的对账单。但当她看到银行对账单显示的公司银行存款余额仅为 5 981 420 元时，顿时疑惑了，难道自己登记的银行存款日记账有误，还是公司的银行存款出现问题？回到公司后，马晓晓第一时间向企业师傅王兰新报告了此事。出纳王兰新听后，冷静地指导马晓晓说：“你先仔细核对一下，然后再查找具体的原因。”马晓晓听完，对师傅淡定的处理态度感到不解，师傅怎么不紧张呢？相信通过本项目的学习，你也可以找到原因。

任务一　对　账

任务情境

(1)根据项目五任务情境，会计刘雨玲已经登记完总分类账簿，现在需要对新巢家居有限责任公司 2023 年 12 月的总分类账簿记录进行核对。

(2)根据项目五任务情境，会计刘雨玲已经登记完总分类账簿和明细分类账簿，现在需要对新巢家居有限责任公司 2023 年 12 月的账簿记录进行总账与明细账的核对。

(3)新巢家居有限责任公司 2023 年 12 月 31 日银行存款日记账和银行对账单见表 6-1-1 和表 6-1-2。

表 6-1-1　　银行存款日记账

开户银行：中国工商银行海南省分行　　银行账号：2222887033301155666

2023 年		凭证		摘要	对方科目	借方	贷方	余额
月	日	种类	号数					
12	1			期初余额				2 597 800.00
12	1	记	1	收到投入资金	实收资本、资本公积	2 000 000.00		4 597 800.00
12	1	记	3	取得短期借款	短期借款	240 000.00		4 837 800.00
12	1	记	4	取得长期借款	长期借款	900 000.00		5 737 800.00
12	2	记	5	销售功能沙发	主营业务收入、应交税费	508 500.00		6 246 300.00
12	4	记	7	收到违约金	营业外收入	32 000.00		6 278 300.00
12	5	记	8	收到罚款收入	营业外收入	500.00		6 278 800.00
12	10	记	11	购料未入库	在途物资、应交税费		192 870.00	6 085 930.00
12	12	记	12	向希望工程捐款	营业外支出		18 000.00	6 067 930.00
12	17	记	15	支付广告费	销售费用、应交税费		27 878.00	6 040 052.00
12	19	记	17	销售材料	其他业务收入、应交税费	79 100.00		6 119 152.00
12	20	记	18	预付货款	预付账款		40 000.00	6 079 152.00
12	21	记	19	提取现金备用	库存现金		3 000.00	6 076 152.00

（续表）

2023年		凭证		摘要	对方科目	借方	贷方	余额
月	日	种类	号数					
12	22	记	20	支付业务招待费	管理费用		14 800.00	6 061 352.00
12	26	记	23	支付余款和增值税	预付账款		10 850.00	6 050 502.00
12	27	记	24	购料入库	原材料、应交税费		59 770.00	5 990 732.00
12	31	记	28	支付水电费	制造费用、管理费用		3 300.00	5 987 432.00
12	31	记	29	支付办公用品费	制造费用、管理费用		3 500.00	5 983 932.00

表 6-1-2　　中国工商银行对账单

账号：2222887033301155666　　开户单位：新巢家居有限责任公司

2023年		凭证		摘要	借方	贷方	余额
月	日	种类	号数				
12	1	略	略	结余			2 597 800.00
12	1			存入		2 000 000.00	4 597 800.00
12	1			存入		240 000.00	4 837 800.00
12	1			存入		900 000.00	5 737 800.00
12	2			存入		508 500.00	6 246 300.00
12	4			存入		32 000.00	6 278 300.00
12	5			存入		500.00	6 278 800.00
12	10			支取	192 870.00		6 085 930.00
12	12			支取	18 000.00		6 067 930.00
12	17			支取	27 878.00		6 040 052.00
12	20			支取	40 000.00		6 000 052.00
12	21			支取	3 000.00		5 997 052.00
12	22			支取	14 800.00		5 982 252.00
12	26			支取	10 850.00		5 971 402.00
12	31			存入		19 168.00	5 990 570.00
12	31			支取	3 300.00		5 987 270.00
12	31			支取	3 500.00		5 983 770.00
12	31			支取	2 350.00		5 981 420.00

（4）新巢家居有限责任公司2023年12月末对部分原材料进行清查，账面结存汇总表与盘存单见表6-1-3和表6-1-4。

表 6-1-3　　　　原材料明细账账面结存汇总表

仓库	类别	名称及规格	计量单位	账面结存量	实际单位成本
1 号仓库	原材料	面料 pu 革	米	2 460	15
1 号仓库	原材料	面料呼吸革	米	2 000	19

表 6-1-4　　　　盘存单

编制单位：新巢家居有限责任公司　　　　盘点时间：2023 年 12 月 31 日

财产类别：原材料　　　　存放地点：第一仓库

类别	名称及规格	计量单位	盘点数量	单价	金额	备注
原材料	面料 pu 革	米	2 420	15	36 300.00	管理不善
原材料	面料呼吸革	米	2 020	19	38 380.00	计量差错

盘点人：　　　　保管人：

任务布置

(1)请根据任务情境，编制总账发生额及余额试算平衡表。

(2)请根据任务情境，编制应收账款总账与明细账发生额及余额对照表。

(3)请根据任务情境，编制银行存款余额调节表。

(4)请根据任务情境，编制实存账存对比表并进行相应的账务处理。

知识准备

对账简单地讲就是核对账目，具体讲就是定期运用各种方法对账簿记录进行检查和核对，以保证账簿记录真实、正确、可靠，达到账证相符、账账相符和账实相符，

一、账证核对

账证核对是指将各种账簿的记录与有关会计凭证进行核对。核对会计账簿记录与原始凭证、记账凭证的时间、凭证字号、内容、金额是否一致，记账方向(二者都有的项目)是否相符。日记账应与收、付款凭证相核对，总账应与记账凭证相核对，明细账应与记账凭证或原始凭证相核对。

对账

账簿与原始凭证核对，主要是对账簿记录的经济业务的真实性、合法性、合理性进行检查。

账簿与记账凭证进行核对，主要是检查过账工作是否正确，即是否根据记账凭证记入相关的日记账、明细账和总分类账，记录的金额和方向是否与记账凭证上指明的金额和方向相同。

账证核对主要在平时记账过程中逐笔进行。由于账证核对工作量较大，一般月末结账时采用抽查核对的方法。

二、账账核对

账账核对是指对各种账簿之间的有关数字进行核对。

（一）总账内部核对

总账内部核对就是总分类账簿之间的核对，核对的依据主要是会计恒等式和记账规则。总账内部核对主要包括三个方面的内容：

全部账户借方期初余额合计数＝全部账户贷方期初余额合计数

全部账户借方本期发生额合计数＝全部账户贷方本期发生额合计数

全部账户借方期末余额合计数＝全部账户贷方期末余额合计数

以上核对通过编制总账发生额及余额试算平衡表进行，从总体上检查总账登记的正确性。

（二）总账与日记账核对

总账与日记账核对，主要将库存现金总账和银行存款总账本期借、贷方发生额及期末余额分别与现金日记账和银行存款日记账的本期借、贷方发生额合计数及期末余额合计数进行核对，以检查总账与日记账的登账是否正确。

（三）总账与明细账核对

总账与所属明细账平时登记采用平行登记的方法，因此核对的内容主要是发生额和余额的核对，具体内容包括：

总账的本期借方发生额＝所属各明细账本期借方发生额之和

总账的本期贷方发生额＝所属各明细账本期贷方发生额之和

总账的期初余额＝所属各明细账期初余额之和

总账的期末余额＝所属各明细账期末余额之和

以上核对通过编制总账与明细账发生额及余额对照表进行。

（四）会计部门明细账与保管部门明细账核对

会计部门有关财产物资的明细账结存数，应该与财产物资保管或使用部门的有关保管账的账存数核对相符，以检查双方记录是否正确。此项核对一般是将会计部门各财产物资的明细账的期末结存数量与金额，直接与财产物资保管或使用部门经管的各财产物资明细账的期末结存数量与金额核对，若不相符，则进一步查找原因。

三、账实核对

账实核对是指各种财产物资的账面余额与实存数额相核对。具体内容包括：

(1)现金日记账账面余额与实地盘点的库存现金实有数相核对。

(2)银行存款日记账账面余额与开户银行账目（银行对账单）相核对。

(3)各种财产物资明细账账面余额与其清查盘点后的实存数相核对。

(4)各种应收、应付款明细账账面余额与有关债务、债权单位的账目相核对。

账实核对一般是通过财产清查进行的。

财产清查是对各项财产、物资进行实地盘点和核对，查明财产物资、货币资金和结算款项的实有数额，确定其账面结存数额和实际结存数额是否一致，以保证账实相符的一种会计专门方法。

（一）财产物资的清查

1. 确定财产物资账面结存数的方法

财产清查概述

存货的清查

固定资产的清查

（1）永续盘存制。永续盘存制亦称账面盘存制。采用这种方法时，对平时各项财产物资的增加数和减少数，都要根据会计凭证连续记入有关账簿，并且随时结出账面数，其公式为

账面期末数＝账面期初数＋本期增加数－本期减少数

这种盘存制度要求财产物资的进出都有严密的手续，便于加强会计监督；在有关账簿中对财产物资的进出进行连续登记，且随时结出账面结存数，便于随时掌握财产物资占用情况及其动态，有利于加强财产物资管理。其不足之处在于账簿中记录的财产物资的增减变动及结存情况都是根据有关会计凭证登记的，可能发生账实不符的情况。因此，采用永续盘存制，需要对各项财产物资定期进行财产清查，以查明账实是否相符，以及账实不符的原因。

（2）实地盘存制。同永续盘存制相对应的是实地盘存制。采用这种方法，平时只根据会计凭证在账簿中登记财产物资的增加数，不登记减少数，到月末，对各项财产物资进行盘点，根据实地盘点确定的实存数，倒挤出本月各项财产物资的减少数，其公式为

本期减少数＝期初账面结存数＋本期增加数－期末实际结存数

根据以上计算倒挤出的本期减少数，再登记有关账簿。所以，每月末对各项财产物资进行实地盘点的结果，是计算、确定本月财产物资减少数的依据。

采用这种方法，工作简单、工作量少，但各项财产物资的减少数没有严格的手续，不便于施行会计监督。倒挤出的各项财产物资的减少数中成分复杂，除去正常耗用的，可能还有毁损和丢失的。所以，只有那些自然消耗大、数量不稳定的鲜活商品才采用实地盘存制。

2. 确定财产物资清查的方法

（1）实地盘点。实地盘点是指在财产物资堆放现场进行逐一清点数量或用计量仪器确定实存数的一种方法。

（2）技术推算盘点。技术推算盘点是利用技术方法，如量方计尺等对财产物资的实存数进行推算的一种方法。

为了明确经济责任，进行财产物资的盘点时，有关财产物资的保管人员必须在场，并参加盘点工作。对各项财产物资的盘点结果，应逐一如实地登记在“盘存单”上，“盘存单”见表 6-1-5，并由参加盘点的人员和实物保管人员共同签章。“盘存单”是记录各项财产物资实存数量盘点的书面证明，也是财产清查工作的原始凭证之一。

表 6-1-5　　盘存单

编制单位：　　　　盘点时间：

财产类别：　　　　存放地点：

编号	名称	规格型号	计量单位	数量	单价	金额	备注

盘点人：　　　　保管人：

盘点完毕，将“盘存单”中所记录的实存数额与账面结存余额核对，发现某些财产物资账实不符时，填制“实存账存对比表”（表 6-1-6），确定财产物资盘盈或盘亏的数额。“实存账存对比表”是调整账面记录的原始凭证，也是分析盈亏原因、明确经济责任的重要依据，应严肃认真地填报。

表 6-1-6　　实存账存对比表

年　月　日

编制单位（公章）：

<table>
<tr><td rowspan="3">存货类别</td><td rowspan="3">名称及规格</td><td rowspan="3">计量单位</td><td rowspan="3">单价</td><td colspan="2">账存</td><td colspan="2">实存</td><td colspan="4">对比结果</td><td rowspan="3">备注</td></tr>
<tr><td rowspan="2">数量</td><td rowspan="2">金额</td><td rowspan="2">数量</td><td rowspan="2">金额</td><td colspan="2">盘盈</td><td colspan="2">盘亏</td></tr>
<tr><td>数量</td><td>金额</td><td>数量</td><td>金额</td></tr>
<tr><td></td><td></td><td></td><td></td><td></td><td></td><td></td><td></td><td></td><td></td><td></td><td></td><td></td></tr>
<tr><td></td><td></td><td></td><td></td><td></td><td></td><td></td><td></td><td></td><td></td><td></td><td></td><td></td></tr>
</table>

单位负责人：　　会计机构负责人：　　盘点人：　　保管人：

3. 财产物资清查的账务处理

（1）财产物资盘盈的账务处理

①存货盘盈

审批前调账：

借：原材料（库存商品等）

　　贷：待处理财产损溢

审批后处理：

借：待处理财产损溢

　　贷：管理费用

②固定资产盘盈

盘盈的固定资产，应作为前期差错处理，在按管理权限报批处理前通过“以前年度损益调整”账户核算。

（2）财产物资盘亏的账务处理

①存货盘亏

审批前调账：

借：待处理财产损溢

　　贷：原材料（库存商品等）

审批后处理：

借：其他应收款（保险公司或过失人赔偿的部分）

　　管理费用（一般经营损失）

　　营业外支出（非常损失）

　　贷：待处理财产损溢

②固定资产盘亏

审批前调账：

借：待处理财产损溢　（按固定资产账面净值）

　　累计折旧　（按已提折旧）

　　贷：固定资产　（按固定资产原值）

审批后处理：

借：营业外支出（盘亏净损失）

　　其他应收款（保险公司或过失人赔偿的部分）

　　贷：待处理财产损溢——待处理固定资产损溢

（二）货币资金的清查

1. 库存现金的清查

库存现金的清查，是通过实地盘点的方法，确定库存现金的实存数，再与现金日记账的账面余额核对，以检查现金是否账实相符。

在进行现金清查时，为了明确经济责任，出纳员必须在场，在清查过程中不能用白条抵库，也就是不能用不具有法律效力的借条，收据等抵充库存现金。

库存现金的清查

现金盘点后，应根据盘点的结果及与现金日记账核对的情况，填制“库存现金盘点报告表”（表 6-1-7）并由盘点人员和出纳员签章。

“库存现金盘点报告表”兼有“盘存单”和“实存账存对比表”的作用，是反映库存现金实有数和调整账簿记录的原始凭证。

表 6-1-7　　库存现金盘点报告表

年　月　日

编制单位（公章）：　　　　单位：元

账存金额	实存金额	对比结果		备注
		盘盈	盘亏	

单位负责人：　　会计机构负责人：　　盘点人：　　出纳：

2. 库存现金清查的账务处理

（1）现金短缺的会计处理

①发现短缺时，审批前调账：

借：待处理财产损溢

　　贷：库存现金

②审批后，视不同情况处理：

借：其他应收款（应由责任人赔偿的部分）

　　管理费用（属于无法查明原因）

　　贷：待处理财产损溢

（2）现金溢余的会计处理

①发现现金溢余时，审批前调账：

借：库存现金

　　贷：待处理财产损溢

②审批后，视不同情况处理：

借：待处理财产损溢

　贷：其他应付款（应支付给有关人员或单位的）

　　营业外收入（属于无法查明原因的）

（三）银行存款的清查

银行存款的清查

银行存款的清查，是采用与开户银行核对账目的方法进行的，即将本单位的银行存款日记账与开户银行转来的对账单逐笔进行核对。

“银行存款日记账”应定期与“银行对账单”核对，至少每月核对一次。如果两者余额不一致，其原因有两个：一是企业和银行任何一方或双方记账有误；二是存在未达账项。

所谓未达账项，是指企业与银行对同一笔收付业务，因记账时间不同，一方已入账而另一方尚未入账的款项。未达账项一般有四种情况：

（1）企业已收款入账，而银行尚未收款入账。

（2）企业已付款入账，而银行尚未付款入账。

（3）银行已收款入账，而企业尚未收款入账。

（4）银行已付款入账，而企业尚未付款入账。

企业与银行对账时，应首先检查是否存在未达账项。如有未达账项存在，则编制“银行存款余额调节表”（表 6-1-8）进行调整，消除未达账项的影响，以便检查双方记账有无差错。

银行存款余额调节表的编制方法，是在银行存款余额调节表里企业与银行双方都补记对方已入账而自己未入账的未达账项，看双方调整后的余额是否相等。

调节后的双方余额如果相等，一般表明双方记账没有差错，该余额就是企业银行存款可以动用的银行存款实有数额。如果不等，表明记账有差错，应进一步查明原因进行更正。

表 6-1-8　　银行存款余额调节表

年　月　日　　　　单位：元

项目	金额	项目	金额
企业银行存款日记账余额		银行对账单余额	
加：银行已收，企业未收		加：企业已收，银行未收	
减：银行已付，企业未付		减：企业已付，银行未付	
调节后的存款余额		调节后的存款余额	

编制银行存款余额调节表只是为了核对账目，银行存款余额调节表并非原始凭证，不能作为调整账面记录的原始依据，企业必须等收到银行有关结算凭证后，才能据以入账。

往来款项的清查

（四）往来款项的清查

往来款项清查是指对企业的债权往来（如应收账款、其他应收款、预付账款等）和债务往来（如应付账款、预收账款、其他应付款等）进行的清查。

1. 往来款项的清查方法

对往来款项一般采用发函询证的方法进行核对。具体做法是：

(1)将往来款项的全部凭证登记入账,并保证账户记录无误。

(2)按每一个往来单位编制“往来款项对账单”(表6-1-9),一式两份,其中一份作为回联单送往各有关往来单位。对方经过核对相符后,在回联单上加盖公章退回,表示已核对;如果经核对数字不相符,对方应在回联单上注明不符情况,或另附对账单退回清查单位,双方进一步查明原因,再行核对,直到相符为止。

(3)收到上述回单后,编制“往来款项清查表”。

表6-1-9　往来款项对账单

往来款项对账单

××单位:

你单位年月日购入我单位________产品________件,已付货款________元,尚有________元货款未付,请核对后将回联单寄回。

清查单位:(盖章)
年　月　日

沿此虚线裁开,将以下回联单寄回!

- -

往来款项对账单(回联)

××单位:

你单位寄来的“往来款项对账单”已经收到,经核对相符无误。

××单位:(盖章)
年　月　日

(4)清查结果报管理部门,对存在的问题及时进行处理。

2. 往来款项清查的账务处理

往来款项清查中,若发现确实无法收回的款项,报经批准后冲减已提取的坏账准备;若有无法支付的款项,则批准后转作营业外收入。

任务实施

(1)根据总账账户编制总账发生额及余额试算平衡表,见表6-1-10。

表6-1-10　总账发生额及余额试算平衡表

2023年12月31日

总账科目	期初余额		本期发生额		期末余额	
	借方	贷方	借方	贷方	借方	贷方
库存现金	17 200.00		3 000.00	5 200.00	15 000.00	
银行存款	2 597 800.00		3 760 100.00	373 968.00	5 983 932.00	
应收票据	200 000.00		406 800.00		606 800.00	
应收账款	376 000.00		949 200.00		1 325 200.00	
预付账款	50 000.00		50 850.00	50 850.00	50 000.00	
其他应收款			5 000.00	5 000.00		
坏账准备		3 000.00				3 000.00
在途物资			171 000.00	171 000.00		

（续表）

总账科目	期初余额		本期发生额		期末余额	
	借方	贷方	借方	贷方	借方	贷方
原材料	121 000.00		559 000.00	581 100.00	98 900.00	
库存商品	577 000.00		745 000.00	1 173 000.00	149 000.00	
固定资产	18 279 135.00		800 000.00		19 079 135.00	
累计折旧		1 600 000.00		16 500.00		1 616 500.00
短期借款				240 000.00		240 000.00
应付票据		30 000.00		56 500.00		86 500.00
应付账款		100 000.00		271 200.00		371 200.00
应付职工薪酬				217 000.00		217 000.00
应付利息				1 000.00		1 000.00
应付股利				560 000.00		560 000.00
应交税费			73 768.00	346 534.88		272 766.88
长期借款		1 000 000.00		900 000.00		1 900 000.00
实收资本		10 000 000.00		2 000 000.00		12 000 000.00
资本公积		800 000.00		800 000.00		1 600 000.00
盈余公积		1 200 000.00		420 000.00		1 620 000.00
本年利润		2 485 134.88	4 237 634.88	1 752 500.00		0.00
利润分配		5 000 000.12	1 960 000.00	3780 000.00		6 820 000.12
生产成本			745 000.00	745 000.00		
制造费用			44 000.00	44 000.00		
主营业务收入			1 650 000.00	1 650 000.00		
其他业务收入			70 000.00	70 000.00		
营业外收入			32 500.00	32 500.00		
主营业务成本			1 173 000.00	1 173 000.00		
其他业务成本			38 000.00	38 000.00		
税金及附加			17 979.84	17 979.84		
管理费用			56 900.00	56 900.00		
销售费用			27 800.00	27 800.00		
财务费用			1 000.00	1 000.00		
营业外支出			18 000.00	18 000.00		
所得税费用			104 955.04	104 955.04		
合计	22 218 135.00	22 218 135.00	17 700 487.76	17 700 487.76	27 307 967.00	27 307 967.00

（2）编制应收账款总账与明细账发生额及余额对照表，见表 6-1-11。

表 6-1-11　　应收账款总账和明细账发生额及余额对照表

会计科目	期初余额		本期发生额		期末余额	
	借方	贷方	借方	贷方	借方	贷方
“应收账款”总账	376 000.00		949 200.00		1 325 200.00	
应收账款明细账合计	376 000.00		949 200.00		1 325 200.00	
昌华公司	226 000.00		949 200.00		1 175 200.00	
亚美公司	150 000.00				150 000.00	

（3）步骤一：逐笔核对，查找未达账项

未达账项分别是：

①12 月 19 日，公司收到销售材料款 79 100 元已登记入账，但银行尚未登记入账。

②12 月 27 日，公司购买材料支付材料款 59 770 元已登记入账，但银行尚未登记入账。

③银行已收到外地汇入货款 19 168 元并登记入账，但公司尚未收到收款通知，尚未记账。

④银行代公司支付电话费 2 350 元已登记入账，但公司尚未收到付款通知，尚未记账。

步骤二：根据未达账项编制银行存款余额调节表，见表 6-1-12。

表 6-1-12　　银行余额调节表

2023 年 12 月 31 日　　单位：元

项目	金额	项目	金额
银行存款日记账余额	5 983 932.00	银行对账单余额	5 981 420.00
加：银行已收，企业未收	19 168.00	加：企业已收，银行未收	79 100.00
减：银行已付，企业未付	2 350.00	减：企业已付，银行未付	59 770.00
调节后的银行存款余额	6 000 750.00	调节后的银行存款余额	6 000 750.00

（4）盘点完毕，将“盘存单”中所记录的实存数与账面结存数核对，填制“实存账存对比表”，见表 6-1-13。

表 6-1-13　　实存账存对比表

2023 年 12 月 31 日

编制单位（公章）：新巢家居有限责任公司

存货类别	名称及规格	计量单位	单价	账存		实存		对比结果				备注
								盘盈		盘亏		
				数量	金额	数量	金额	数量	金额	数量	金额	
原材料	面料 pu 革	米	15	2 460	36 900.00	2 420	36 300.00			40	600.00	管理不善
原材料	面料呼吸革	米	19	2 000	38 000.00	2 020	38 380.00	20	380.00			计量差错

单位负责人：　　会计机构负责人：　　盘点人：　　保管人：

会计刘雨玲根据“盘存单”和“实存账存对比表”进行相应的账务处理：

批准前：

①原材料面料(pu 革)盘亏 40 米：

借：待处理财产损溢——待处理流动资产损溢 600

　贷：原材料——面料(pu 革) 600

②原材料面料(呼吸革)盘盈 20 米：

借：原材料——面料(呼吸革) 380

　贷：待处理财产损溢——待处理流动资产损溢 380

批准后：

①原材料面料(pu 革)盘亏 40 米，是由于管理不善原因造成的

借：管理费用 600

　贷：待处理财产损溢——待处理流动资产损溢 600

②原材料面料(呼吸革)盘盈 20 米，是由于计量差错原因造成的

借：待处理财产损溢——待处理流动资产损溢 380

　贷：管理费用 380

德育园地

《论语》载：子贡问政，子曰：“足食，足兵，民信之矣。”子贡曰：“必不得已而去，与斯三者何先？”曰：“去兵”。子贡曰：“必不得已而去，与斯二者何先？”曰：“去食，自古皆有死，民无信不立。”

上述对话体现了孔子对于政治治理的深刻见解，强调了经济繁荣、军事强大和民众信任的重要作用，并指出了在三者之间民众信任是最重要的，诚信是治国理政的重要基石，是社会道德的核心，是个人立身之本，也是全社会共同努力的目标。会计是企业财务的守护者，也是社会经济秩序的维护者，其工作的核心就是诚信和准确。会计应该深刻认识到会计诚信的重要性，在工作中都应秉持诚信原则，为市场经济的健康发展和社会和谐稳定提供保障。

任务小结

在会计日常工作中，由于种种原因，难免会发生个别平时没能及时发现的差错或账实不符的情况，为了保证各种账簿记录的完整和正确，为编制会计报表提供真实可靠的数据资料，期末结账前要先对账。

对账是会计期末工作中的主要活动。期末对账包括账证、账账、账实的核对，通常采用抽查方法进行账证核对；通过编制总账发生额及余额试算平衡表、总账与明细账发生额及余额对照表等来进行总账内部核对、总账与日记账、总账与明细账的账账核对；采用财产清查的专门方法来进行账实核对。

任务考核

一、单项选择题

❶ 期末，企业将有关债权债务明细账账面余额与对方单位的账面记录进行核对，这种对账属于（　　）的内容。

A. 账证核对　　B. 账账核对　　C. 账实核对　　D. 账表核对

❷ 一般来说，年终决算之前，要进行（　　）。

A. 全面清查　　B. 实地清查　　C. 技术推算　　D. 局部清查

❸ 银行存款余额调节表中调节后的余额是（　　）。

A. 银行存款账面余额

B. 对账单余额与日记账余额的平均数

C. 银行方面的账面余额

D. 对账日企业可以动用的银行存款实有数额

❹ 银行存款的清查，主要是将（　　）进行核对。

A. 银行存款日记账和总分类账　　B. 银行存款日记账和银行对账单

C. 银行存款总账和收、付款凭证　　D. 银行存款日记账和收、付款凭证

❺ 某公司在财产清查中，通过“账存实存对比表”发现：账存甲材料 500 000 元，实存甲材料 502 000 元，原因待查。在批准处理之前该公司应编制的会计分录是（　　）。

A. 借：原材料——甲材料　　2 000
　　贷：待处理财产损溢——流动资产损溢　　2 000

B. 借：原材料——甲材料　　2 000
　　贷：营业外收入　　2 000

C. 借：固定资产——甲材料　　2 000
　　贷：待处理财产损溢——非流动资产损溢　　2 000

D. 借：待处理财产损溢——流动资产损溢　　2 000
　　贷：原材料——甲材料　　2 000

二、多项选择题

❶ 下列属于账实核对的有（　　）。

A. 现金日记账账面余额与现金实际库存数的核对

B. 银行存款日记账账面余额与银行对账单的余额核对

C. 财产物资明细账账面余额与财产物资实存数额的核对

D. 应收、应付款明细账账面余额与债务、债权单位核对

❷ 对账工作主要包括（　　）。

A. 账证核对　　B. 账账核对　　C. 账实核对　　D. 账表核对

❸ 关于库存现金的清查，下列说法正确的有（　　）。

A. 库存现金应该每日清点一次

B. 库存现金应该采用实地盘点法

C. 在清查过程中可以用借条、收据充抵库存现金

D. 要根据盘点结果编制“现金盘点报告表”

❹ 下列情况适用于全面清查的有(　　)。

A. 年终决算前　　B. 单位撤销、合并或改变隶属关系前

C. 全面清产核资、资产评估　　D. 单位主要负责人调离工作前

❺ 编制“银行存款余额调节表”时,应调整银行对账单余额的业务包括(　　)。

A. 企业已收,银行未收　　B. 企业已付,银行未付

C. 银行已收,企业未收　　D. 银行已付,企业未付

三、判断题

❶ 在进行库存现金和存货清查时,出纳人员和实物保管人员不得在场。(　　)

❷ 任何单位,对账工作应该每年至少进行一次。(　　)

❸ 财产清查就是对各项实物资产进行定期盘点和核对。(　　)

❹ “银行存款余额调节表”可以作为登账的根据。(　　)

❺ 期末对账时,也包括账证核对,即核对会计账簿记录与原始凭证、记账凭证的时间、凭证字号、内容、金额是否一致,记账方向是否相符。(　　)

四、实训题

资料:开元有限责任公司 2023 年 10 月 25—31 日银行存款日记账和银行送来的对账单内容见表 6-1-14 和表 6-1-15:

表 6-1-14　银行存款日记账

2023 年		凭证		摘要	结算凭证		收入	支出	余额
月	日	字	号		种类	号数			
10	24								260 000
	25	银付	28	付购料款	转支	0045		200 000	
	26	银付	29	付运费	转支	0046		1 000	
	27	银收	8	收销货款	电汇		226 000		
	30	银付	30	付购料款	电汇			90 000	
	30	银付	31	付修理费	转支	0047		2 500	
	31	银收	9	收销货款	转支	1127	150 000		342 500

表 6-1-15　银行对账单

2023 年		结算凭证		存入	支出	余额
月	日	种类	号数			
10	24					260 000
	26	电汇		226 000		
	28	转支	0046		1 000	
	28	转支	0045		200 000	
	28	信汇			23 000	
	28	汇票	1048	3 200		

（续表）

2023 年		结算凭证		存入	支出	余额
月	日	种类	号数			
	29	信汇		60 000		
	30	电汇			90 000	235 200

要求：根据上述资料，完成以下银行存款余额调节表（表 6-1-16）的编制。

表 6-1-16　　银行存款余额调节表

年　月　日　　单位：元

项目	金额	项目	金额
企业银行存款日记账余额		银行对账单余额	
加：银行已收，企业未收		加：企业已收，银行未收	
减：银行已付，企业未付		减：企业已付，银行未付	
调节后的存款余额		调节后的存款余额	

任务二　结　账

任务情境

新巢家居有限责任公司“银行存款总账”见表 6-2-1。

表 6-2-1　　银行存款总账

2023 年		凭证		摘要	借方	贷方	借或贷	余额
月	日	种类	号数					
12	1			期初余额			借	2 597 800.00
12	10	汇	1	1—10 日发生额	3 681 000.00	192 870.00	借	6 085 930.00
12	20	汇	2	11—20 日发生额	79 100.00	85 878.00	借	6 079 152.00
12	31	汇	3	21—31 日发生额		95 220.00	借	5 983 932.00

任务布置

根据任务情境，办理新巢家居有限责任公司 2023 年 12 月银行存款总账的月结。

知识准备

结账就是将一定时期内发生的经济业务全部登记入账并在对账无误的基础上，结算出各种账簿的本期发生额及期末余额。结账的内容通常包括两个方面：一是结清各种损益类账户，并据以计算确定本期利润；二是结清各资产、负债和所有者权益账户，分别结出本期发生额合计和余额。

一、结账的主要程序

结账

（1）将本期内发生的各项经济业务全部登记入账。

（2）根据权责发生制的要求，调整有关账项，合理确定本期应计的收入和应计的费用。

（3）将损益类科目转入“本年利润”科目，结平所有损益类科目。

（4）结算出资产、负债和所有者权益科目的本期发生额和余额，并结转下期，作为下期的期初余额。

二、结账的方法

期末结账主要采用划线结账法，也就是期末结出各账户的本期发生额和期末余额后，加以划线标记，将期末余额结转下期。结账划线的目的，是为了突出本月合计数及月末余额，表示本会计期的会计记录已经截止或结束，并将本期与下期的记录明显分开。根据结账时期的不同，可分为月结、季结和年结三种。月结、季结划通栏单红线，年结划通栏双红线。

（1）月结。每月结账时，应在各账户本月份最后一笔记录下面划一条通栏红线，然后，在红线下面结出本月发生额和月末余额，如果没有余额，在余额栏内写上“0”。同时，在摘要栏内注明“本月合计”字样，最后，再在下面划一条通栏红线，表示完成月结工作。

（2）季结。季结的结账方法与月结基本相同，但在摘要栏内注明“本季合计”字样。

（3）年结。办理年结时，应在 12 月份月结下面（需办理季结的，应在第四季度的季结下面）结算填列本年发生额和年末余额，如果没有余额，在余额栏内写上“0”，并在摘要栏内注明“本年合计”字样，同时在合计数下面划通栏双红线表示封账。

（一）日记账的结账方法

库存现金、银行存款日记账要按日结出余额，按月结计本月发生额。

1. 月结

在本月份最后一笔记录下面划一条通栏红线，在下一行的摘要栏内居中填写“本月合计”字样，同时在该行结出本月发生额和月末余额，如果没有余额，在余额栏内写上“0”。最后，“本月合计”下面划一条通栏红线。

2. 年结

年末结账时，在 12 月份“本月合计”下面划通栏双红线，表示封账。年结时，如有余额，要将其余额结转下年。在通栏双红线下面的摘要栏内居中填写“结转下年”字样。

（二）明细账的结账方法

1. 月结

（1）本月没有发生额的账户，不必月结。

（2）需要按月结计发生额的收入、费用等明细账，每月结账时，要结出本月发生额和余额，在摘要栏注明“本月合计”，并在下面通栏划单红线。如果本月只发生一笔经济业务，由于这笔记录的金额就是本月发生额，结账时，只要在此行记录下划一通栏单红线，表示与下月的发生额分开就可以了，不需结出“本月合计”。

（3）不需按月结计发生额的账户，如应收应付、财产物资明细账，每次记账以后，都要随时结出余额，每月最后一笔余额就是月末余额，月末结账时，只需在最后一笔经济业务事项记录之下通栏划单红线，不需要再结计一次余额。

（4）需要结计本年累计发生额的某些明细账户，如主营业务收入、主营业务成本明细账等损益类账户，每月结账时，应在“本月合计”行下结计自年初起至本月末止的累计发生额，登记在月份发生额下面，在摘要栏内注明“本年累计”字样，并在下面再划一单红线。

2. 年结

（1）需要按月结计发生额的明细账，年末结账时，在12月份的“本月合计”下面划通栏双红线，表示封账即可。

（2）不需按月结计发生额的明细账，年末结账时，只需在最后一笔经济业务事项记录之下通栏划双红线即可。

（3）需要结计本年累计发生额的某些明细账户，12月末的“本年累计”就是全年累计发生额，在全年累计发生额下划双红线。如有余额，要将其余额结转下年，在通栏双红线下面的摘要栏内居中填写“结转下年”字样。

（三）总账的结账方法

1. 月结

一般总账账户平时只需结出月末金额即可。

2. 年结

年终结账时，为了总括反映企业财务状况和经营成果全貌，需将所有总账账户结出全年发生额和年末余额，在摘要栏内注明“本年合计”字样，并在合计栏下画通栏双红线。

年结时，凡有余额的账户，要将其余额结转下年。在通栏双红线下面的摘要栏内居中填写“结转下年”字样。

任务实施

新巢家居有限责任公司2023年12月银行存款总账的月结见表6-2-2。

表6-2-2　银行存款总账

2023年		凭证		摘要	借方	贷方	借或贷	余额
月	日	种类	号数					
12	1			期初余额			借	2 597 800.00
12	10	汇	1	1—10日发生额	3 681 000.00	192 870.00	借	6 085 930.00
12	20	汇	2	11—20日发生额	79 100.00	85 878.00	借	6 079 152.00
12	31	汇	3	21—31日发生额		95 220.00	借	5 983 932.00
12	31			本月合计	3 760 100.00	373 968.00	借	5 983 932.00

德育园地

从“小细节”看“大责任”

在某大型企业中，财务部门负责每月的结账工作。一天，一位年轻的会计员在结账过程中发现了一笔小额的不符款项。虽然金额不大，但他意识到这可能是账证不符的一个信号。于是，他决定重新核对账证，查找问题所在。

经过仔细核对，他发现是一笔凭证编号出现了错误，导致账证不符。虽然这个问题看似微不足道，但它却反映了财务工作中的严谨性和责任心。这位会计员并没有因为金额小就忽视问题，而是选择了追根究底，确保了账目的准确性。

财务工作要求精确、严谨，任何微小的错误都可能影响到整个企业的财务状况和决策，我们在财务工作中应秉持严谨的态度，不放过任何可能的错误。该会计员发现不符款项后，没有因为金额小就忽视问题，体现了财务工作者应有的责任心和职业道德。财务工作者必须始终坚守职业道德，尽职尽责，确保财务信息的准确性和完整性。

任务小结

各个单位的经济活动是连续不断进行的，为了总结每一会计期间（月份、季度、年度）的经济活动情况，考核经营成果，编制会计报表，就必须在每一会计期末进行结账。要完成期末结账工作，必须了解结账的程序，掌握结账的方法。期末结账主要采用划线结账法，月结、季结划通栏单红线，年结划通栏双红线。

任务考核

一、单项选择题

1. 下列关于结账说法错误的是（　　）。

A. 结账前，应将本期内发生的经济业务全部计入有关账簿，若预计本期不会再发生任何业务可以提前结账

B. 结账前应根据权责发生制要求调整有关账项

C. 结账前要将损益类科目全部转入“本年利润”账户

D. 在本期全部经济业务登记入账的基础上，需要结算出资产、负债和所有者权益科目的本期发生额和余额，并结转下期

2. 下列关于结账的说法，正确的是（　　）

A. 为了保证编制会计报表的及时性，企业可以提前结账

B. 结账就是把所有账户都结平

C. 年度结账时在“本年合计”行下通栏划双红线

D. 结账时，对没有余额的账户应在“借或贷”余额方向栏内写“无”字

3 下列关于结账的有关说法中，错误的是（　　）。

A. 本月没有发生额的账户，必须月结

B. 年度终了结账时，有余额的账户应将其余额结转下年，并在摘要栏注明“结转下年”字样

C. 对于需要结计本年累计发生额的明细账户，12 月末的“本年累计”就是全年累计发生额，全年累计发生额下通栏划双红线

D. 对不需要按月结计本期发生额的账户，月末结账时，只需要在最后一笔经济业务记录下面通栏划单红线，不需要再次结计余额

4 下列关于结账操作的说法中，正确的是（　　）。

A. 有未审核的凭证可以结账　　B. 结账每月可以多次

C. 结账后可输入本月凭证　　D. 结账后可输入下月凭证

5 下列关于结账方法的表述，错误的是（　　）

A. 应收账款明细账不需按月结计本期发生额

B. 主营业务收入明细账需按月结计发生额

C. 总账账户平时只需结出月末余额

D. 年终结账时，对有余额的账户应编制记账凭证，从而使该账户的余额结转下年

二、多项选择题

1 下列需要划双红线的有（　　）。

A. 在“本月合计”的下面　　B. 在“本年累计”的下面

C. 在 12 月末的“本年累计”的下面　　D. 在“本年合计”下面

2 结账时，正确的做法有（　　）。

A. 结出当月发生额的，在“本月合计”下面通栏划单红线

B. 总账账户平时只需要结出月末余额

C. 12 月末，结出全年累计发生额的，在下面通栏划单红线

D. 12 月末，结出全年累计发生额的，在下面通栏划双红线

3 下列选项中，关于结账的方法说法正确的有（　　）。

A. 每月最后一笔余额即为月末余额

B. 现金、银行存款日记账需要按月结计

C. 总账账户平时只需结出月末余额

D. 年度终了，有余额的账户，要将其余额结转下年

4 下列关于结账的说法正确的有（　　）。

A. 本期发生的经济业务事项都要登记入账

B. 为了赶编财务报表，可以提前结账

C. 本期的应计收益应确认计入本期收入

D. 损益类科目转入“本年利润”科目

5 下列关于结账正确的说法有（　　）。

A. 总账账户应按月结出本月发生额和月末余额

B. 现金日记账应按月结出本月发生额和月末余额

C. 应收账款明细账应在每次记账后随时结出余额

D. 年终应将所有总账账户结计全年发生额和年末余额

三、判断题

❶ 结账时，没有余额的账户，应当在“借或贷”栏内用“0”表示。 (　　)

❷ 年末结账时，应当在全年累计发生额下面划通栏的双红线。 (　　)

❸ 费用明细账在月末结账时，要结出本月发生额和余额，在摘要栏内注明“本月合计”字样，并在下面通栏划单红线。 (　　)

❹ 对既不需要结计本月发生额也不需要结计本年累计发生额的账户，可以只将每月末的余额结转次页。 (　　)

❺ 需要结计本年累计发生额的某些明细账户，全年累计发生额下通栏划单红线。 (　　)

四、实训题

请你根据东方公司银行存款总账记录(表 6-2-3)进行年结。

表 6-2-3

总　账

会计科目：银行存款

2023 年		凭证		摘　要	借　方										贷　方										借或贷	余　额										核对
月	日	种类	号数		千	百	十	万	千	百	十	元	角	分	千	百	十	万	千	百	十	元	角	分		千	百	十	万	千	百	十	元	角	分	
12	10			承前页																					借		1	6	9	5	0	0	0	0	0	
	10	科汇	1	1—10 日汇总		1	1	9	4	8	4	0	0	0			5	4	8	8	8	6	0	0	借		2	3	4	0	9	5	4	0	0	
	20	科汇	2	11—20 日汇总			1	3	5	1	0	0	0	0					3	0	0	0	0	0	借		2	4	7	3	0	5	4	0	0	
	31	科汇	3	21—31 日汇总														5	0	7	5	0	0	0	借		2	4	2	2	3	0	4	0	0	
	31			本月合计		1	3	2	9	9	4	0	0	0			6	0	2	6	3	6	0	0	借		2	4	2	2	3	4	4	0	0	
	31			本年累计		9	2	6	6	8	8	0	0	0		8	5	3	9	5	3	6	0	0	借		2	4	2	2	3	4	4	0	0	

项目七

编制会计报表

学习目标

能力目标

1. 能正确编制资产负债表。
2. 能正确编制利润表。

知识目标

1. 熟悉资产负债表、利润表的结构和内容。
2. 掌握资产负债表、利润表的编制方法。

素质目标

1. 培养学生遵守准则，按照要求编制会计报表。
2. 培养学生诚信严谨、认真和细致的工作作风。
3. 培养学生具有良好的沟通技巧和团队协作精神。

案例导入

张一是某高职院校大数据与会计专业大三的学生，刚来新巢家居有限责任公司做实习会计工作。月底，张一利用自己在学校所学知识，同时虚心向财务经理林文雅请教，完成了对账和结账工作。财务经理林文雅表扬了张一，夸她业务能力好，并交代她还需完成最后一项工作——编制会计报表。张一这下就有点苦恼了：在学校的确学习过有关编制会计报表的知识，但是工作上还没有具体做过，不知道该从哪里入手。有关会计报表编制的方法，张一脑袋一时想不起来了。这时，财务经理林文雅看出张一的表情，安慰地说，这个月只需要编制资产负债表和利润表，你先自己学习下如何编制，不懂的地方可找我沟通。张一听到财务经理林文雅的话，心里顿时没有这么苦恼了。但是面对编制会计报表的工作任务，张一还是深感头疼。如果你是张一，你应该如何编制资产负债表和利润表？

任务一 编制资产负债表

任务情境

新巢家居有限责任公司 2023 年 12 月 31 日的总账余额表见表 7-1-1。

表 7-1-1 新巢家居有限责任公司总账余额表

2023 年 12 月 31 日 单位:元

账户名称	期末余额	
	借方	贷方
库存现金	15 000.00	
银行存款	5 983 932.00	
应收票据	606 800.00	
应收账款	1 325 200.00	
坏账准备		3 000.00
预付账款	50 000.00	
原材料	98 900.00	
库存商品	149 000.00	
固定资产	19 079 135.00	
累计折旧		1 616 500.00
短期借款		240 000.00
应付票据		86 500.00
应付账款		371 200.00
应付职工薪酬		217 000.00
应交税费		272 766.88
应付利息		1 000.00
应付股利		560 000.00
长期借款		1 900 000.00
实收资本		12 000 000.00
资本公积		1 600 000.00
盈余公积		1 620 000.00
利润分配		6 820 000.12
合计	27 307 967.00	27 307 967.00

特别说明：

(1)坏账准备是针对应收账款计提的坏账准备。

(2)总账账户的余额方向与其所属的明细账的余额方向一致。

(3)期末长期借款中将于一年内到期归还的长期借款数为 200 000 元。

任务布置

根据任务情境，编制新巢家居有限责任公司 2023 年 12 月 31 日的资产负债表。

知识准备

一、认知会计报表

(一)财务报告的含义和内容

1. 财务报告的含义

财务报告，是指企业对外提供的反映企业某一特定日期的财务状况和某一会计期间的经营成果和现金流量等会计信息的文件。

认知会计报表

2. 财务报告的内容

财务报告由会计报表和其他应当在财务报告中披露的相关信息和资料两部分内容所组成。会计报表，也称财务报表、财务会计报表，是财务报告的主体和核心内容。其他应当在财务报告中披露的相关信息和资料，是对会计报表的补充和说明。

(二)会计报表的含义、内容和分类

1. 会计报表的含义

会计报表是对企业财务状况、经营成果和现金流量的结构性表述，是财务报告的主要内容。

2. 会计报表的内容

一套完整的会计报表由资产负债表、利润表、现金流量表、所有者权益(或股东权益)变动表及附注组成，也称为四表一注。资产负债表是反映企业在某一特定日期的财务状况的会计报表。利润表是反映企业在一定会计期间的经营成果的会计报表。现金流量表是反映企业在一定会计期间的现金及现金等价物流入和流出的会计报表。所有者权益变动表是反映构成所有者权益各组成部分当期增减变动情况的会计报表。附注是对在资产负债表、利润表、现金流量表和所有者权益变动表等报表中列示项目的文字描述或明细资料的补充，以及对未能在这些报表中列示项目的说明等。

3. 会计报表的分类

(1)按反映经济业务内容不同分类

会计报表按反映经济业务内容的不同，可以分为静态会计报表和动态会计报表。静态会计报表是综合反映企业某一特定日期资产、负债和所有者权益的会计报表，如资产负债表。动态会计报表是反映企业某一特定期间的经营成果、现金流量情况的会计报表，如利润表、现金流量表。

(2)按编报期间不同分类

会计报表按编报期间的不同,可以分为中期会计报表和年度会计报表。中期会计报表是以短于一个完整会计年度的报告期间为基础编制的会计报表,包括月报、季报和半年报。年度会计报表是指以一个完整的会计年度为基础编制的会计报表。中期会计报表至少应当包括资产负债表、利润表、现金流量表和附注。年度会计报表一般包括资产负债表、利润表、现金流量表、所有者权益变动表(或股东权益变动表)和附注。

(3)按编报主体不同分类

会计报表按编报主体的不同,可以分为个别会计报表和合并会计报表。个别会计报表是指由企业在自身会计核算的基础上,对账簿记录进行加工而编制的会计报表,它主要用以反映企业自身的财务状况、经营成果和现金流量情况。合并会计报表是以母公司和子公司组成的企业集团为会计主体,根据母公司和所属子公司的会计报表,由母公司编制的综合反映企业集团财务状况、经营成果和现金流量的会计报表。

(三)编制会计报表的基本要求

会计报表应当依据国家统一会计制度要求,根据登记完整、核对无误的会计账簿记录和其他有关资料编制,应该要做到以下几点:

1. 数字真实

数字真实要求企业编制的会计报表,所提供的数字必须要客观、真实,不能提供虚假的报表数字。只有真实、可靠的数字,才能客观、准确地放映企业的财务状况、经营成果和现金流量,才能为会计信息使用者作出决策提供有用的信息。因此,企业应当以实际发生的交易和事项为依据进行会计确认、计量和报告,如实反映符合确认和计量要求的各项会计要素及其他信息。在编制会计报表前,企业应做好按期结账、对账和清查财产等工作,然后才能根据审核无误的会计账簿及相关资料编制会计报表。

2. 计算准确

计算准确要求企业编制的会计报表,所有的项目金额必须要计算准确,不能存在错误。

会计报表中有些项目的金额需要将有关账户的本期发生额和期末余额进行分析、计算后才能进行填列。因此,企业必须采用正确的计算方法进行计算确定,不得任意删减和增加,从而保证会计报表数据的准确性。只有提供准确的数据,才能准确地反映出企业的财务状况、经营成果和现金流量等情况。

3. 内容完整

内容完整要求企业编制的会计报表必须按照统一规定的报表的种类、格式、内容进行编制。所有的报表项目内容必须填写齐全、完整,不能漏填或者少填。报表的表首、表体和附注都要填列齐全。例如报表的表首应当要写明企业的名称、报表的标题、日期或期间、货币名称和计量单位等内容。

4. 说明清楚

说明清楚要求企业编制的会计报表所提供的会计信息,应当清晰明了,便于会计报表使用者理解和使用。会计报表除提供数据资料外,还应或多或少地用文字对有关数据进行说明,才能便于报表使用者正确使用报表中的数据资料。因此,要求说明的方案要简明扼要、清晰明了，便于报表阅读者理解和使用。

5. 编报及时

会计信息具有较强的时效性，高质量的会计信息不仅要求其真实可靠，而且还必须保证时效性，及时将信息提供给使用者使用。因此，会计报表必须在规定的期限内编制并对外报送，不得提前或延误。会计报表的报送期限，由国家统一规定。

二、资产负债表

（一）资产负债表的概念和作用

1. 资产负债表的概念

资产负债表概述

资产负债表是指反映企业在某一特定日期的财务状况的会计报表。这里的某一特定日期，是特定的时间概念，一般是指会计期末的最后一天，如月末、季末、半年末、年末。这里的财务状况是指企业的资产、负债、所有者权益状况。因此，资产负债表是反映企业在月末或季末或半年末或年末这一天企业的资产、负债、所有者权益状况，它反映的是企业某一时点的财务状况，属于静态的会计报表。

2. 资产负债表的作用

资产负债表主要提供有关企业财务状况方面的信息，其主要作用表现在以下几个方面：

（1）通过资产负债表可以提供企业某一日期资产的总额及其结构，表明企业拥有或控制的资源及其分布情况。

（2）通过资产负债表可以提供某一日期的负债总额及其结构，表明企业未来需要用多少资产或劳务清偿债务。

（3）通过资产负债表可以反映所有者所拥有的权益，据以判断资本保值、增值的情况以及对负债的保障程度。

（4）资产负债表可以提供财务分析的基本资料。通过资产负债表的数据可以计算出流动比率、速动比率等指标，了解企业的变现能力、偿债能力和资金周转能力等。

（二）资产负债表的结构和内容

资产负债表一般有表首、表体两部分。其中，表首概括地说明报表名称、编制单位名称、资产负债表日、报表编号和货币计量单位；表体是资产负债表的主体，列示了用以说明企业财务状况的各个项目。资产负债表表体的格式一般有两种：报告式资产负债表和账户式资产负债表。报告式资产负债表是上下结构，上半部列示资产，下半部列示负债和所有者权益。

在我国，资产负债表采用账户式。账户式资产负债表是根据“资产＝负债＋所有者权益”这一会计恒等式与会计账户T形结构为依据进行设置的，分为左右两方。左方为资产项目，大体按资产的流动性大小进行排列，流动性大的排在前面，如货币资金、应收票据、应收账款等；流动性小的排在后面，如长期股权投资、固定资产、无形资产等。右方为负债及所有者权益项目，一般按其清偿时间的先后顺序排列：需要在一年以内或者长于一年但在一个正常生产经营周期内偿还的流动负债排在前面，如短期借款、应付票据、应付账款、应付职工薪酬等；在一年以上才需要偿还的非流动负债排在中间，如长期借款、应付债券等；在企业清算之前不需要偿还的所有者权益项目排在后面，如实收资本、资本公积、盈余公积等。左方资产各项目的合计等于右方负债和所有者权益各项目的总合计，即左方和右方相等。不管采取什么格式，资产各项目的合计等于负债和所有者权益各项目的合计这一等式不变。

（三）资产负债表的编制方法

1. 表首信息的填写

资产负债表的编制方法

资产负债表的表首需要填写编报企业的全称并加盖公章。“资产负债表日”应填写具体的年月日时间，例如编制资产负债月报表，那资产负债表日为月末的最后一日，比如2023年12月31日、2024年4月30日等。“单位”指的是货币单位，在我国以人民币作为记账本位币，通常以“元”为单位，但有时也以“千元”或“万元”为单位。

2.“上年年末余额”栏的填列方法

“上年年末余额”栏各项目数字，应根据上年年末资产负债表“期末余额”栏内所列数字填列。如果本年度资产负债表规定的各个项目的名称和内容同上年度不一致，应对上年年末资产负债表各项目的名称和数字按照本年度的规定进行调整，填入本表“上年年末余额”栏内。

3.“期末余额”栏的填列方法

“期末余额”栏各项目数字主要有以下几种填列方法：

（1）根据总账账户余额直接或计算填列

“短期借款”“应付票据”“资本公积”等项目，根据“短期借款”“应付票据”“资本公积”各总账账户的余额直接填列；有些项目则根据几个总账账户的期末余额计算填列。例如，“货币资金”项目，根据“库存现金”“银行存款”“其他货币资金”三个总账账户的期末余额的合计数填列；“其他应付款”项目，根据“应付利息”“应付股利”“其他应付款”三个总账账户的期末余额的合计数填列。

（2）根据明细账户余额计算填列

①“应收账款”项目，应根据“应收账款”和“预收账款”两个账户所属的相关明细账户的期末借方余额合计数，减去“坏账准备”账户中有关应收账款计提的坏账准备期末余额后的金额填列。

②“预付款项”项目，应根据“预付账款”和“应付账款”两个账户所属的相关明细账户的期末借方余额合计数，减去“坏账准备”账户中有关预付账款计提的坏账准备期末余额后的金额填列。

③“应付账款”项目，应根据“应付账款”和“预付账款”两个账户所属的相关明细账户的期末贷方余额计算填列。

④“预收款项”项目，应根据“预收账款”和“应收账款”两个账户所属的相关明细账户的期末贷方余额计算填列。

【例 7-1-1】　某公司 2023 年 12 月 31 日结账后有关账户所属明细账户借贷方余额见表 7-1-2。

表 7-1-2　有关账户余额表

单位：元

账户名称	明细账户借方余额合计	明细账户贷方余额合计
应收账款	3 000 000	200 000
预付账款	1 200 000	50 000
应付账款	600 000	2 400 000
预收账款	300 000	900 000

要求计算某公司 2023 年 12 月 31 日资产负债表"应收账款""预付款项""应付账款""预收款项"项目的金额。

具体计算过程如下：

"应收账款"项目金额＝(应收账款＋预收账款)明细账户的借方余额－坏账准备账户期末余额(应收账款)＝3 000 000＋300 000－0＝3 300 000(元)

"预付款项"项目金额＝(预付账款＋应付账款)明细账户的借方余额－坏账准备账户期末余额(预付账款)＝1 200 000＋600 000－0＝1 800 000(元)

"应付账款"项目金额＝(应付账款＋预付账款)明细账户的贷方余额＝2 400 000＋50 000＝2 450 000(元)

"预收款项"项目金额＝(预收账款＋应收账款)明细账户的贷方余额＝900 000＋200 000＝1 100 000(元)

(3)根据总账账户和明细账户余额分析计算填列

"长期借款"项目，应根据"长期借款"总账账户余额扣除"长期借款"账户所属的明细账户中反映的将于一年内到期且企业不能自主地将清偿义务展期的长期借款后的金额计算填列。

【例 7-1-2】　某企业长期借款情况见表 7-1-3。

表 7-1-3　某企业长期借款情况表

借款起始日期	借款期限(年)	金额(元)
2023 年 1 月 1 日	5	5 000 000
2022 年 8 月 1 日	3	2 000 000
2020 年 7 月 1 日	4	3 000 000

要求计算该企业 2023 年 12 月 31 日资产负债表中"长期借款"项目的金额。

根据例题资料，该企业有三项长期借款，其中一项借款是从 2020 年 7 月 1 日借入的，借款期限为 4 年，借款金额为 3 000 000 元。这项借款到期时间为 2024 年 7 月 1 日，距离资产负债表日(2023 年 12 月 31 日)的偿还期不足 1 年。这项借款已非真正意义上的长期负债，已具有了流动负债的特征，因此应将这项偿还期不足 1 年的长期借款 3 000 000 元填入资产负债表的"一年内到期的非流动负债"项目栏，将"长期借款"总账期末余额 10 000 000(5 000 000＋2 000 000＋3 000 000)减去"长期借款"账户所属明细账户中将于一年内到期的部分 3 000 000 元，作为资产负债表中"长期借款"项目的金额，即 7 000 000 元。具体计算过程如下：

"长期借款"项目金额＝5 000 000＋2 000 000＋3 000 000－3 000 000＝7 000 000(元)

"一年内到期的非流动负债"项目金额＝3 000 000(元)

(4)根据有关账户余额减去备抵账户余额后的净额填列

①资产负债表中"应收票据""应收账款""在建工程"等项目，应根据"应收票据""应收账款""在建工程"等账户的期末余额减去"坏账准备""在建工程减值准备"等备抵账户余额后的净额填列。

②"固定资产"项目，应根据"固定资产"账户的期末余额，减去"累计折旧""固定资产减值准备"等备抵账户的期末余额以及"固定资产清理"账户期末余额后的净额填列。

③"无形资产"项目，应当根据"无形资产"账户的期末余额，减去"累计摊销""无形资产减值准备"备抵账户余额后的净额填列。

(5)综合运用上述填列方法分析填列

资产负债表中的"存货"项目，应根据"原材料""库存商品""委托加工物资""周转材料""材料采购""在途物资""发出商品""材料成本差异"等总账账户期末余额的分析汇总数，再减去"存货跌价准备"账户余额后的净额填列。

资产负债表主要项目具体填列方法如下所示：

①"货币资金"项目，反映企业库存现金、银行结算户存款、外埠存款、银行汇票存款、银行本票存款、信用卡存款、信用证保证金存款等的合计数。本项目应根据"库存现金""银行存款""其他货币资金"三个总账账户的期末余额合计填列。

②"交易性金融资产"项目，反映资产负债表日企业分类为以公允价值计量且其变动计入当期损益的金融资产，以及企业持有的指定为以公允价值计量且其变动计入当期损益的金融资产的期末账面价值。该项目应根据"交易性金融资产"账户的相关明细账户的期末余额分析填列。自资产负债表日起超过一年到期且预期持有超过一年的以公允价值计量且其变动计入当期损益的非流动金融资产的期末账面价值，在"其他非流动金融资产"项目反映。

③"应收票据"项目，反映资产负债表日以摊余成本计量的，企业因销售商品、提供服务等收到的商业汇票，包括银行承兑汇票和商业承兑汇票。该项目应根据"应收票据"总账账户的期末余额，减去"坏账准备"账户中有关应收票据计提的坏账准备期末余额后的金额分析填列。

④"应收账款"项目，反映资产负债表日以摊余成本计量的，企业因销售商品、提供服务等经营活动应收取的款项。该项目应根据"应收账款"和"预收账款"两个账户所属明细账户的期末借方余额合计，减去"坏账准备"账户中有关应收账款计提的坏账准备期末余额后的金额填列。如"应收账款"账户所属明细账户期末有贷方余额，则应在"预收款项"项目内填列。

⑤"预付款项"项目，反映企业按照购货合同规定预付给供应单位的款项等。本项目应根据"预付账款"和"应付账款"两个账户所属明细账户的期末借方余额合计数，减去"坏账准备"账户中有关预付账款计提的坏账准备期末余额后的金额填列。如"预付账款"账

户所属明细账户期末有贷方余额，则应在“应付账款”项目内填列。

⑥“其他应收款”项目，反映企业除应收票据、应收账款、预付账款等经营活动以外的其他各种应收、暂付的款项。本项目应根据“应收利息”“应收股利”和“其他应收款”三个总账账户的期末余额合计，减去“坏账准备”账户中有关应收利息、应收股利和其他应收款计提的坏账准备期末余额后的金额填列。

⑦“存货”项目，反映企业期末在库、在途和在加工中的各种存货的可变现净值或成本(成本与可变现净值孰低)。存货包括各种材料、商品、在产品、半成品、包装物、低值易耗品、发出商品等。本项目应根据“材料采购”“在途物资”“原材料”“材料成本差异”“生产成本”“库存商品”“发出商品”“周转材料”等账户期末借方余额之和(如为贷方余额，用“－”号表示)，减去“存货跌价准备”账户期末余额后的金额填列。

⑧“一年内到期的非流动资产”项目，反映企业预计自资产负债表日起一年内变现的非流动资产。本项目应根据有关账户的期末余额分析填列。

⑨“长期应收款”项目，反映企业租赁产生的应收款项和采用递延方式分期收款、实质上具有融资性质的销售商品和提供劳务等经营活动产生的应收款项。本项目应根据“长期应收款”总账账户余额，减去“未实现融资收益”总账账户余额和“坏账准备”账户所属相关明细账户期末余额，再减去所属相关明细账户中将于一年内到期的部分填列。

⑩“固定资产”项目，反映资产负债表日企业固定资产的期末账面价值和企业尚未清理完毕的固定资产清理净损益。本项目应根据“固定资产”账户期末余额，减去“累计折旧”和“固定资产减值准备”账户期末余额，加上“固定资产清理”账户期末余额(如为贷方余额，用“－”号表示)后的金额填列。

⑪“在建工程”项目，反映资产负债表日企业尚未达到预定可使用状态的在建工程的期末账面价值和企业为在建工程准备的各种物资的期末账面价值。本项目应根据“在建工程”账户的期末余额和“工程物资”账户的期末余额合计，减去“在建工程减值准备”账户的期末余额，再减去“工程物资减值准备”账户的期末余额后的金额填列。

⑫“无形资产”项目，反映企业持有的专利权、非专利技术、商标权、著作权、土地使用权等无形资产的成本减去累计摊销和减值准备后的净值。该项目应根据“无形资产”账户的期末余额减去“累计摊销”“无形资产减值准备”备抵账户余额后的净额填列。

⑬“短期借款”项目，反映企业向银行或其他金融机构等借入的期限在一年以下(含一年)的各种借款。本项目应根据“短期借款”账户的期末余额填列。

⑭“应付票据”项目，反映资产负债表日以摊余成本计量的、企业因购买材料、商品和接受服务等开出、承兑的商业汇票，包括银行承兑汇票和商业承兑汇票。本项目应根据“应付票据”账户的期末余额填列。

⑮“应付账款”项目，反映资产负债表日以摊余成本计量的、企业因购买材料、商品和接受服务等经营活动应支付的款项。本项目应根据“应付账款”和“预付账款”两个总账账户所属的相关明细账户的期末贷方余额合计数填列。如“应付账款”账户所属明细账户期末有借方余额，应在“预付账款”项目内填列。

⑯“预收账款”项目，反映企业按照合同规定预收的款项。本项目应根据“预收账款”和“应收账款”两个总账账户所属明细分类账户期末贷方余额合计数填列。如“预收账款”

账户所属明细账户期末有借方余额，应在“应收账款”项目内填列。

⑰“应付职工薪酬”项目，反映企业为获得职工提供的服务或解除劳动关系而给予的各种形式的报酬或补偿。本项目应根据“应付职工薪酬”账户所属各明细账户的期末贷方余额分析填列。如“应付职工薪酬”账户期末为借方余额，以“－”号填列。

⑱“应交税费”项目，反映企业按照税法规定计算应交纳的各种税费，包括增值税、消费税、城市维护建设税、教育费附加、企业所得税、资源税、土地增值税、房产税、城镇土地使用税、车船税、环境保护税等。企业代扣代缴的个人所得税，也通过本项目列示。企业所交纳的税金不需要预计应交数的，如印花税、耕地占用税等，不在本项目列示。本项目应根据“应交税费”账户的期末贷方余额填列。如“应交税费”账户期末为借方余额，以“－”号填列。

⑲“其他应付款”项目，反映企业除应付票据、应付账款、预收账款、应付职工薪酬、应交税费等经营活动以外的其他各项应付、暂收的款项。本项目应根据“应付利息”“应付股利”和“其他应付款”账户的期末余额合计数填列。

⑳“一年内到期的非流动负债”项目，反映企业非流动负债中将于资产负债表日后一年内到期部分的金额，如将于一年内偿还的长期借款。本项目应根据有关账户的期末余额分析填列。

㉑“长期借款”项目，反映企业向银行或其他金融机构借入的期限在一年以上（不含一年）的各项借款。本项目应当根据“长期借款”总账账户余额扣除“长期借款”账户所属明细账户中将于一年内到期的部分填列。

㉒“应付债券”项目，反映企业为筹集长期资金而发行的债券本金及应付的利息。本项目应当根据“应付债券”总账账户余额扣除“应付债券”账户所属明细账户中将于一年内到期的部分填列。

㉓“实收资本（或股本）”项目，反映企业各投资者实际投入的资本（或股本）总额。本项目应根据“实收资本（或股本）”账户的期末余额填列。

㉔“资本公积”项目，反映企业收到投资者出资超出其在注册资本或股本中所占的份额以及直接计入所有者权益的利得和损失等。本项目应根据“资本公积”账户的期末余额填列。

㉕“盈余公积”项目，反映企业盈余公积的期末余额。本项目应根据“盈余公积”账户的期末余额填列。

㉖“未分配利润”项目，反映企业尚未分配的利润。本项目应当根据“本年利润”和“利润分配”账户的期末余额分析计算填列。如为未弥补的亏损，在本项目内以“－”号填列。

任务实施

（1）表首信息的填写

表首的“编制单位”填写：新巢家居有限责任公司；“资产负债表日”填写 2023 年 12 月 31 日；“单位”填写元。

（2）期末余额栏的填写

①“货币资金”项目金额＝（库存现金＋银行存款＋其他货币资金）总账期末余额＝

15 000＋5 983 932＋0＝5 998 932(元)

②“应收票据”项目金额＝应收票据总账期末余额－坏账准备账户期末余额(应收票据)＝606 800－0＝606 800(元)

③“应收账款”项目金额＝(应收账款＋预收账款)明细账户的借方余额－坏账准备账户期末余额(应收账款)＝1 325 200＋0－3 000＝1 322 200(元)

④“预付款项”项目金额＝(预付账款＋应付账款)明细账户的借方余额－坏账准备(预付账款)＝50 000＋0－0＝50 000(元)

⑤“存货”项目金额＝(原材料＋库存商品)总账期末余额＝98 900＋149 000＝247 900(元)

⑥“固定资产”项目金额＝(固定资产－累计折旧－固定资产减值准备±固定资产清理)总账期末余额＝19 079 135－1 616 500－0＋0＝17 462 635(元)

⑦“短期借款”项目金额＝短期借款总账期末余额＝240 000(元)

⑧“应付票据”项目金额＝应付票据总账期末余额＝86 500(元)

⑨“应付账款”项目金额＝(应付账款＋预付账款)明细账户的贷方余额＝371 200＋0＝371 200(元)

⑩“应付职工薪酬”项目金额＝应付职工薪酬账户的期末余额＝217 000(元)

⑪“应交税费”项目金额＝应交税费总账账户贷方余额＝272 766.88(元)

⑫“其他应付款”项目金额＝(应付利息＋应付股利＋其他应付款)总账期末余额＝1 000＋560 000＋0＝561 000(元)

⑬“一年内到期的非流动负债”项目金额＝期末长期借款中将于一年内到期归还的长期借款数＝200 000(元)

⑭“长期借款”项目金额＝长期借款总账期末余额－长期借款账户所属明细账户中将于一年内到期的部分＝1 900 000－200 000＝1 700 000(元)

⑮“实收资本(或股本)”项目金额＝实收资本(或股本)总账期末余额＝12 000 000(元)

⑯“资本公积”项目金额＝资本公积总账期末余额＝1 600 000(元)

⑰“盈余公积”项目金额＝盈余公积总账期末余额＝1 620 000(元)

⑱“未分配利润”项目金额＝(本年利润＋未分配利润)总账期末余额＝0＋6 820 000.12＝6 820 000.12(元)

(3)编制新巢家居有限责任公司2023年的资产负债表，见表7-1-4。

表 7-1-4 资产负债表

会企01表

编制单位：新巢家居有限责任公司 2023年12月31日 单位：元

资产	期末余额	上年年末余额	负债和所有者权益(或股东权益)	期末余额	上年年末余额
流动资产：			流动负债：		
货币资金	5 998 932.00		短期借款	240 000.00	
交易性金融资产			交易性金融负债		
衍生金融资产			衍生金融负债		

（续表）

资产	期末余额	上年年末余额	负债和所有者权益（或股东权益）	期末余额	上年年末余额
应收票据	606 800.00		应付票据	86 500.00	
应收账款	1 322 200.00		应付账款	371 200.00	
应收款项融资			预收款项		
预付款项	50 000.00		合同负债		
其他应收款			应付职工薪酬	217 000.00	
存货	247 900.00		应交税费	272 766.88	
合同资产			其他应付款	561 000.00	
持有待售资产			持有待售负债		
一年内到期的非流动资产			一年内到期的非流动负债	200 000.00	
其他流动资产			其他流动负债		
流动资产合计	8 225 832.00		流动负债合计	1 948 466.88	
非流动资产：			非流动负债：		
债权投资			长期借款	1 700 000.00	
其他债权投资			应付债券		
长期应收款			其中：优先股		
长期股权投资			永续债		
其他权益工具投资			租赁负债		
其他非流动金融资产			长期应付款		
投资性房地产			预计负债		
固定资产	17 462 635.00		递延收益		
在建工程			递延所得税负债		
生产性生物资产			其他非流动负债		
油气资产			非流动负债合计	1 700 000.00	
使用权资产			负债合计	3 648 466.88	
无形资产			所有者权益（或股东权益）：		
开发支出			实收资本（或股本）	12 000 000.00	
商誉			其他权益工具		
长期待摊费用			其中：优先股		
递延所得税资产			永续债		
其他非流动资产			资本公积	1 600 000.00	
非流动资产合计	17 462 635.00		减：库存股		
			其他综合收益		

（续表）

资产	期末余额	上年年末余额	负债和所有者权益（或股东权益）	期末余额	上年年末余额
			专项储备		
			盈余公积	1 620 000.00	
			未分配利润	6 820 000.12	
			所有者权益（或股东权益）合计	22 040 000.12	
资产总计	25 688 467.00		负债和所有者权益（或股东权益）总计	25 688 467.00	

德育园地

重大财务造假案

2023 年 4 月 18 日晚间，某公司发布公告称，收到证监会行政处罚及市场禁入事先告知书。因信息披露存在虚假记载、重大遗漏，证监会拟对该公司、控股股东及一众责任人员作出行政处罚、证券市场禁入等措施。

根据事先告知书，该公司连续多年虚构交易、虚增收入和利润，并虚减负债。其中，2020—2021 年虚减负债金额合计近 195 亿元，占这两年披露的期末净资产合计金额的 4 106.92%，触及重大违法强制退市情形。公司披露的资产负债表连续 2 年存在虚假记载，资产负债表虚假记载金额合计达到 5 亿元以上，且超过该 2 年披露的年度期末净资产合计金额的 50%。

2023 年 4 月 19 日，该公司停牌一天，从 4 月 20 日起被实施退市风险警示。后续该公司收到行政处罚决定书，公司股票将被停牌，交易所在停牌后 15 个交易日内作出终止公司股票上市的决定。

公司连续多年进行财务造假，表明其内部控制和风险管理存在缺陷，其应建立健全内部控制体系，加强风险管理和内部审计，确保财务报告的真实性和准确性。虚构交易、虚增收入和利润，以及虚减负债等财务造假行为严重违背了诚信原则和法律底线，损害了投资者利益，破坏了市场秩序，表明企业的诚信意识和法律责任意识亟待加强。这启示企业和会计人员必须坚守遵纪守法底线，严格遵守国家法律法规，要知法、懂法和守法，坚持诚信，如实客观地提供会计信息，不得以任何方式从事财务造假等违法违规行为。

任务小结

会计报表是对企业财务状况、经营成果和现金流量的结构性表述，是财务报告的主要内容。一套完整的会计报表由资产负债表、利润表、现金流量表、所有者权益（或股东权益）变动表及附注组成，也称为“四表一注”。会计报表编制的基本要求包括：

数字真实、计算准确、内容完整、说明清楚和编报及时。

资产负债表是指反映企业在某一特定日期的财务状况的会计报表。资产负债表一般由表首、表体两部分组成。表首概括地说明报表名称、编制单位名称、资产负债表日、报表编号和货币计量单位。表体是资产负债表的主体，列示了用以说明企业财务状况的各个项目。资产负债表表体的格式一般有两种：报告式资产负债表和账户式资产负债表。我国《企业会计准则》规定，企业的资产负债表采用账户式。

资产负债表编制方法的内容包括表首信息的填写、“上年年末余额”栏的填列方法和“期末余额”栏的填列方法。“上年年末余额”栏内各项数字，应根据上年年末资产负债表的“期末余额”栏内所列数字填列。资产负债表“期末余额”栏内的各项目数字，应根据有关账簿资料填列。具体方法包括以下内容：一是根据总账账户余额直接或计算填列；二是根据明细账户余额计算填列；三是根据总账账户和明细账户余额分析计算填列；四是根据有关账户余额减去备抵账户余额后的净额填列；五是综合运用上述填列方法分析填列。

任务考核

一、单项选择题

❶ 关于资产负债表的格式，下列说法不正确的是（　　）。

A. 资产负债表主要有账户式和报告式

B. 我国的资产负债表采用报告式

C. 账户式资产负债表分为左右两方，左方为资产，右方为负债和所有者权益

D. 负债和所有者权益按照求偿权的先后顺序排列

❷ 资产负债表左方的资产项目排列标准是（　　）。

A. 重要性原则，即重要项目排在前面，次要项目排在后面

B. 债务清偿的先后顺序，即短期债务排在前面，长期债务排在后面

C. 流动性大小，即流动性大的排在前面，流动性小的排在后面

D. 金额的大小，即金额小的排在前面，金额大的排在后面

❸ 下列资产负债表项目中，可根据总账账户余额直接填列的是（　　）。

A. 存货　　B. 固定资产　　C. 预付款项　　D. 短期借款

❹ 在编制资产负债表时，下列选项中，需要根据其明细账户及“预付账款”明细账户的余额分析计算填列的是（　　）。

A. 应付债券　　B. 应付账款　　C. 应收账款　　D. 预收账款

❺ 2023 年 12 月 31 日，某公司“原材料”账户期末借方余额为 300 万元，“库存商品”账户期末借方余额为 400 万元，“生产成本”账户期末借方余额为 50 万元，“存货跌价准备”账户期末贷方余额为 20 万元。则该公司在编制资产负债表时应在“存货”项目填列的金额为（　　）万元。

A. 730　　B. 700　　C. 750　　D. 680

二、多项选择题

❶ 在资产负债表中，负债分为(　　)。

A. 短期负债　B. 非流动负债　C. 流动负债　D. 预计负债

❷ 下列选项中，属于资产负债表中流动资产项目的有(　　)。

A. 货币资金　B. 预收款项　C. 应收账款　D. 存货

❸ 资产负债表中的“货币资金”项目，应根据(　　)账户期末余额的合计数填列。

A. 备用金　B. 其他货币资金　C. 银行存款　D. 库存现金

❹ 下列属于资产负债表中“存货”项目反映的内容有(　　)。

A. 库存商品　B. 原材料　C. 生产成本　D. 在途物资

❺ 下列选项中，应在资产负债表“应付账款”项目列报的有(　　)。

A.“应付账款”明细账户的借方余额　B.“应付账款”明细账户的贷方余额

C.“预收账款”明细账户的借方余额　D.“预付账款”明细账户的贷方余额

三、判断题

❶ 资产负债表是总括反映企业特定日期资产、负债和所有者权益情况的动态报表，通过它可以了解企业的资产构成、资金的来源构成和企业债务的偿还能力。(　　)

❷ 资产负债表中“货币资金”项目，应根据“银行存款”账户的期末余额填列。(　　)

❸ 企业的“库存商品”“原材料”“周转材料”账户期末如果有余额应该在资产负债表“存货”项目中反映。(　　)

❹ 编制资产负债表的依据是“利润＝收入－费用”。(　　)

❺“长期借款”项目，应根据“长期借款”总账账户余额扣除“长期借款”账户所属的明细账户中反映的将于一年内到期且企业不能自主地将清偿义务展期的长期借款后的金额计算填列。(　　)

四、实训题

星海公司 2023 年 12 月 31 日有关账户余额见表 7-1-5：

表 7-1-5　账户期末余额表

单位：元

总账科目	明细科目	期末余额	
		借方	贷方
库存现金		5 000.00	
银行存款		61 200.00	
预付账款		20 000.00	
	F 公司	20 000.00	
应收账款		23 500.00	
	A 公司		6 500.00
	B 公司	30 000.00	
在途物资		86 000.00	
原材料		31 000.00	
生产成本		117 000.00	

（续表）

总账科目	明细科目	期末余额	
		借方	贷方
固定资产		479 000.00	
在建工程		50 000.00	
累计折旧			40 000.00
应付账款			42 000.00
	C公司	7 500.00	
	D公司		49 500.00
预收账款			5 000.00
	E公司		5 000.00
短期借款			25 000.00
长期借款			100 000.00
实收资本			450 000.00
利润分配			150 000.00
资本公积			54 700.00
盈余公积			6 000.00
合计		886 700.00	886 700.00

注：

期末长期借款中将于一年内到期归还的长期借款数为 40 000 元。

要求：

(1)请根据上述资料编制星海公司 2023 年 12 月 31 日的资产负债表(表 7-1-6)。

(2)通过完成资产负债表编制的实训，独立撰写完成《资产负债表编制实训报告》。

表 7-1-6　　资产负债表

会企 01 表

编制单位：　　　　年　　月　　日　　　　单位：元

资产	期末余额	上年年末余额	负债和所有者权益（或股东权益）	期末余额	上年年末余额
流动资产：			流动负债：		
货币资金			短期借款		
交易性金融资产			交易性金融负债		
衍生金融资产			衍生金融负债		
应收票据			应付票据		
应收账款			应付账款		
应收款项融资			预收款项		
预付款项			合同负债		
其他应收款			应付职工薪酬		
存货			应交税费		

（续表）

资产	期末余额	上年年末余额	负债和所有者权益（或股东权益）	期末余额	上年年末余额
合同资产			其他应付款		
持有待售资产			持有待售负债		
一年内到期的非流动资产			一年内到期的非流动负债		
其他流动资产			其他流动负债		
流动资产合计			流动负债合计		
非流动资产：			非流动负债：		
债权投资			长期借款		
其他债权投资			应付债券		
长期应收款			其中：优先股		
长期股权投资			永续债		
其他权益工具投资			租赁负债		
其他非流动金融资产			长期应付款		
投资性房地产			预计负债		
固定资产			递延收益		
在建工程			递延所得税负债		
生产性生物资产			其他非流动负债		
油气资产			非流动负债合计		
使用权资产			负债合计		
无形资产			所有者权益(或股东权益)：		
开发支出			实收资本(或股本)		
商誉			其他权益工具		
长期待摊费用			其中：优先股		
递延所得税资产			永续债		
其他非流动资产			资本公积		
非流动资产合计			减：库存股		
			其他综合收益		
			专项储备		
			盈余公积		
			未分配利润		
			所有者权益(或股东权益)合计		
资产总计			负债和所有者权益(或股东权益)总计		

任务二　编制利润表

任务情境

新巢家居有限责任公司所得税税率为25%，该公司2023年12月的有关损益类账户发生额见表7-2-1。

表7-2-1　　损益类账户发生额

2023年12月　　单位：元

账户名称	借方发生额	贷方发生额
主营业务收入		1 650 000.00
其他业务收入		70 000.00
营业外收入		32 500.00
主营业务成本	1 173 000.00	
其他业务成本	38 000.00	
税金及附加	17 979.84	
销售费用	27 800.00	
管理费用	56 900.00	
其中：研发费用	0	
财务费用	1 000.00	
其中：利息费用	1 000.00	
利息收入	0	
营业外支出	18 000.00	
所得税费用	104 955.04	

任务布置

根据任务情境，编制新巢家居有限责任公司2023年12月的利润表。

知识准备

一、利润表的概念与作用

（一）利润表的概念

利润表概述

利润表，又称损益表，是反映企业一定会计期间的经营成果的报表。它反映的是企业在某一期间（如月度、季度或者年度）的利润或者亏损情况，所以，又称为动态会计报表。

(二)利润表的作用

利润表主要是提供企业经营成果方面的信息,其主要作用表现在以下几个方面:

(1)可以反映企业一定会计期间的收入实现情况。

(2)可以反映企业一定会计期间的费用耗费情况。

(3)可以反映企业一定会计期间生产经营活动的成果,即净利润的实现情况,据以判断资本保值、增值情况。

(4)将利润表中的信息与资产负债表中的信息相结合,可以为财务分析提供基本资料。

二、利润表的结构与内容

利润表主要由表首、表体两部分组成。表首部分应列明报表名称、编表单位名称、编制日期、报表编号和计量单位;表体部分反映利润的构成内容,是利润表的主体和核心。

利润表的表体结构主要有单步式利润表和多步式利润表两种。单步式利润表是将当期所有的收入列在一起,然后将所有的费用列在一起,最后将总收入减去总费用,通过一次计算便得出当期净损益。多步式利润表是将当期的收入、费用、支出项目按性质加以归类,按利润形成的主要环节列示一些中间性利润指标,例如营业利润、利润总额、净利润,分步计算当期净损益。我国企业的利润表采用多步式格式。

多步式利润表的主要编制步骤和内容如下:

第一步:以营业收入为基础,计算出营业利润。

营业利润=营业收入-营业成本-税金及附加-销售费用-管理费用-研发费用-财务费用+其他收益+投资收益(-投资损失)+净敞口套期收益(-净敞口套期损失)+公允价值变动收益(-公允价值变动损失)-信用减值损失-资产减值损失+资产处置收益(-资产处置损失)

第二步:以营业利润为基础,计算出利润总额。

利润总额=营业利润+营业外收入-营业外支出

第三步:以利润总额为基础,计算出净利润。

净利润=利润总额-所得税费用

第四步:计算其他综合收益的税后净额。

根据企业会计准则规定以未在损益中确认的各项利得和损失扣除所得税影响后的净额为基础,计算其他综合收益的税后净额。

第五步,计算综合收益总额。

以净利润(或净亏损)和其他综合收益的税后净额为基础,计算综合收益总额。

第六步,计算每股收益。

以净利润(或净亏损)为基础,计算出每股收益。

多步式利润表的格式见表 7-2-2。

表 7-2-2　　利润表

会企 02 表

编制单位：　　年　月　　单位：元

项目	本期金额	上期金额
一、营业收入		
减：营业成本		
税金及附加		
销售费用		
管理费用		
研发费用		
财务费用		
其中：利息费用		
利息收入		
加：其他收益		
投资收益(损失以"－"号填列)		
其中：对联营企业和合营企业的投资收益		
以摊余成本计量的金融资产终止确认收益(损失以"－"号填列)		
净敞口套期收益(损失以"－"号填列)		
公允价值变动收益(损失"－"号)		
信用减值损失(损失以"－"号填列)		
资产减值损失(损失以"－"号填列)		
资产处置收益(损失以"－"号填列)		
二、营业利润(亏损以"－"号填列)		
加：营业外收入		
减：营业外支出		
三、利润总额(亏损总额以"－"号填列)		
减：所得税费用		
四、净利润(净亏损以"－"号填列)		
(一)持续经营净利润(净亏损以"－"号填列)		
(二)终止经营净利润(净亏损以"－"号填列)		
五、其他综合收益的税后净额		
(一)不能重分类进损益的其他综合收益		
(二)将重分类进损益的其他综合收益		
六、综合收益总额		
七、每股收益		
(一)基本每股收益		
(二)稀释每股收益		

三、利润表的填列方法

（一）表首信息的填写

利润表的
编制方法

利润表的表首需要填写编报企业的全称并加盖公章。“编制日期”应填写利润表反映的一定会计期间。编制利润表月报表，编制日期应写×年×月，比如编制 2023 年 12 月的利润表，编制日期应写 2023 年 12 月。编制利润表年报表，编制日期应写×年，比如编制 2023 年的利润表，编制日期应写 2023 年。“单位”指的是货币单位，在我国以人民币作为记账本位币，通常以“元”为单位，但有时也以“千元”或“万元”为单位。

（二）“上期金额”栏的填列方法

利润表“上期金额”栏内各项数字，应根据上年该期利润表“本期金额”栏内所列数字填列。如果上年该期利润表规定的各个项目的名称和内容同本期不相一致，应对上年该期利润表各项目的名称和数字按照本期的规定进行调整，填入报表中的“上期金额”栏内。

（三）“本期金额”栏的填列方法

利润表各项目“本期金额”栏主要根据各损益类账户的发生额分析填列。在编报年度利润表时，“本期金额”栏，反映各项目自年初起至本月末止的累计发生额。利润表各项目具体填列方法分以下三种情况：

1. 根据有关账户本期发生额分析填列

例如税金及附加、销售费用、管理费用、财务费用、营业外收入、营业外支出、所得税费用等项目的本期金额根据有关账户本期发生额分析填列。

2. 根据若干个有关账户本期发生额分析计算填列

例如营业收入、营业成本项目，应根据若干与其相关账户的本期发生额加总填列。

3. 根据表内各项目之间的关系分析计算填列

例如营业利润、利润总额、净利润项目应根据表中有关项目计算后的金额填列。

利润表各项目具体填列方法如下：

（1）“营业收入”项目，反映企业经营主要业务和其他业务所确认的收入总额。本项目应根据“主营业务收入”和“其他业务收入”账户的发生额分析填列。

（2）“营业成本”项目，反映企业经营主要业务和其他业务发生的成本总额。本项目应根据“主营业务成本”和“其他业务成本”账户的发生额分析填列。

（3）“税金及附加”项目，反映企业经营业务应负担的消费税、城市维护建设税、教育费附加、资源税、土地增值税、房产税、车船税、城镇土地使用税、印花税等。本项目应根据“税金及附加”账户的发生额分析填列。

（4）“销售费用”项目，反映企业在销售商品过程中发生的包装费、广告费等费用和为销售本企业商品而专设的销售机构的职工薪酬、业务费等经营费用。本项目应根据“销售费用”账户的发生额分析填列。

（5）“管理费用”项目，反映企业为组织和管理生产经营发生的管理费用。本项目应根据“管理费用”账户的发生额，减去“管理费用”账户下“研发费用”明细账发生额及“管理费用”账户下“无形资产摊销”明细账户的发生额合计数后的金额分析填列。

(6)“研发费用”项目，反映企业进行研究与开发过程中发生的费用化支出，以及计入管理费用的自行开发无形资产的摊销。本项目应根据“管理费用”账户下“研发费用”明细账发生额及“管理费用”账户下“无形资产摊销”明细账户的发生额分析填列。

(7)“财务费用”项目，反映企业为筹集生产经营所需资金等而发生的应予费用化的利息支出。本项目应根据“财务费用”账户的相关明细账户发生额分析填列。如果利息费用大于利息收入，按正数填列；如果利息收入大于利息费用，按负数填列。

“财务费用”项目下的“利息费用”项目，反映企业为筹集生产经营所需资金等而发生的应予费用化的利息支出。该项目应根据“财务费用”账户的相关明细账户的发生额分析填列。该项目作为“财务费用”项目的其中项，以正数填列。

“财务费用”项目下的“利息收入”项目，反映企业按照相关会计准则确认的应冲减财务费用的利息收入。该项目应根据“财务费用”账户的相关明细账户的发生额分析填列。该项目作为“财务费用”项目的其中项，以正数填列。

(8)“其他收益”项目，反映计入其他收益的政府补助，以及其他与日常活动相关的且计入其他收益的项目。本项目应根据“其他收益”账户的发生额分析填列。企业作为个人所得税的扣缴义务人，根据《中华人民共和国个人所得税法》的规定收到的扣缴税款手续费，应作为其他与日常活动相关的收益在本项目中填列。

(9)“投资收益”项目，反映企业以各种方式对外投资所取得的收益。本项目应根据“投资收益”账户的发生额分析填列，如为投资损失，本项目以“－”号填列。

(10)“净敞口套期收益”项目，反映净敞口套期下被套期项目累计公允价值变动转入当期损益的金额或现金流量套期储备转入当期损益的金额。本项目应根据“净敞口套期损益”账户的发生额分析填列，如为套期损失，本项目以“－”号填列。

(11)“公允价值变动收益”项目，反映企业应当计入当期损益的资产或负债公允价值变动收益。本项目应根据“公允价值变动损益”账户的发生额分析填列，如为净损失，本项目以“－”号填列。

(12)“信用减值损失”项目，反映企业按照《企业会计准则第22号——金融工具确认和计量》(2018)的要求计提的各项金融工具信用减值准备所确认的信用损失。本项目应根据“信用减值损失”账户的发生额分析填列。

(13)“资产减值损失”项目，反映企业各项资产发生的减值损失。本项目应根据“资产减值损失”账户的发生额分析填列。

(14)“资产处置收益”项目，反映企业出售划分为持有待售的非流动资产(金融工具、长期股权投资和投资性房地产除外)或处置组(子公司和业务除外)时确认的处置利得或损失，以及处置未划分为持有待售的固定资产、在建工程、生产性生物资产及无形资产而产生的处置利得或损失。债务重组中因处置非流动资产(金融工具、长期股权投资和投资性房地产除外)产生的利得或损失和非货币性资产交换中换出非流动资产(金融工具、长期股权投资和投资性房地产除外)产生的利得或损失也包括在本项目内。本项目应根据“资产处置损益”账户的发生额分析填列，如为处置损失，本项目以“－”号填列。

(15)“营业利润”项目，反映企业实现的营业利润。本项目如为亏损，以“－”号填列。

本项目根据利润表中的营业收入减去营业成本、税金及附加、销售费用、管理费用、研发费用、财务费用，加上其他收益、投资收益（或减去投资损失）、净敞口套期收益（或减去净敞口套期损失）、公允价值变动收益（或减去公允价值变动损失）、资产减值损失、信用减值损失、资产处置收益（或减去资产处置损失）计算填列。

（16）“营业外收入”项目，反映企业发生的除营业利润以外的收益，主要包括与企业日常活动无关的政府补助、盘盈利得、捐赠利得（企业接受股东或股东的子公司直接或间接的捐赠，经济实质属于股东对企业的资本性投入的除外）等。本项目应根据“营业外收入”账户的发生额分析填列。

（17）“营业外支出”项目，反映企业发生的除营业利润以外的支出，主要包括公益性捐赠支出、非常损失、盘亏损失、非流动资产毁损报废损失等。本项目应根据“营业外支出”账户的发生额分析填列。

（18）“利润总额”项目，反映企业实现的利润。本项目如为亏损，以“－”号填列。本项目根据营业利润，加上营业外收入、减去营业外支出计算填列。

（19）“所得税费用”项目，反映企业应从当期利润总额中扣除的所得税费用。本项目应根据“所得税费用”账户的发生额分析填列。

（20）“净利润”项目，反映企业实现的净利润。本项目如为亏损，以“－”号填列。本项目根据利润总额减去所得税费用计算填列。

（21）“其他综合收益的税后净额”项目，反映企业根据企业会计准则规定未在损益中确认的各项利得和损失扣除所得税影响后的净额。

（22）“综合收益总额”项目，反映企业净利润与其他综合收益的合计金额。

（23）“每股收益”项目，包括“基本每股收益”和“稀释每股收益”两项指标，反映普通股或潜在普通股已公开交易的企业，以及正处在公开发行普通股或潜在普通股过程中的企业的每股收益信息。

任务实施

（1）表首信息的填写

利润表的表首应按要求填列单位名称、日期、货币单位。表首的“编制单位”填写：新巢家居有限责任公司；“编制日期”填写 2023 年 12 月；“单位”填写元。

（2）计算利润表中的本期金额

结合新巢家居有限责任公司 2023 年 12 月有关损益类账户发生额（表 7-2-1）和企业所得税税率 25%的资料分析并计算填列利润表中的本期金额各栏目数据，具体计算过程如下：

①“营业收入”项目金额＝主营业务收入＋其他业务收入＝1 650 000＋70 000＝1 720 000（元）

②“营业成本”项目金额＝主营业务成本＋其他业务成本＝1 173 000＋38 000＝1 211 000（元）

③“税金及附加”“销售费用”“管理费用”“财务费用”项目金额根据本期发生额分析填列

④“营业利润”项目金额＝营业收入－营业成本－税金及附加－销售费用－管理费用－财务费用＝1 720 000－1 211 000－17 979.84－27 800－56 900－1 000＝405 320.16(元)

⑤“营业外收入”“营业外支出”项目金额根据本期发生额分析填列

⑥“利润总额”项目金额＝营业利润＋营业外收入－营业外支出＝405 320.16＋32 500－18 000＝419 820.16(元)

⑦“所得税费用”项目金额根据本期发生额分析填列

⑧“净利润”项目金额＝利润总额－所得税费用＝419 820.16－104 955.04＝314 865.12(元)

(3)编制利润表

编制新巢家居有限责任公司2023年12月的利润表，见表7-2-3。

表7-2-3　利润表

会企02表

编制单位：新巢家居有限责任公司　　2023年12月　　单位：元

项目	本期金额	上期金额
一、营业收入	1 720 000.00	
减：营业成本	1 211 000.00	
税金及附加	17 979.84	
销售费用	27 800.00	
管理费用	56 900.00	
研发费用		
财务费用	1 000.00	
其中：利息费用	1 000.00	
利息收入		
加：其他收益		
投资收益(损失以“－”号填列)		
其中：对联营企业和合营企业的投资收益		
以摊余成本计量的金融资产终止确认收益(损失以“－”号填列)		
净敞口套期收益(损失以“－”号填列)		
公允价值变动收益(损失“－”号)		
信用减值损失(损失以“－”号填列)		
资产减值损失(损失以“－”号填列)		
资产处置收益(损失以“－”号填列)		
二、营业利润(亏损以“－”号填列)	405 320.16	
加：营业外收入	32 500.00	
减：营业外支出	18 000.00	
三、利润总额(亏损总额以“－”号填列)	419 820.16	

（续表）

项目	本期金额	上期金额
减：所得税费用	104 955.04	
四、净利润（净亏损以“－”号填列）	314 865.12	
（一）持续经营净利润（净亏损以“－”号填列）		
（二）终止经营净利润（净亏损以“－”号填列）		
五、其他综合收益的税后净额	0	
（一）不能重分类进损益的其他综合收益		
（二）将重分类进损益的其他综合收益		
六、综合收益总额	314 865.12	
七、每股收益		
（一）基本每股收益		
（二）稀释每股收益		

德育园地

史上最大利润造假案

2019年7月5日，证监会在下发的《中国证券监督管理委员会行政处罚及市场禁入事先告知书》中披露，某公司在2015年1月至2018年12月，通过虚构销售业务方式虚增营业收入，并通过虚构采购、生产、研发费用、产品运输费用等方式虚增营业成本、研发费用和销售费用。该公司2015年至2018年累计虚增利润总额118.25亿元，成为A股史上最大利润造假案。其中2015年虚增利润总额23.81亿元，占年报披露利润总额的144.65%；2016年虚增利润总额30.89亿元，占年报披露利润总额的134.19%；2017年虚增利润总额39.74亿元，占年报披露利润总额的136.47%；2018年虚增利润总额23.81亿元，占年报披露利润总额的722.16%。虚增利润占实际披露利润的比例从2015年的144.65%上升到2018年的722.16%，占比之高令人震惊。扣除虚增利润，该公司四年是连续亏损的。公司股票自2019年7月8日起，一直处于停牌状态。2021年3月15日，深圳证券交易所向该公司发出终止上市事先告知书，标志着该公司终止上市了。

这起利润造假案例反映了诚信、守法对于企业生存和发展的重要性。任何企业通过欺诈和造假来谋求短期利益，终会损害企业的声誉，破坏投资者的信任，并导致严重的法律后果。企业应建立完善的内部控制体系，及时发现和纠正财务造假行为，确保财务数据的真实性和准确性。监管部门应加强对企业财务报表的审核，及时发现并严惩财务造假行为，保护投资者的合法权益，促进企业的健康发展。作为企业的会计人员应牢固树立正确的世界观、人生观和价值观，要讲诚信、守规则，实事求是确认、计量、记录和报告企业发生的交易或事项，客观公正的从事会计工作，坚守遵纪守法底线，对财务造假行为要坚决说不。

任务小结

利润表，又称损益表，是反映企业一定会计期间的经营成果的报表。利润表主要由表首、表体两部分组成。表首部分应列明报表名称、编表单位名称、编制日期、报表编号和计量单位；表体部分反映利润的构成内容，是利润表的主体和核心。利润表的表体结构主要有单步式利润表和多步式利润表两种。我国企业的利润表采用多步式格式。利润表编制方法的内容包括表首信息的填写、“上期金额”栏的填列方法和“本期金额”栏的填列方法。其中“上期金额”根据上年该期利润表的“本期金额”栏内数字填列；“本期金额”栏一般应根据损益类账户的发生额分析计算填列。具体填列方法分以下三种情况：一是根据有关账户本期发生额分析填列；二是根据若干个有关账户本期发生额分析计算填列，例如营业收入、营业成本项目；三是根据表内各项目之间的关系分析计算填列，例如营业利润、利润总额、净利润项目。

任务考核

一、单项选择题

1. 下列选项中，不会引起利润总额增减变化的是（　　）。

A. 销售费用　　B. 管理费用　　C. 所得税费用　　D. 营业外支出

2. 编制利润表所依据的会计等式是（　　）。

A. 收入－费用＝利润

B. 资产＝负债＋所有者权益

C. 借方发生额＝贷方发生额

D. 期初余额＋本期借方发生额－本期贷方发生额＝期末余额

3. 我国的利润表采用（　　）。

A. 单步式　　B. 多步式　　C. 账户式　　D. 报告式

4. 某企业2023年发生的营业收入为2 000万元，营业成本为800万元，管理费用为400万元，税金及附加为20万元，营业外收入为100万元。不考虑其他因素，2023年度该企业利润表中“营业利润”项目的本期金额为（　　）万元。

A. 800　　B. 880　　C. 780　　D. 1 200

5. 2023年某企业实现主营业务收入200万元，其他业务收入10万元，营业外收入2万元。不考虑其他因素，该企业2023年利润表中“营业收入”项目的本期金额为（　　）万元。

A. 210　　B. 200　　C. 202　　D. 212

二、多项选择题

1. 利润表中的“营业成本”项目填列的依据有（　　）。

A.“营业外支出”发生额　　B.“主营业务成本”发生额

C.“其他业务成本”发生额　　D.“税金及附加”发生额

❷ 下列选项中，属于企业利润表列示的项目有（　　）。

A. 其他收益　B. 递延收益　C. 投资收益　D. 资产处置收益

❸ 利润表的金额栏分为（　　）。

A. 本期金额　B. 上期金额　C. 期初金额　D. 期末余额

❹ 下列选项中，会影响营业利润计算的有（　　）。

A. 营业外收入　B. 税金及附加　C. 营业成本　D. 销售费用

❺ 下列选项中，属于影响利润总额计算的有（　　）。

A. 营业收入　B. 营业外支出　C. 营业外收入　D. 投资收益

三、判断题

❶ 利润表是反映企业在一定会计期间经营成果的报表，属于静态报表。（　　）

❷ 单步式利润表是将当期所有的收入列在一起，所有的费用列在一起，将两者相减得出当期净损益。（　　）

❸ 净利润是指营业利润减去所得税费用后的金额。（　　）

❹ 企业利润表里的所得税费用项目，反映企业根据企业所得税法确定的应从当期利润总额中扣除的所得税费用。（　　）

❺ 利润表中“营业成本”项目，反映企业销售产品和提供劳务等主要经营业务的各项销售费用和实际成本。（　　）

四、实训题

蓝天公司所得税税率为 25%。该公司 2023 年各损益类账户本年累计发生额见表 7-2-4。

表 7-2-4　　损益类账户本年累计发生额

2023 年度　　单位：元

账户名称	借方发生额	贷方发生额
主营业务收入		5 468 000.00
其他业务收入		54 500.00
投资收益		30 000.00
营业外收入		4 000.00
主营业务成本	3 044 000.00	
其他业务成本	41 300.00	
税金及附加	30 600.00	
销售费用	23 000.00	
管理费用	109 900.00	
其中：研发费用	0	
财务费用	33 000.00	
其中：利息费用	33 000.00	
利息收入	0	
营业外支出	18 000.00	
所得税费用	564 175.00	

要求：

(1)根据上述资料，完成2023年度利润表(表7-2-5)的编制。

(2)通过完成利润表编制的实训，独立撰写完成《利润表编制实训报告》。

表7-2-5

利润表

会企02表

编制单位： 年 月 单位：元

项目	本期金额	上期金额
一、营业收入		
减：营业成本		
税金及附加		
销售费用		
管理费用		
研发费用		
财务费用		
其中：利息费用		
利息收入		
加：其他收益		
投资收益(损失以“—”号填列)		
其中：对联营企业和合营企业的投资收益		
以摊余成本计量的金融资产终止确认收益(损失以“—”号填列)		
净敞口套期收益(损失以“—”号填列)		
公允价值变动收益(损失“—”号)		
信用减值损失(损失以“—”号填列)		
资产减值损失(损失以“—”号填列)		
资产处置收益(损失以“—”号填列)		
二、营业利润(亏损以“—”号填列)		
加：营业外收入		
减：营业外支出		
三、利润总额(亏损总额以“—”号填列)		
减：所得税费用		
四、净利润(净亏损以“—”号填列)		
(一)持续经营净利润(净亏损以“—”号填列)		
(二)终止经营净利润(净亏损以“—”号填列)		
五、其他综合收益的税后净额		
(一)不能重分类进损益的其他综合收益		
(二)将重分类进损益的其他综合收益		
六、综合收益总额		
七、每股收益		
(一)基本每股收益		
(二)稀释每股收益		

项目八

整理与归档会计档案

学习目标

能力目标

1. 能整理装订会计凭证,并妥善保管。
2. 能按企业核算管理要求,更换旧账并妥善保管。
3. 能遵守《会计档案管理办法》,整理、归档和保管会计档案。

知识目标

1. 掌握会计凭证装订方法。
2. 熟悉会计凭证保管要求。
3. 掌握会计账簿更换要求。
4. 熟悉会计账簿保管要求。
5. 熟悉会计档案整理保管要求。

素质目标

1. 培养学生的责任心和敬业精神。
2. 培养学生严谨认真、诚信守法的工作态度。

案例导入

新巢家居有限责任公司会计刘雨玲圆满完成2023年12月份会计凭证填制与审核工作和会计账簿的登记工作。会计刘雨玲下一步需要完成12月份会计凭证的整理装订以及年度终了需要更换旧账和对会计资料进行归档保管的工作。

思考:如果你是会计刘雨玲,你应该如何装订会计凭证?如何保管会计凭证?怎样更换会计账簿?如何保管会计账簿?

任务一 装订与保管会计凭证

任务情境

会计人员刘雨玲整理装订新巢家居有限责任公司 2023 年 12 月份的会计凭证并保管。

任务布置

请将新巢家居有限责任公司 12 月份已填制与审核完成的记账凭证和原始凭证进行装订并保管。

知识准备

一、会计凭证的装订

（一）整理会计凭证

会计凭证的整理

会计凭证的整理，主要是对记账凭证所附的原始凭证进行整理。会计实务中收到的原始凭证的纸张面积与记账凭证的纸张面积不可能全部一样，有时前者大于后者，有时前者小于后者，这就需要会计人员在制作会计凭证时对原始凭证加以适当整理，以便装订成册。

（1）对面积大于记账凭证的原始凭证采用折叠的方法，按照记账凭证的面积尺寸，将原始凭证先自右向左，再自下向上两次折叠。折叠时应注意将凭证的左上角或左侧面空出，以便于装订后的展开查阅。

（2）对于纸张面积过小的原始凭证，则采用粘贴的方法，即按一定次序和类别将原始凭证粘贴在一张与记账凭证大小相同的白纸上。粘贴时要注意，应尽量将同类同金额的单据粘在一起。如果是板状票证，可以将票面票底轻轻撕开，厚纸板弃之不用。粘贴完成后，应在白纸一旁注明原始凭证的张数和合计金额。

（3）对于纸张面积略小于记账凭证的原始凭证，则可以用回形针或大头针别在记账凭证后面，待装订凭证时，抽去回形针或大头针。

（4）对于数量过多的原始凭证，如工资结算表、领料单等，可以单独装订保管。但应在封面上注明原始凭证的张数、金额，所属记账凭证的日期、编号、种类。封面应该是一式两份，一份作为原始凭证装订成册的封面，封面上面要注明“附件”的字样；另一份附在记账凭证的后面，同时在记账凭证上注明“附件另订”，以备核。

（5）原始凭证附在记账凭证后的顺序应与记账凭证所记载的内容顺序一样，不应该按原始凭证面积的大小来排序。

（6）会计凭证登记完毕后，应将记账凭证连同所附的原始凭证按照编号顺序折叠整齐。

会计凭证经过上述的加工整理之后，就可以装订了。

（二）装订会计凭证

会计凭证的装订

凭证的装订是指将整理完毕的会计凭证加上封面和封底，装订成册，并在装订线上加贴封签的一系列工作。科目汇总表的工作底稿也都可以装订在内，作为科目汇总表的附件。使用计算机的企业，还应该要将转账凭证清单等装订在内。

1. 装订要求

会计凭证不可以跨月装订。记账凭证少的，可以一个月装订一本；一个月内凭证数量较多的，可装订成若干册，并在凭证封面上注明本月总计册数和本册数。采用科目汇总表会计核算形式的企业，原则上以一张科目汇总表及所附的记账凭证、原始凭证装订成册，凭证少的，也可将若干张科目汇总表及相关记账凭证、原始凭证合并装订成一册。序号每月一编，装订好的会计凭证厚度通常在 2 cm 至 2.5 cm 之间。

装订成册的会计凭证必须要加盖封面，封面应该要用比较结实、耐磨、韧性较强的牛皮纸等。封面上应注明单位名称、年度、月份和起讫日期、凭证种类、起讫号码，由装订人在装订线封签处签名或者盖章。

2. 装订方法

装订前，要以会计凭证的左上侧为准，放齐，准备好铁锥、装订机或小手电钻，还有线绳、铁夹、胶水、凭证封皮、包角纸。

常用的会计凭证装订方法有两种：

第一种是左上角打孔装订，具体操作方法是：

（1）将凭证封皮和封底裁开，分别附在凭证前面和后面，再拿一张质地相同的纸放在封皮上角做护角线。

（2）在凭证的左上角画一边长为 5 厘米的等腰三角形，用夹子夹住，用装订机在底线上分布均匀地打两个眼儿。

（3）用大针引线绳穿过两个眼儿，如果没有针，可以将回形别针顺直，然后两端折向同一个方向，折向时将线绳夹紧，即可把线引过来，因为一般装订机打出的眼儿是可以穿过的。

（4）在凭证的背面打结，线绳最好把凭证两端也系上。

（5）将护角向左上侧面折，并将一侧剪开至凭证的左上角，然后抹上胶水，紧接着向上折叠，将侧面和背面的线绳扣粘死。

（6）向上折叠，将侧面和背面的线绳扣粘死。

简要的左上角打孔装订示意图如图 8-1-1 所示。

第二种是左侧打孔装订，具体操作方法是：

首先在距离左边沿 1.5 厘米处均匀打 2 个孔或 3 个孔；接着穿好线绳，在背面打结系紧后，剪掉多余绳头；最后用胶水粘好封皮。简要的左侧打孔装订法示意图如图 8-1-2 所示。

两种装订方法的最后一步是，等到晾干后，在凭证本的侧脊上面写上“某年某月第几册共几册”的字样。装订人在装订线封签处签名或者盖章。现金凭证、银行凭证和转账凭证最好依次顺序编号，一个月从头编一次序号，如果单位凭证少的话，可以全年顺序编号。

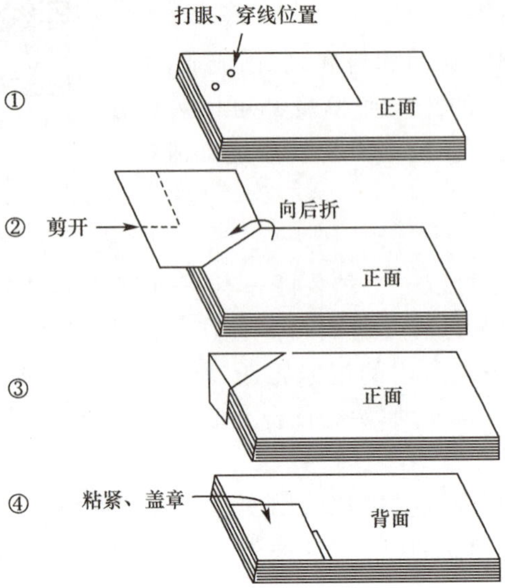

图 8-1-1　左上角打孔装订方法(简)

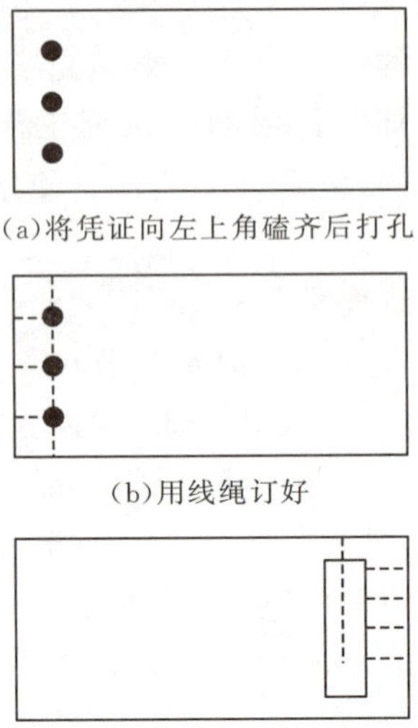

(a)将凭证向左上角磕齐后打孔

(b)用线绳订好

(c)将节打在背面，用纸条封好盖

图 8-1-2　左侧打孔装订方法(简)

二、保管会计凭证

会计凭证的保管

记账后的会计凭证，就成为各单位重要的会计档案和重要的历史资料，它是日后检查会计核算工作，了解交易或事项内容，明确经济责任的重要依据。为此，必须将记账凭证妥善保管。会计凭证保管的具体要求如下：

(1)会计凭证应当及时传递，不得积压。记账凭证在装订成册之前，原始凭证一般是用回形针或大头针固定在记账凭证后面，在这段时间内，凡使用记账凭证的财会人员都有责任保管好原始凭证和记账凭证。使用完后要及时传递，并且要严防在传递过程中散失。

(2)会计凭证登记完毕后，应当按照分类和编号顺序保管，不得散乱丢失。每月记账完毕，要将本月各种记账凭证加以整理，检查有无缺号和附件是否齐全，然后按顺序排列，装订成册，以防散失。

(3)记账凭证应当连同所附的原始凭证或者原始凭证汇总表，按照编号顺序折叠整齐，按期装订成册，并加具封面，注明单位名称、年度、月份和起始日期、凭证种类、起讫号码，由装订人在装订线封签处签名或者盖章。

各种经济合同、存出保证金收据以及涉外文件等重要原始凭证，应当另编目录，单独登记保管，并在有关的记账凭证和原始凭证上相互注明日期和编号。

(4)原始凭证不得外借。其他单位如因特殊原因需要使用原始凭证时，经本单位会计机构负责人、会计主管人员批准，可以复制。向外单位提供的原始凭证复制件，应当在专设的登记簿上登记，并由提供人员和收取人员共同签名或者盖章。

(5)从外单位取得的原始凭证如有遗失，应当取得原开出单位盖有公章的证明，并注明原来凭证的号码、金额和内容等，由经办单位会计机构负责人、会计主管人员和单位领导人批准后，才能代作原始凭证。如果确实无法取得证明的，如火车票、轮船票、飞机票等凭证，由当事人写出详细情况，并由经办单位会计机构负责人、会计主管人员和单位领导人批准后，代作原始凭证。

会计凭证要按照有关会计法规制度规定的期限进行保管。保管期间要防止虫蛀鼠咬等毁损事故的发生。保管期满后，要报经上级主管部门批准后，方能销毁，必要时应由主管部门派人监销。根据《会计档案管理办法》的规定，企业类会计凭证的保管期限为30年。企业和其他组织会计档案保管期限见表8-1-1。会计档案的保管期限，从会计年度终了后的第一天算起。

表 8-1-1　企业和其他组织会计档案保管期限表

序号	档案名称	保管期限	备注
一	会计凭证		
1	原始凭证	30年	
2	记账凭证	30年	
二	会计账簿		
3	总账	30年	
4	明细账	30年	
5	日记账	30年	
6	固定资产卡片		固定资产报废清理后保管5年
7	其他辅助性账簿	30年	
三	财务会计报告		
8	月度、季度、半年度财务会计报告	10年	
9	年度财务会计报告	永久	
四	其他会计资料		
10	银行存款余额调节表	10年	
11	银行对账单	10年	
12	纳税申报表	10年	
13	会计档案移交清册	30年	
14	会计档案保管清册	永久	
15	会计档案销毁清册	永久	
16	会计档案鉴定意见书	永久	

任务实施

第一步，整理会计凭证。会计刘雨玲按照整理会计凭证的要求，对12月份已填制与审核完成的记账凭证和原始凭证进行排序、粘贴和折叠。

第二步，装订会计凭证。要求整齐、美观、便于翻阅。

会计刘雨玲整理好会计凭证后，按照会计凭证装订的要求，采用左侧打孔装订法装订会计凭证。

第三步，保管会计凭证。会计刘雨玲将已经装订好的会计凭证，交给财务部专门负责会计档案保管的人员，并在会计档案登记簿上进行登记。

德育园地

财政部于2023年1月12日制定印发了《会计人员职业道德规范》，这是我国首次制定全国性的会计人员职业道德规范。其中，坚持准则，守责敬业，是对会计人员的履职要求。

坚持准则，要求会计人员要严格执行准则制度，保证会计信息真实完整。会计人员需要深入学习和理解会计准则制度，严格按照制度要求进行操作，确保会计资料的准确性和可靠性，为企业的财务管理提供有力的支持。

守责敬业，要求会计人员要勤勉尽责、爱岗敬业，忠于职守、敢于斗争，自觉抵制会计造假行为，维护国家财经纪律和经济秩序。对于会计人员来说，不仅要热爱这个职业，更要全心全意地投入到工作中，以高度的责任心和敬业精神去履行自己的职责，确保会计工作顺利进行。妥善保管会计凭证是一项非常重要的工作。会计凭证是会计工作的基础和依据，必须得到妥善的保存和管理。会计人员应该以高度的责任心和敬业精神，确保会计凭证的安全和完整，防止任何可能的损失和损坏。

会计人员职业道德规范中的“坚持准则，守责敬业”要求，不仅为会计人员提供了明确的履职要求，更为我们提供了深刻的启示。在实际工作中，会计人员应时刻坚守这些要求，不断提高自己的职业道德水平，为企业的健康发展和社会经济的稳定贡献自己的力量。同时，应加强对会计人员的职业道德教育和培训，提高会计人员职业素养和责任意识，推动会计行业的持续健康发展。

任务小结

记账凭证登记完毕后，应当按照分类和编号顺序进行保管，不得散乱或丢失。为此，必须对会计凭证进行装订，对于记账凭证，应当连同所附的原始凭证或者原始凭证汇总表，按照编号顺序，折叠整齐；按期装订成册，加具封面，在封面上编好卷号，并在明显处标明凭证种类编号，由装订人在装订线封签处签名或者盖章；最后按编号顺序入柜，以便调阅。

任务考核

一、单项选择题

1 会计凭证的传递范围是一个在会计实务中非常重要的概念，它关系到会计凭证的流通、管理和控制，进而影响到企业的财务管理和经济效益。那么，会计凭证的传递范围是在（　　）。

A. 本单位与外单位有关部门和人员之间

B. 本单位内部有关部门和人员之间

C. 本单位与税收部门和人员之间

D. 本单位与银行之间

2 会计凭证作为记录经济业务活动的原始文件，其准确性和完整性对于企业的财务管理至关重要。关于会计凭证的装订和保管，下列表述不正确的是(　　)。

A. 会计凭证应按归档制度妥善整理保管，形成会计档案，方便随时查阅。

B. 对检查无误的会计凭证，按序排列，整齐折叠并装订成册，加封面。

C. 对于那些原始凭证数量较多的记账凭证，如果一次性装订和保管会造成不便，可以采取单独装订的方式进行管理，但应在其封面及有关记账凭证上加注说明。

D. 重要原始凭证，如合同、契约、押金收据等，应装订成册，不得单独保管，以免丢失。

3 关于会计凭证的保管，这是一项重要而细致的工作，下列说法不正确的是(　　)。

A. 会计凭证应定期装订，以防散失。

B. 会计主管人员与保管人员应在封面上签章。

C. 原始凭证不得外借，其他单位如有特殊原因确实需要使用时，经本单位负责人批准，可以复制

D. 经单位领导批准，会计凭证在保管期满前可以销毁。

4《会计档案管理办法》自 2016 年 1 月 1 日起实施，规定企业原始凭证保管期限为(　　)。

A. 3 年　　B. 5 年　　C. 30 年　　D. 25 年

5 会计档案保管期限应从(　　)开始算起。

A. 移交档案管理部门之日　　B. 会计年度终了后的第一天

C. 年度会计报表签发日　　D. 下一会计年度首月末之日

二、多项选择题

1 会计凭证的装订范围包括(　　)内容。

A. 原始凭证　　B. 记账凭证　　C. 银行对账单　　D. 科目汇总表

2 按照会计档案管理办法的规定，(　　)的保管期限为 30 年。

A. 原始凭证　　B. 记账凭证　　C. 银行对账单　　D. 汇总凭证

3 会计凭证保管的内容包括(　　)。

A. 整理会计凭证　　B. 装订会计凭证　　C. 归档存查会计凭证　　D. 加具封面并签章

4 根据中华人民共和国财政部发布的《会计档案管理办法》中的明确规定，(　　)保管期限为 10 年。

A. 银行对账单　　B. 银行存款调节表　　C. 记账凭证　　D. 原始凭证

三、判断题

1 已经开具的发票存根联和发票登记簿，需保存 5 年，期满后可自行销毁。(　　)

2 在企业的日常运营中，保管期满的会计凭证，可按规定程序销毁。(　　)

3 会计凭证在年度结束后，可由会计机构暂时保管一年。期满后，需转交给单位档案机构统一保管。(　　)

4 原始凭证不得外借，其他单位如有特殊原因确实需使用时，经过本单位会计机构负责人、会计主管人员的批准，可以复制。向外单位提供原始凭证复制件时，应在专设的登记簿上登记，并由提供人员和收取人员共同签名盖章。(　　)

任务二 更换与保管会计账簿

任务情境

新巢家居有限责任公司会计刘雨玲在年度终了时更换旧账，同时对旧账进行归档保管。

任务布置

根据任务情境，对新巢家居有限责任公司2024年年初会计账簿进行更换与保管工作。

知识准备

一、会计账簿的更换

更换与保管会计账簿

会计账簿更换通常在新会计年度开始时进行。总分类账、日记账以及多数明细分类账应该每年更换一次，备查账簿则可以连续使用。在年初启用新账簿时将各账户的余额结转到新账本的第一行余额栏内，注明方向，在摘要栏注明"上年结转"。对变动较小的明细账，不必每年更换。

二、会计账簿的保管

会计账簿是单位的重要经济资料，必须建立管理制度并妥善保管。账簿管理分为账簿平时管理和旧账归档保管两部分。

（一）账簿平时管理

各种账簿要分工明确，指定专人管理。账簿经管人员既要负责记账、对账、结账等工作，又要负责保证账簿安全。会计账簿未经本单位领导和会计负责人或者有关人员批准，非经管人员不能随意翻阅查看会计账簿。会计账簿除需要与外单位核对外，一般不能携带外出，对携带外出的账簿，一般应由经管人员或会计主管指定专人负责。会计账簿不能随意交与其他人员管理，以保证账簿安全和防止任意涂改账簿等问题发生。

（二）旧账归档保管

年度终了更换并启用新账后，对更换下来的旧账要整理装订，造册归档。归档前应检查和补齐应办的手续，如注销空行及空页、结转余额等。活页账应抽出未使用的空白账页，再装订成册，并注明各账页号数。

旧账装订时应注意：

（1）活页账一般按账户分类装订成册，一个账户装订成一册或数册；某些账户账页较少，也可以合并装订成一册，但应按资产、负债及所有者权益类账户分别装订。

(2)在装订时应检查账簿扉页的内容是否填写齐全。

(3)装订后应由经办人员及装订人员、会计主管人员在封口处签名或盖章。

(4)装订完毕应编制目录和编写移交清单,然后按期移交档案部门保管。各种会计账簿同会计凭证和财务报表一样,都是非常重要的经济档案,都必须按照制度统一规定的保存年限妥善保管好,不得丢失以及任意销毁。

根据《会计档案管理办法》的相关规定,总分类账、明细分类账、日记账、其他辅助账簿均应保存 30 年。固定资产卡片在固定资产报废清理后保存 5 年。保管期满后,应按照规定的审批程序报批准后才可以销毁。

任务实施

(1)新巢家居 2024 年年初会计账簿的更换:

以银行存款日记账为例,进行会计账簿的更换,2023 年年末的银行存款余额为 5 983 932 元。更换后的银行存款日记账见表 8-2-1。

表 8-2-1　2024 年初银行存款日记账

银行存款日记账

2023 年		凭证		摘要	对方科目	借方	贷方	余额
月	日	种类	号数					
1	1			上年结转				5 983 932.00

(2)新巢家居会计账簿的保管:

当年度终了,各种账户在结转下年、建立新账后,通常要把旧账送交总账会计集中统一管理。会计账簿暂由本单位财务会计部门保管 1 年,期满之后,由财务会计部门编造清册移交本单位的档案部门保管。

德育园地

在现代企业的运营中,会计人员扮演着至关重要的角色。他们不仅负责记录和整理企业的财务信息,还负责确保这些信息合理合法且真实有效。因此,对于会计人员来说,严守职业纪律至关重要。

首先,会计人员应该深入了解和熟悉财经法律、法规以及国家统一的会计制度,这些法规制度是保障企业财务健康、稳定发展的基石,会计人员需要时刻关注这些法规制度的最新变化,确保在处理各项会计工作时能够知法依法、知章循章、依法办事,这有助于维护企业的利益,能够为企业的可持续发展提供坚实的保障。

在实际工作中，会计人员需要处理大量的会计资料信息，这些信息不仅涉及企业的财务状况，还直接关系到企业的决策和发展方向，因此，会计人员必须时刻保持警惕，确保所处理的会计资料信息合法、真实、准确、及时和完整。为了达到这一目标，会计人员需要不断提高自己的专业技能和职业道德水平，确保在处理会计信息时能够做到严谨、细致、负责。

此外，随着科技的发展，会计工作也面临着越来越多的挑战。例如，数字化、自动化等技术的广泛应用使得会计人员需要不断更新自己的知识和技能，以适应新的工作环境。同时，随着企业对会计信息的需求越来越高，会计人员也需要不断提高自己的数据处理和分析能力，为企业的决策提供有力支持。

任务小结

会计账簿是单位重要经济档案，需按制度规定妥善保管，不得丢失和随意销毁。账簿更换通常在新会计年度建账时进行，总账、日记账和多数明细账每年更换一次，结转后旧账送交总账会计统一管理。旧账是会计档案的重要部分，需科学、妥善保管。根据《会计档案管理办法》，总分类账、明细分类账、日记账、其他辅助账簿保存30年，固定资产卡片在报废清理后保存5年。保管期满后，需按规定审批程序报批准后销毁。

任务考核

一、单项选择题

❶ 在会计和财务管理的日常操作中，总账、日记账以及多数明细账的更换周期是一个重要的议题。那么，总账、日记账和多数明细账应（　　）更换一次。

A. 每年　　B. 两年
C. 半年　　D. 视单位具体情况而定

❷ 在新年度开始启用新账时，以下账簿可继续使用而无须更换的是（　　）。

A. 全部总分类账　　B. 多栏式现金日记账
C. 固定资产卡片　　D. 财务费用明细账

❸ 会计账簿的更换通常是在（　　）进行。

A. 进行新会计年度建账时　　B. 在年度财务结算之际
C. 在进行会计人员更换时　　D. 在会计主体发生变更时

二、多项选择题

❶ 关于会计账簿的更换和保管，正确的有（　　）。

A. 按照既定规定，总账、日记账和多数明细账每年更换一次
B. 变动较小的明细账可连续使用，无须每年更换。

C. 备查账不得连续使用。

D. 会计账簿首先由本单位的财务会计部门保管半年。随后，这些账簿将转交给本单位的档案管理部门进行长期保管。

❷ 下列会计账簿保管期限是30年的有(　　)。

A. 库存现金日记账　　B. 银行存款日记账

C. 明细账　　D. 总账

三、判断题

❶ 账簿更换是指更换所有的账簿，包括总账、日记账和明细账。(　　)

❷ 账簿更换，指在会计年度终了时，企业为了确保财务报告的准确性和连续性，将本年度的账簿更换为次年度新账簿的工作。(　　)

❸ 会计档案的保管期限分为永久和定期两类。(　　)

❹ 会计账簿保存规定总分类账、明细分类账、日记账及其他辅助账簿，均应保存30年。(　　)

❺ 新旧账有关账户之间转记余额，不必编制记账凭证。(　　)

参考文献

[1] 王炜.基础会计[M].5版.北京:高等教育出版社,2021.
[2] 李勇,邱金平.会计基础[M].北京:高等教育出版社,2021.
[3] 邹澍华.会计基础[M].苏州:苏州大学出版社,2022.
[4] 田家富,孔祥银.基础会计[M].2版.北京:高等教育出版社,2019.
[5] 程淮中.会计职业基础[M].5版.北京:高等教育出版社,2021.
[6] 袁三梅,曾理.基础会计[M].3版.北京:北京理工大学出版社,2018.
[7] 刘蕾,柯霜.基础会计[M].2版.北京:高等教育出版社,2022.
[8] 朱小平,秦玉熙,袁蓉丽.基础会计[M].11版.北京:中国人民大学出版社,2021.
[9] 赵丽生.会计基础[M].3版.北京:高等教育出版社,2021.
[10] 张志萍,孙德营.基础会计理论与实务[M].北京:高等教育出版社,2021.